Trauma en verwerkingstechnieken

Martijn Stöfsel

Trauma en verwerkingstechnieken

Indicatiestelling bij traumabehandeling in de ggz

Martijn Stöfsel
Lunteren, Nederland

ISBN 978-90-368-2500-9   ISBN 978-90-368-2501-6   (eBook)
https://doi.org/10.1007/978-90-368-2501-6

© Bohn Stafleu van Loghum is een imprint van Springer Media B.V., onderdeel van Springer Nature 2020
Alle rechten voorbehouden. Niets uit deze uitgave mag worden verveelvoudigd, opgeslagen in een geautomatiseerd gegevensbestand, of openbaar gemaakt, in enige vorm of op enige wijze, hetzij elektronisch, mechanisch, door fotokopieën of opnamen, hetzij op enige andere manier, zonder voorafgaande schriftelijke toestemming van de uitgever.
Voor zover het maken van kopieën uit deze uitgave is toegestaan op grond van artikel 16b Auteurswet j° het Besluit van 20 juni 1974, Stb. 351, zoals gewijzigd bij het Besluit van 23 augustus 1985, Stb. 471 en artikel 17 Auteurswet, dient men de daarvoor wettelijk verschuldigde vergoedingen te voldoen aan de Stichting Reprorecht (Postbus 3060, 2130 KB Hoofddorp). Voor het overnemen van (een) gedeelte(n) uit deze uitgave in bloemlezingen, readers en andere compilatiewerken (artikel 16 Auteurswet) dient men zich tot de uitgever te wenden.
Samensteller(s) en uitgever zijn zich volledig bewust van hun taak een betrouwbare uitgave te verzorgen. Niettemin kunnen zij geen aansprakelijkheid aanvaarden voor drukfouten en andere onjuistheden die eventueel in deze uitgave voorkomen. De uitgever blijft onpartijdig met betrekking tot juridische aanspraken op geografische aanwijzingen en gebiedsbeschrijvingen in de gepubliceerde landkaarten en institutionele adressen.

NUR 777
Foto omslag: Midas Stöfsel
Basisontwerp omslag: Studio Bassa, Culemborg
Automatische opmaak: Scientific Publishing Services (P) Ltd., Chennai, India

Tekeningen 6.4, 7.1, 8.1, 9.1, 10.1: Mees Stöfsel

Bohn Stafleu van Loghum
Walmolen 1
Postbus 246
3990 GA Houten

▶ www.bsl.nl

Voorwoord

De tijd waarin ik dit schrijf, is een onwezenlijke. Het COVID-19-virus grijpt om zich heen en maakt in de gehele wereld miljoenen slachtoffers. De meeste patiënten herstellen van de ziekte, die heel licht maar ook heel ernstig kan uitpakken. In Europa alleen al zijn meer dan honderdduizend mensen overleden, lang niet altijd in het bijzijn van hun geliefden. Wat deze ramp tot gevolg heeft in termen van psychotrauma en rouw, gaat de tijd leren.

Tegelijkertijd is het 75 jaar geleden dat Nederland werd bevrijd van de Duitse bezetting; met getuigenissen, romans, films en talkshows blikken we terug op het einde van de Tweede Wereldoorlog. Het is onmiskenbaar: de Tweede Wereldoorlog heeft diepe wonden gemaakt in de Nederlandse samenleving. Jaarlijks herdenken we de doden en vieren we de vrijheid op respectievelijk 4 en 5 mei.

De geestelijke gezondheidszorg (ggz) maakt zich ondertussen in allerijl op voor de toekomst: binnenkort verschijnen de zorgstandaarden 'Psychotrauma en stressorgerelateerde stoornissen' en 'Dissociatieve stoornissen' (AKWA 2020) en er is een *Rapport Zinnige Zorg Verbetersignalement Posttraumatische stress-stoornis* in de maak (Zorginstituut Nederland 2020). Met posttraumatische stressproblematiek kan maar beter rekening worden gehouden in de ggz. De prevalentie van posttraumatische stressstoornis en comorbide aandoeningen is groot. Tegelijkertijd worden ze nog lang niet altijd tijdig herkend en krijgt niet iedereen een effectieve behandeling.

Dat kunnen en moeten we beter doen. Dit boek is daarom een welkome aanvulling op de literatuur. Martijn Stöfsel biedt een overzicht van de tot dusver meest onderzochte traumagerichte methoden. Hij beschrijft de verschillende traumagerichte technieken, zoals 'Imaginaire Exposure' (IE), 'Imaginaire Rescripting' (ImRs), 'Eye Movement Desensitization and Reprocessing' (EMDR) en 'Narratieve Exposure-Therapie' (NET).

Het boek gaat in op de vraag hoe een methode te kiezen nu er meerdere effectieve aanpakken beschikbaar zijn voor de behandeling van psychotrauma en comorbiditeit. Het naast elkaar zetten van de verschillende opties biedt behalve handvatten voor het samen met de cliënt maken van een geïnformeerde keuze ook richting aan toekomstig onderzoek: wat is voor wie het meest behulpzaam?

Martijn Stöfsel en ik schreven eerder samen boeken over diagnostiek en behandeling van psychotrauma. De keuze van het beeld op de kaft van die boeken had altijd onze expliciete aandacht. We kozen bij het eerste boek de kastanje vanwege de zachte, kwetsbare binnenkant die beschermd wordt door een stekelige buitenkant. De egel van het tweede boek was een vergelijkbare metafoor: wanneer nodig – dus functioneel – rolt het beestje zich op en zet zijn stekels op om de buitenwereld te weren. De foto die dit boek siert, vertelt dat de band wordt doorbroken met de aloude, roestig geworden knoop met uitstekels die pijnlijk en beschadigend zijn wanneer ze worden aangeraakt. Dat vergt ferm optreden van de behandelaar: er moet enige kracht aan te pas komen.

Ik vertrouw erop dat dit boek gaat bijdragen aan het opdoen van vertrouwen en kracht in traumagericht handelen.

Trudy Mooren, bijzonder hoogleraar Universiteit Utrecht en klinisch psycholoog ARQ Centrum'45

Inhoud

1	**Inleiding**	1
1.1	Bronnen voor dit boek	2
1.2	Dit boek	3
1.3	Leeswijzer	4
1.4	Dankbetuiging	4
	Literatuur	5
2	**Classificatie van traumagerelateerde stoornissen**	7
2.1	Trauma	8
2.2	Verschillende traumastoornissen	8
2.3	Posttraumatische stressstoornis	8
2.3.1	Opmerkingen naar aanleiding van de criteria voor PTSS	9
2.4	Acute stressstoornis	12
2.5	Aanpassingsstoornis	12
2.6	Complex trauma	13
2.7	Vroegkinderlijke traumatisering	15
2.7.1	Type 1, 2 en 3-trauma	16
2.8	Dissociatieve identiteitsstoornis	17
2.9	Persoonlijkheidsproblematiek	17
2.10	Tot slot	18
	Literatuur	18
3	**Aspecten van trauma**	19
3.1	Aspecten van het traumatische herinneringsbestand	20
3.2	Onthecht van het narratief	21
3.3	Onthecht van betekenisgeving	21
3.4	Onthecht van de innerlijke 'Gezonde Volwassene'	23
3.5	Onthecht van zichzelf	23
3.6	Stereotype manier van reageren op schokkende gebeurtenis	23
3.7	Hypo-arousal en hyper-arousal bij trauma: Window of Tolerance	25
3.8	Neurobiologische processen	26
3.9	Tot slot	27
	Literatuur	27
4	**Werkingsmechanismen bij traumaverwerking**	29
4.1	Het nut van verwerking	31
4.2	Geheugenprocessen bij natuurlijke verwerking	31
4.2.1	De tijd zijn werk laten doen	32
4.2.2	Narratief inbedden	32
4.2.3	Habituatie	32
4.2.4	Extinctie	32
4.2.5	Reconsolidatie	33
4.2.6	Afleiding of functionele vermijding	34
4.2.7	Relativering door informatie	34
4.2.8	Andere betekenisgeving: relativerende cognities	35
4.2.9	Vrije associatie	35
4.2.10	Herbelevingen	35
4.3	Problematische geheugenopslag bij schokkende gebeurtenissen	35
4.4	Waarom verwerken soms problematisch verloopt	36
4.4.1	Epidemiologische aspecten	36
4.4.2	Te goed ontwikkelde geheugenfunctie gefocust op gevaar	37
4.4.3	Generalisatie door quick-and-dirty-route	37

4.4.4	Een schokkende gebeurtenis wordt in eerste instantie gedissocieerd opgeslagen	39
4.4.5	Toeval of onlogisch handelen van anderen is moeilijk verdraagbaar	39
4.4.6	Schuld en schaamte zijn moeilijk te verdragen	39
4.4.7	Vermijding	40
4.4.8	De angstige verwachting de emoties die loskomen bij verwerking niet aan te kunnen	40
4.4.9	Niet goed kunnen laten afvloeien van lichamelijke traumagerelateerde spanningen	41
4.5	Werkingsmechanismen bij actieve traumaverwerking	41
4.5.1	Vrije associatie	41
4.5.2	Cognitief werkingsmechanisme	41
4.5.3	Adaptive Information Processing Model	42
4.5.4	Associatiecirkel	42
4.5.5	Extinctie	43
4.5.6	Inhibitoir leermodel	43
4.5.7	Falsificeren van de angstige verwachting	44
4.5.8	Reconsolidatie-werkingsmechanisme	44
4.5.9	Werkgeheugentheorie	45
4.5.10	Contraconditionering	46
4.5.11	Integreren in het narratieve levensverhaal	46
4.5.12	Positieve therapeutische verwachting, zelfverzekerde behandelaar en duidelijke procedure	47
4.5.13	Toevoegen van corrigerende 'Gezonde-Volwassene'-informatie	47
4.5.14	Verrassingseffect	47
4.5.15	Integratie van hot en cold memories	48
4.5.16	Focusverandering	48
4.5.17	Sharing door middel van schrijven	48
4.6	Slot	49
	Literatuur	49

5	**Opzetten traumabehandeling**	**51**
5.1	Inleiding	53
5.2	Wie mag wat doen bij een traumabehandeling?	54
5.3	Vragenlijsten	55
5.3.1	Clinician Administered PTSD scale for DSM 5 (CAPS-5)	55
5.3.2	Schokverwerkingslijst (SVL)	55
5.3.3	Zelf Inventarisatie Lijst Posttraumatische Stress (ZIL)	55
5.3.4	Harvard Trauma Vragenlijst	56
5.3.5	Trauma Screening Vragenlijst	56
5.4	Enkelvoudige of meervoudige schokkende gebeurtenis of zelfbeeld-problematiek	56
5.5	Psycho-educatie	56
5.6	Voldoende stabiliteit om te beginnen met verwerken: indicatie en contra-indicatie	57
5.7	Stabilisatietechnieken	59
5.8	Overzicht van de schokkende gebeurtenissen	59
5.9	Met welk trauma beginnen: traumalijst	61
5.10	Angstige verwachtingen tijdens de traumaverwerking	62
5.11	Verwerkingsfase	63
5.12	Beïnvloeden van de spanning tijdens de traumaverwerking	64
5.13	Referentiële en sequentiële conditionering bij trauma en in-vitro- en in-vivo-exposure	65
5.14	Omgaan met traumagerelateerde triggers in het nu	66
5.15	Afsluiten verwerkingsfase: brief of ritueel?	67
5.16	Duur van een traumabehandeling	68
5.17	Duur van een behandelsessie	68
5.18	Intensieve traumabehandeling	69

5.19	Traumaverwerking en nieuwe technologieën	69
5.20	Tot slot	70
	Literatuur	70

6 Ordening en overzicht van technieken voor traumaverwerkingstechnieken ... 73

6.1	Inleiding	74
6.2	Globale en specifieke verwerkingstechnieken	74
6.3	Evidence-based practice (EBP) en practice-based evidence (PBE)	75
6.3.1	Evidence-based practice	76
6.3.2	Practice-based evidence	77
6.4	Middelen die traumastoornis neurobiologisch beïnvloeden	77
6.5	Verwerkingstechnieken in richtlijnen en zorgstandaarden	78
6.5.1	Richtlijn angststoornissen	78
6.5.2	Guidelines International Society of Traumatic Stress Studies (ISTSS)	79
6.5.3	ggz-standaarden	79
6.6	In Nederland gebruikte technieken	80
6.7	Oorspronkelijke en samengestelde technieken	81
6.8	Verantwoording keuze IE, EMDR en ImRs	81
6.9	Tot slot	82
	Literatuur	82

7 Imaginaire Exposure ... 85

7.1	Inleiding	87
7.2	Historie	88
7.3	Indicatie en contra-indicatie	88
7.4	Onderzoek	90
7.5	Richtlijnen	90
7.6	Protocol	90
7.7	Bijzonderheden bij de toepassing van Imaginaire Exposure	92
7.7.1	Geografie van de schokkende gebeurtenis	92
7.7.2	Praten in de tegenwoordige tijd als hulpmiddel	92
7.7.3	Ogen sluiten als hulpmiddel	92
7.7.4	Meten van de spanning in het nu	93
7.7.5	Soort vragen	93
7.7.6	Het gaat om de experentiële ervaring	93
7.7.7	Aanmoedigingen	93
7.7.8	Eerste sessie verkennend	93
7.7.9	Hotspots	94
7.7.10	Herhalen, herhalen en herhalen	94
7.7.11	Meeschrijven als behandelaar	94
7.7.12	Veranderende SUD's	94
7.7.13	Bij te weinig angst of emotie	94
7.7.14	Bij te veel angst of emotie	95
7.7.15	Microtraumaverwerking	95
7.7.16	Onderzoeken van het waarheidsgehalte	96
7.7.17	Het gaat om de beleving van de interne nare beelden	96
7.7.18	Combinatie van nare traumatische gebeurtenissen	96
7.7.19	Hoge spanning aan het einde van een sessie	97
7.7.20	Tekenexposure	97
7.7.21	Intensiveren van de behandeling	97
7.7.22	In-vivo-exposure	98
7.8	Lastigheden	99
7.9	Werkingsmechanismen	99
7.10	Opleiding	100
7.11	Tot slot	100
	Literatuur	100

8	**Eye Movement Desensitization and Reprocessing**	103
8.1	Inleiding	105
8.2	Historie	105
8.3	Indicatie en contra-indicatie	106
8.4	Onderzoek	106
8.5	Richtlijnen	107
8.6	Protocol	107
8.7	Bijzonderheden bij de toepassing van EMDR	109
8.7.1	Oogbewegingen en klikjes	109
8.7.2	Flash-forward	109
8.7.3	Mental Video Check	110
8.7.4	Future template	110
8.7.5	Flash	110
8.7.6	Blind to therapist	111
8.7.7	EMD-knaller	111
8.7.8	Butterfly hug	111
8.7.9	Auditieve vormen van werkgeheugenbelasting	111
8.7.10	Kinestetische vormen van werkgeheugenbelasting	112
8.7.11	Andere werkgeheugenbelastende taken	112
8.7.12	Niet-dalende SUD	113
8.7.13	EMDR 2.0	113
8.7.14	EMDR-rechtsom bij zelfbeeldproblematiek	113
8.7.15	Cognitive Interweave	114
8.7.16	Aspecten van Imaginaire Rescripting gebruiken tijdens de EMDR	114
8.7.17	Toepasbaarheid van EMDR bij andere stoornissen	115
8.7.18	EMDR als haarlemmerolie?	115
8.7.19	Woede- en wraakprotocol	115
8.7.20	Resource Development and Installation (RDI)	115
8.7.21	Oogbewegingen als procesbegeleiding bij lagere SUD's	116
8.7.22	Zintuigelijk specifiek belasten?	116
8.7.23	Kritiek op EMDR vanuit christelijk-evangelische hoek	116
8.7.24	Multi-modular Motion-assisted memory Desensitization and Reconsolidation (3MDR)	117
8.7.25	Online behandelen van trauma	117
8.8	Werkingsmechanismen	117
8.9	Opleiding	118
8.10	Tot slot	118
	Literatuur	118

9	**Imaginaire Rescripting**	121
9.1	Inleiding	122
9.2	Historie	122
9.3	Indicatie en contra-indicatie	123
9.4	Wetenschappelijke publicaties en onderzoek	123
9.5	Richtlijnen	124
9.6	Protocol	124
9.7	Bijzonderheden bij de toepassing van Imaginaire Rescripting	126
9.7.1	Schematherapie	126
9.7.2	Ingrijpen van behandelaar in fase 2	126
9.7.3	Loyaliteit naar de ouders	126
9.7.4	Ingrijpen bij incestsituatie	126
9.7.5	Woede uitageren vaak niet voldoende	127
9.7.6	In-vitrorescripting omzetten in een in-vivoboodschap naar ouders?	127
9.7.7	Dissociatie	127
9.7.8	Cliënt voelt zich schuldig dat hij de rescripting niet al als kind heeft uitgevoerd	128
9.7.9	De (trieste) waarheid geen geweld aandoen	128

9.8	Werkingsmechanismen	129
9.9	Opleiding	129
9.10	Tot slot	129
	Literatuur	129

10 Andere verwerkingstechnieken bij trauma — 131

10.1	Inleiding	133
10.2	Globale verwerkingstechnieken	133
10.2.1	Getuigenistherapie	133
10.2.2	Narrative Exposure Therapy	134
10.2.3	Levensverhalen	136
10.3	Cognitieve gedragstherapie	136
10.3.1	Prolonged Exposure	137
10.3.2	Cognitive processing therapy	138
10.3.3	Reconsolidation of Traumatic Memories	139
10.3.4	Virtual Reality Therapy	139
10.4	Werkgeheugen belastende technieken	140
10.4.1	Eye movement desentization and reprocessing	140
10.4.2	Counting Method en Progressive Counting	141
10.4.3	Brainspotting	142
10.5	Rescriptingsachtige technieken	143
10.5.1	Imaginaire Rescripting	143
10.6	Schrijfverwerkingstechnieken	144
10.6.1	Written Exposure Therapy	144
10.6.2	Schrijftherapie	145
10.6.3	WRITEjunior, schrijftherapie voor getraumatiseerde kinderen	146
10.7	Combinatietechnieken	147
10.7.1	Beknopte eclectische psychotherapie voor psychotrauma	147
10.8	Lichamelijk gerichte verwerkingstechnieken	148
10.8.1	Somatic experiencing	148
10.8.2	Sensomotorische psychotherapie	149
10.9	Restcategorie	150
10.9.1	Visual Schema Displacement Therapy	150
10.9.2	Emotional freedom techniques	151
10.9.3	Dialogical Exposure Therapy	151
10.9.4	Heart assisted therapy	152
10.9.5	Experimentele methode: TraumaTurn	153
10.10	Tot slot	154
	Literatuur	155

11 Indicatiestelling bij traumaverwerking-stechnieken — 159

11.1	Inleiding	161
11.2	Opleiding en kunde	161
11.3	'Informed' keuze van de cliënt	162
11.4	Zeer hoge spanning	162
11.5	De spanning neemt niet af	163
11.6	Sterke vermijding	164
11.7	Machteloosheid	166
11.8	(Vermeend) intentioneel onheil door bekenden	166
11.9	Leeftijd op het moment van traumatisering	168
11.9.1	Preverbale fase	169
11.9.2	Basale persoonlijkheidsontwikkeling	169
11.9.3	De puberteit en adolescentie	170
11.9.4	Vroege volwassenheid	170
11.9.5	Voltooide identiteitsontwikkeling	170
11.10	Verwaarlozing, misbruik of mishandeling in de jeugd	170

11.11	Veel ontregeling tijdens de verwerking	171
11.12	Veel ongeordend traumatisch materiaal	172
11.13	Laag zelfbeeld	172
11.14	Overheersende belemmerende gevoelens	173
11.15	Overheersende boosheid en woede	173
11.16	Overmatige schuldgevoelens	175
11.17	Reële schuldgevoelens	175
11.18	Lage SUD	176
11.19	Dissociatie	176
11.20	Sterke persoons- en niet-gebeurtenisgerichte gevoelens	177
11.21	Geen duidelijk beeld	177
11.22	Samenvattende tabel	177
11.23	Tot slot	179
	Literatuur	180
12	**Tot slot**	181
	Bijlage	183
	Register	184

Inleiding

1.1 Bronnen voor dit boek – 2

1.2 Dit boek – 3

1.3 Leeswijzer – 4

1.4 Dankbetuiging – 4

Literatuur – 5

© Bohn Stafleu van Loghum is een imprint van Springer Media B.V., onderdeel van Springer Nature 2020
M. Stöfsel, *Trauma en verwerkingstechnieken*, https://doi.org/10.1007/978-90-368-2501-6_1

Veel behandelaren zijn tegenwoordig goed opgeleid in het toepassen van een aantal concrete traumaverwerkingstechnieken. Als ik zo'n jaar of tien geleden bij het geven van traumacursussen aan psychologen de vraag stelde wie EMDR toepaste, gingen in een groep van veertien cursisten twee of drie handen omhoog, terwijl er tegenwoordig maar twee of drie cursisten zijn die op deze vraag níet hun hand opsteken. Ook Imaginaire Exposure heeft een positieve groei doorgemaakt. En in de slipstream van de opkomst van de schematherapie zijn ook steeds meer psychologen opgeleid in Imaginaire Rescripting (ImRs)[1].

Daardoor begint zich een nieuw probleem voor te doen. Veel behandelaren zijn goed opgeleid in de verschillende traumatechnieken en 'eager' om de trauma's van hun cliënten te behandelen, maar weten niet goed wanneer ze nu welke techniek moeten gebruiken. De richtlijnen geven daar alleen globale informatie over. Dit boek beoogt een aanzet te geven tot het beantwoorden van de vraag wanneer welke techniek geïndiceerd is.

1.1 Bronnen voor dit boek

Dit boek is gebaseerd op drie soorten bronnen:
- de wetenschappelijke informatie, zoals die onder andere besloten ligt in de *Guidelines* van de International Society for Traumatic Stress Studies (ISTSS) (2018) en beschreven is door de Landelijke Stuurgroep Multidisciplinaire Richtlijnontwikkeling (2013) in de *Richtlijn angststoornissen*;
- interviews met een aantal invloedrijke collega-psychologen uit het traumaveld. Deze interviews waren opiniërend van aard en de geïnterviewden worden dan ook niet letterlijk geciteerd. De belangrijkste conclusies van dit boek zijn gebaseerd op deze prettige en leerzame interviews met, op alfabetische volgorde:
    - Sjef Berendsen, klinisch psycholoog-psychotherapeut, werkzaam als algemeen directeur bij de kliniek voor traumaverwerking Psytrec, EMDR-trainer en oud-bestuurslid van de Vereniging EMDR Nederland (VEN);
    - Lotte Hendriks, GZ-psycholoog, werkzaam bij Kairos en Overwaal en in 2019 gepromoveerd op een onderzoek naar de effectiviteit van intensieve Imaginaire-Exposurebehandelingen (*Share your story*);
    - Hellen Hornsveld, GZ-psycholoog, werkzaam in eigen praktijk, EMDR-trainer, oud-bestuurslid van de VEN en bestuurslid van de schematherapievereniging;
    - Tilly Kooistra, klinisch psycholoog-psychotherapeut, werkzaam in eigen praktijk, directeur behandelzaken bij de kliniek voor traumaverwerking Psytrec en bestuurslid van de VEN;
    - Suzy Mathijssen, klinisch psycholoog-psychotherapeut, hoofd van de Intensieve Ambulante Traumabehandeling van het Altrecht Academisch Angstcentrum en in 2019 gepromoveerd op het proefschrift *Enhancing trauma treatment*; doet momenteel onderzoek naar de veelbelovende techniek 'Visual Schema Displacement Therapy';

---

1 Ik verkies de Nederlandse benaming; de Engelse term is 'Imagery Rescripting'. Imaginaire Rescripting wordt ook wel afgekort als IR. Ik kies voor de afkorting ImRs, die qua woordbeeld beter differentieert van de afkortingen IE en EMDR.

- Hans-Jaap Oppenheim, GZ-psycholoog-psychotherapeut, werkzaam als EMDR-trainer bij De Waag, oud-bestuurslid van de VEN;
- Sandra Raabe, psycholoog, werkzaam bij het Sinai Centrum en de Universiteit van Amsterdam; rondt momenteel een groot promotieonderzoek af naar de effectiviteit van Imaginaire Rescripting bij PTSS;
- de klinische ervaringen en inzichten van de auteur.

1.2 Dit boek

Het uitgangspunt van dit boek, dat ondersteund wordt door onderzoek, is dat er drie 'grote' traumaverwerkingstechnieken zijn, namelijk Imaginaire Exposure (IE), Eye Movement Desensitization and Reprocessing (EMDR) en Imaginaire Rescripting (ImRs). EMDR en IE komen uit onderzoek steevast als de meest effectieve behandelmethoden voor PTSS naar voren, zoals ook bleek uit een recente meta-analyse door de Cambridge University (Mavranezouli et al. 2020).

IE en EMDR hebben de afgelopen jaren dan ook een stabiele plaats gekregen in verschillende richtlijnen voor traumabehandeling. Voor ImRs ligt dat vooralsnog anders, maar in het hoofdstuk over deze behandelmethode zal duidelijk worden dat er een groot aantal veelbelovende onderzoeken naar ImRs is verricht. Momenteel worden twee grote vergelijkende studies naar de effecten van ImRs afgerond en mijn verwachting en die van vele anderen (onder wie de meeste geïnterviewden) is dat de effectiviteit van deze behandelmethode op termijn net zo degelijk bewezen zal worden als IE of EMDR. Ik neem wat dat betreft dus een – nog niet helemaal wetenschappelijk verantwoord – voorschot op de toekomst.

De drie 'grote' technieken worden uitgebreid besproken in drie afzonderlijke hoofdstukken, inclusief de protocollen. In een apart hoofdstuk komt vervolgens een groot aantal andere verwerkingstechnieken kort aan de orde die enige bekendheid hebben of genoemd worden in de *Guidelines* van de ISTSS. Het doel hiervan is een overzicht te geven van de veelheid aan traumaverwerkingstechnieken. De meeste hiervan zijn om diverse redenen niet of minder mainstream: bijvoorbeeld doordat ze niet bekend zijn in Nederland, doordat er geen evidence voor is of doordat ze nog in ontwikkeling zijn.

Vervolgens komen we bij kern van dit boek waarin we, grotendeels redenerend vanuit de werkingsmechanismen, bespreken welke verwerkingstechnieken bij bepaalde probleemgebieden en symptomatologie meer of minder geïndiceerd zijn.

Het boek begint met een aantal inleidende hoofdstukken waarin de term 'trauma' verkend wordt, besproken wordt wat verwerking nu eigenlijk is en welke soorten verwerkingsmechanismen een rol spelen bij verwerking en een globale schets gegeven wordt van een ideale traumabehandeling.

Het doel van dit boek is een praktische handleiding te bieden om op basis van de problematiek en de symptomen van de cliënt te kiezen voor een bepaalde verwerkingstechniek of daarvan juist gefundeerd af te zien. Hierbij wordt de laatste klinische en wetenschappelijke stand van zaken met betrekking tot deze technieken besproken. Dit boek richt zich op hulpverleners met een opleiding en (enige) ervaring in een of meerdere van de grote verwerkingstechnieken (IE, EMDR of ImRs). Dit boek is niet geschikt om deze technieken te leren. Daarvoor is het noodzakelijk dat je een training volgt, voorbeelden ziet van docenten, oefent op medecursisten en vervolgens onder supervisie met cliënten werkt. Op diverse plekken in Nederland kunnen dit soort trainingen gevolgd worden.

Dit boek is onder meer gebaseerd op mijn kennis en op mijn ervaring als supervisor cognitieve gedragstherapie, EMDR-practitioner, supervisor schematherapie en supervisor van de Nederlandstalige vereniging voor Psychotrauma (NtVP). Mijn ervaring in het behandelen van psychotrauma heb ik opgedaan op een aantal manieren:

- meer dan twintig jaar werken bij het Sinai Centrum, een in de behandeling van oorlogstraumatisering gespecialiseerde joodse instelling;
- gedurende twee jaar werken als hoofd behandeling van de verslavingskliniek De Wending van het Leger des Heils;
- werken in mijn eigen psychotherapiepraktijk in Lunteren met mensen met diverse soorten trauma's en vooral persoonlijkheidsproblematiek.

Mijn ervaring beperkt zich tot het werken met volwassenen. Dat is ook de doelgroep waar het in dit boek over gaat. Voor de duidelijkheid: ik heb geen belangen bij een van de besproken verwerkingstechnieken.

Dit boek is ontstaan op een aantal bijzondere plaatsen: in de eerste plaats in Lunteren, waar ik woon en werk, en in de tweede plaats op een aantal bijzondere schrijfplekken: natuurcamping Het Zand bij Zelhem, natuurcamping Distelheide vlakbij de Willibrordusabdij bij Doetinchem, een terras op Katendrecht in Rotterdam, natuurcamping Lutje Kössink in Henxel bij Winterswijk, het Van der Valk-hotel in Tilburg en het Parkrestaurant en een prachtig stil schrijfplekje aan de rand van het Reemsterveld op de Hoge Veluwe.

1.3 Leeswijzer

Voor de leesbaarheid is gekozen voor de mannelijke variant van persoonlijke voornaamwoorden. Vanzelfsprekend worden daarmee zowel vrouwen als mannen bedoeld. In het boek wordt een aantal keren de term 'Gezonde Volwassene' gebruikt. Dit is een veelgebruikte term uit de schematherapie waarmee de modus wordt bedoeld van waaruit iemand naar zichzelf en de wereld om zich heen kan kijken vanuit het nu, waarbij er wel besef is of kan zijn van schokkende gebeurtenissen of interne destructieve patronen, maar die niet de overhand hebben. Verder is gekozen voor de term 'behandelaar', omdat dat de meest neutrale term is die de totale potentiële doelgroep van dit boek omvat: van maatschappelijk werker, sociaal psychiatrisch verpleegkundige, GZ-psycholoog, psychotherapeut en klinisch psycholoog tot psychiater.

In het boek worden cliëntvignetten ter illustratie van de tekst gebruikt. Deze zijn altijd gebaseerd op een samenstelling van verschillende cliënten en geanonimiseerd – herkenning berust dus op toeval.

1.4 Dankbetuiging

Dit boek is tot stand gekomen dankzij een groot aantal mensen. In de eerste plaats de geïnterviewden, die aan het begin van deze inleiding genoemd zijn. In de tweede plaats de meelezers: Marij Mols, Hellen Hornsveld, Hans-Jaap Oppenheim en Bernadette in 't Veen. In de derde plaats mijn middelste zoon Mees, die een aantal tekeningen in het boek gemaakt heeft, en mijn jongste zoon Midas, die de omslagfoto gemaakt heeft, ergens achteraf op het land van de boerderij van Jan-Dirk van de Voort. En in de vierde plaats uitgever Yulma Perk van BSL. Tot slot wil ik Trudy Mooren noemen, met wie ik twee eerdere boeken over trauma schreef en die als kersverse hoogleraar het voorwoord heeft willen schrijven. Heel veel dank aan hen allen!

Martijn Stöfsel, mei 2020

Literatuur

International Society of Traumatic Stress Studies (2018). *Posttraumatic stress disorder, prevention and treatment guidelines, methodology and recommendations*. Beschikbaar op: ▶ www.istss.org.

Landelijke Stuurgroep Multidisciplinaire Richtlijnontwikkeling in de ggz (2013). *Multidisciplinaire richtlijn angststoornissen*. Utrecht: Kwaliteitsinstituut voor de Gezondheidszorg CBO/Trimbos-instituut. Beschikbaar op: ▶ www.ggzrichtlijnen.nl.

Mavranezouli, I., Megnin-Viggars, O., & Sofia Dias, C. (2020). *Psychological treatments for post-traumatic stress disorder in adults: A network meta-analysis*. Beschikbaar op: ▶ https://doi.org/10.1017/S0033291720000070.

Classificatie van traumagerelateerde stoornissen

2.1 Trauma – 8

2.2 Verschillende traumastoornissen – 8

2.3 Posttraumatische stressstoornis – 8
2.3.1 Opmerkingen naar aanleiding van de criteria voor PTSS – 9

2.4 Acute stressstoornis – 12

2.5 Aanpassingsstoornis – 12

2.6 Complex trauma – 13

2.7 Vroegkinderlijke traumatisering – 15
2.7.1 Type 1, 2 en 3-trauma – 16

2.8 Dissociatieve identiteitsstoornis – 17

2.9 Persoonlijkheidsproblematiek – 17

2.10 Tot slot – 18

Literatuur – 18

© Bohn Stafleu van Loghum is een imprint van Springer Media B.V., onderdeel van Springer Nature 2020
M. Stöfsel, *Trauma en verwerkingstechnieken*, https://doi.org/10.1007/978-90-368-2501-6_2

2.1 Trauma

Trauma is het Griekse woord voor 'wond'. Een wond is natuurlijk altijd ergens door veroorzaakt. Die oorzaak is iets anders dan het gevolg, de 'wond' oftewel het 'trauma'. Dat is ook bij psychotrauma het geval. In het algemeen taalgebruik – en vaak ook door behandelaren – worden die verschillende aspecten, de oorzaak en het gevolg, gemakshalve beide trauma genoemd. Het woord trauma wordt dan dus ook gebruikt voor de oorzaak van het trauma, een schokkende gebeurtenis. Dat is niet correct en suggereert bovendien impliciet dat elke nare of schokkende gebeurtenis tot een trauma leidt. Uit veel onderzoek weten we dat dit in het geheel niet het geval is. Van de mensen die in Nederland een schokkende gebeurtenis meemaken, ontwikkelt gemiddeld 10 % een posttraumatische stresstoornis (De Vries en Olff 2009). Meer dan 90 % van die mensen krijgt dus geen PTSS. Dit betekent dat kort na het meemaken van een schokkende gebeurtenis in het overgrote deel van de gevallen *geen* op verwerking gerichte interventie nodig zal zijn. De schokkende gebeurtenis leidt ook bij de laatste groep weliswaar bijna altijd tot een psychologische 'wond', een trauma, maar deze mensen kunnen de gebeurtenis door een natuurlijk verwerkingsproces binnen circa een maand op eigen kracht verwerken. Het woord trauma heeft dan ook vooral betrekking op de 10 % bij wie de 'wond', het trauma niet, binnen circa een maand, op eigen kracht herstelt.

Kortom, het is van belang om een onderscheid te maken tussen de 'schokkende gebeurtenis' en het gevolg daarvan, het trauma. Naar schatting maakt overigens 80 % van de bevolking in zijn leven een dergelijke schokkende gebeurtenis mee (De Vries en Olff 2009).

2.2 Verschillende traumastoornissen

In de DSM-5 worden verschillende traumastoornissen beschreven (APA 2013) in het hoofdstuk 'Trauma- en stressorgerelateerde stoornissen': de posttraumatische stressstoornis, de acute stressstoornis en de aanpassingsstoornis. We bespreken deze stoornissen in dit hoofdstuk, evenals enkele stoornissen uit andere hoofdstukken uit de DSM-5 die nauw verbonden zijn met trauma, namelijk de dissociatieve identiteitsstoornis en de persoonlijkheidsstoornissen. Daarnaast komen enkele andere aspecten van trauma aan de orde die niet in de DSM-5 staan, zoals complex trauma en vroegkinderlijke traumatisering. We bespreken deze aandoeningen globaal; zie voor de precieze beschrijving van de diverse diagnostische categorieën de DSM-5.

2.3 Posttraumatische stressstoornis

De posttraumatische stressstoornis (PTSS) is de meest uitgebreid beschreven en onderzochte traumastoornis. PTSS is meestal het gevolg van een enkelvoudige gebeurtenis, maar kan ook voortkomen uit complexere schokkende gebeurtenissen.

2.3 · Posttraumatische stressstoornis

Criteria PTSS (APA 2013)

A. *Betrokkene is blootgesteld aan een feitelijke of dreigende dood, ernstige verwondingen en/of seksueel geweld op een of meerdere van de volgende manieren:* de gebeurtenis kan iemand direct overkomen; iemand was getuige van de gebeurtenis; de gebeurtenis is een direct familielid of een vriend van de persoon overkomen of iemand is herhaaldelijk blootgesteld aan nare details van de gebeurtenis.
Daarbij moet ook sprake zijn van de volgende symptomen:

B. *herbeleven in brede zin*: de traumatische gebeurtenis wordt voortdurend herbeleefd op een (of meer) van de volgende manieren:
   - herhalende, zich opdringende herinneringen;
   - onaangename dromen die gerelateerd zijn aan het trauma;
   - handelen alsof het trauma opnieuw plaatsvindt;
   - voelen alsof het trauma opnieuw plaatsvindt;
   - heftige emoties als de persoon eraan herinnerd wordt;
   - lichamelijke reacties als de persoon eraan herinnerd wordt;

C. *vermijden*: het vermijden van prikkels die verbonden zijn aan het trauma, zoals blijkt uit één of beide van de volgende symptomen: het vermijden van traumagerelateerde gedachten en gevoelens en/of het vermijden van traumagerelateerde plaatsen, mensen, voorwerpen en situaties;

D. *negatieve gedachten en stemming*: negatieve veranderingen in cognities en stemming gerelateerd aan de traumatische gebeurtenis, zoals blijkt uit twee of meer van de volgende symptomen: onvermogen om zich delen van gebeurtenis te herinneren, negatieve gedachten over zichzelf, anderen en de wereld, vertekende gedachten over consequenties en oorzaak van de gebeurtenis, negatieve emoties (angst, afschuw, woede, schuld, schaamte), afgenomen interesse en participatie in activiteiten, zich afgesneden of vervreemd voelen van anderen en/of niet in staat zijn positieve emoties te ervaren;

E. *hyperactivatie*: aanhoudende symptomen van verhoogde prikkelbaarheid zoals blijkt uit twee of meer van de volgende: geïrriteerdheid en woede-uitbarstingen, roekeloosheid en zelfdestructief gedrag, hyperalertheid, overdreven schrikreacties, concentratieproblemen en/of slaapproblemen;

F. *de duur van de stoornis is langer dan één maand*;

G. *de stoornis veroorzaakt klinisch significante lijdensdruk of beperkingen in het sociale of beroepsmatige functioneren of het functioneren op andere belangrijke terreinen*;

H. *de stoornis kan niet worden toegeschreven aan de fysiologische effecten van een middel of aan een somatische aandoening.*

2.3.1 Opmerkingen naar aanleiding van de criteria voor PTSS

- **Criterium A**

De term PTSS is gereserveerd voor situaties waarin iemand te maken kreeg met 'feitelijke of dreigende dood, ernstige verwondingen en/of seksueel geweld'. Situaties als ontslag, een burenruzie, een verhuizing, een nare bejegening of een mislukte sollicitatie, die natuurlijk ook ingrijpend en zelfs schokkend kunnen zijn, kunnen volgens de

> – **herinnering:** je *weet* dat het verleden is en het *voelt* ook zo
> – **herbeleven:** je *weet* wel dat het verleden is, maar het *voelt* als (bijna) *heden*

Figuur 2.1 Verschil tussen herinnering en herbeleving

PTSS-definitie niet leiden tot PTSS. De achterliggende reden daarvan is dat het herstel na dit soort situaties bij psychisch stabiele mensen over het algemeen relatief snel zal plaatsvinden, waarbij zich overigens wel kortdurend PTSS-symptomen als nachtmerries en schrikachtigheid kunnen voordoen. Als dergelijke situaties toch leiden tot een beeld dat lijkt op PTSS, dan zou kunnen worden gesproken van een aanpassingsstoornis (zie verderop).

Als mensen van – objectief – mindere ernstige schokkende gebeurtenissen toch fors uit hun evenwicht raken, zegt dat wat over hun psychische stabiliteit. Het kan wijzen op onderliggende psychische problematiek, zoals angststoornissen of persoonlijkheidsproblematiek.

Blootstelling aan een schokkende gebeurtenis

Bijna iedereen wordt tegenwoordig veelvuldig blootgesteld aan schokkende gebeurtenissen via televisiejournaals, films en internet. Dit wordt niet als een potentieel risico voor PTSS gezien, omdat de persoonlijke betrokkenheid hierbij meestal ontbreekt. Een uitzondering zijn mensen die beroepsmatig veelvuldig via de media geconfronteerd worden met schokkende gebeurtenissen, zoals zedenrechercheurs, die veel schokkend videomateriaal moeten bekijken voor hun werk.

Criterium B

Bij herbeleven is het goed om een onderscheid te maken tussen herinneren en herbeleven (zie fig. 2.1). Bij zowel herinneren als herbeleven denkt iemand terug aan iets wat in het verleden is gebeurd, maar bij een herinnering *weet* iemand dat dit in het verleden gebeurd is en *voelt* het ook zo. Bij een herbeleving *weet* de persoon ook dat dit in het verleden gebeurd is, maar *voelt* het nog als heden.

Criterium D

Onder dit criterium worden ook dissociatieve verschijnselen geschaard, zonder dat die term gebruikt wordt: 'onvermogen delen van gebeurtenis te herinneren' en 'afgesneden of vervreemd gevoel van anderen'. PTSS gaat altijd gepaard met enige mate van dissociatieve verschijnselen. Tijdens een schokkende gebeurtenis richt de focus zich op het meest bedreigende deel van de gebeurtenis. Immers, daarop moet mogelijk gereageerd worden. De andere informatie over de gebeurtenis wordt meestal wel opgeslagen, maar niet op een bewust niveau. Dit is een dissociatief proces. Later is er dan meestal wel veel informatie beschikbaar over het naarste deel van de gebeurtenis, maar is de zintuigelijke of cognitieve informatie daaromheen niet direct toegankelijk. Tijdens de verwerking komt deze informatie vaak weer beschikbaar en kan dan helpen om de situatie in een ander perspectief te plaatsen of een andere betekenis te geven en daardoor te verwerken.

Depressie en PTSS

Tussen criterium D en een depressieve stoornis bestaat veel overlap. Het is daarom belangrijk om goed te onderscheiden of sprake is van een depressie in combinatie met PTSS of van PTSS met daarbij behorende depressieve verschijnselen. Dit onderscheid kan bijvoorbeeld gemaakt worden doordat de depressieve verschijnselen in het eerste geval meestal eerder beginnen dan de PTSS, alhoewel het natuurlijk ook mogelijk is dat een volwaardige depressie ontstaat door of naar aanleiding van de PTSS (bijvoorbeeld door uitputting ten gevolge van de slaapproblemen tijdens de PTSS).

Als gevolg van een PTSS kan zich ook een ernstige depressie ontwikkelen die het zicht op de PTSS ontneemt, waardoor de PTSS niet wordt opgemerkt.

Persoonlijkheidsproblematiek en PTSS

Er bestaat ook enig overlap tussen aspecten van persoonlijkheidsproblematiek en PTSS. Zo kan criterium D 'overdreven negatieve overtuigingen of verwachtingen over zichzelf en anderen' het negatieve zelfbeeld overlappen dat we bij ontwijkende of afhankelijke persoonlijkheidsproblematiek zien. Gedragskenmerken die in criterium E beschreven staan, zoals 'prikkelbaar gedrag of woede-uitbarstingen... verbale of fysieke agressie...' en 'roekeloos gedrag' overlappen kenmerken van antisociale persoonlijkheidsproblematiek. Ook hier geldt dat het belangrijk is om te bekijken of deze kenmerken al voor het ontwikkelen van de PTSS aanwezig waren, wat een aanwijzing zou kunnen zijn voor persoonlijkheidsproblematiek.

- **Criterium F**

Wat betreft het criterium 'langer dan een maand' kan opgemerkt worden dat hierin besloten ligt dat in de DSM-optiek een 'normaal' verwerkingsproces bij een schokkende gebeurtenis maximaal een maand kan duren. Bij iemand met PTSS-verschijnselen die korter dan een maand geleden een schokkende gebeurtenis heeft meegemaakt, is in deze optiek dus sprake van een normaal verwerkingsproces. Dit betekent dat in principe niet eerder dan na een maand kan worden vastgesteld dat sprake is van een niet goed verlopend verwerkingsproces en dus van een PTSS. Pas dan zou een verwerkingstechniek ingezet mogen worden. Door daarmee te vroeg te beginnen, ontneemt men de cliënt immers de mogelijkheid om op eigen kracht te herstellen, waardoor hij onnodig gemedicaliseerd kan worden. Als in de eerste maand echter al duidelijk is dat zich mogelijk een PTSS aan het ontwikkelen is, kan echter eerder een verwerkingstechniek worden ingezet. Dit wordt verder besproken bij de acute stressstoornis.

- **Criterium G**

Als iemand relatief weinig last heeft van PTSS-verschijnselen, is geen sprake van PTSS. Dan zal waarschijnlijk sprake zijn van een normaal verwerkingsproces.

- **636.120 varianten**

PTSS kan zich dus in meerdere verschijningsvormen voordoen. Galatzer-Levy en Bryant (2013) hebben uitgerekend dat er door de veelheid aan symptomen, met verschillende onderverdelingen, theoretisch zelfs 636.120 verschillende varianten van PTSS kunnen bestaan.

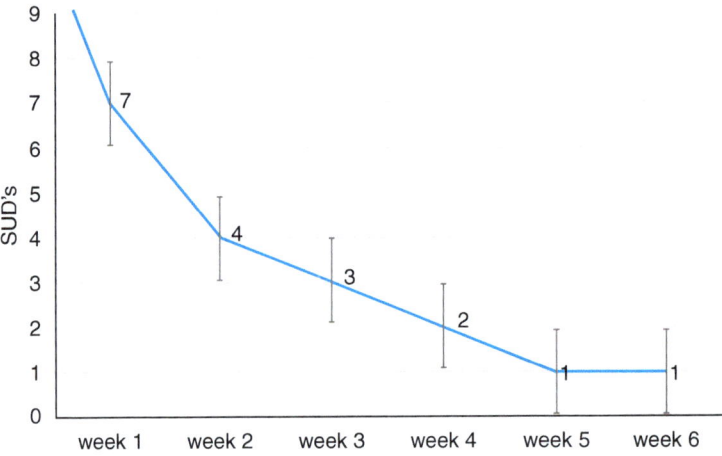

Figuur 2.2 Verloop verwerkingsproces in SUD's na een schokkende gebeurtenis

2.4 Acute stressstoornis

De kenmerken van de acute stressstoornis zijn soortgelijk aan die van de PTSS, maar de duur ervan is korter. De essentie van de acute stressstoornis is dat de maximale duur hiervan vier weken bedraagt.

Op basis van klinische ervaring kan gesteld worden dat bij een normaal verlopend verwerkingsproces na een schokkende gebeurtenis de 'Subjective Unit of Disturbance' (SUD) min of meer lineair terugloopt, binnen een zekere bandbreedte. In het begin is dat verloop wat steiler dan daarna. De SUD is een 11-puntsschaal (van 0 tot 10) voor spanning ontworpen door Wolpe (1969). Bij een normaal verwerkingsproces loopt een hoge SUD van circa 8 à 10 in circa vier weken terug naar circa 2 à 3 (zie fig. 2.2). Indien de SUD boven die lijn komt, kán sprake zijn van een acute stressstoornis. Dat is tevens een indicatie dat er een grote kans bestaat dat zich na een maand PTSS zal voordoen. In dat geval kan het gerechtvaardigd zijn om al eerder met een traumaverwerkingsbehandeling te starten.

2.5 Aanpassingsstoornis

Van een aanpassingsstoornis is sprake als zich problematiek voordoet die het functioneren belemmert en waarbij de oorzaak een schokkende gebeurtenis is die niet voldoet aan de kenmerken van het criterium A van de PTSS. Denk hierbij aan gebeurtenissen als ontslag, een burenruzie, een verhuizing, een nare bejegening of een mislukte sollicitatie. Dergelijke situaties kunnen ingrijpend en zelfs schokkend zijn en tot allerlei verwerkingsproblemen leiden. Indien iemand daarop reageert met de ernst van de symptomen van PTSS wordt ervan uitgegaan dat dit, afgezien van het verwerkingsprobleem, ook iets zegt over zijn instabiliteit, kwetsbaarheid of weerbaarheid. Er kan dan sprake zijn onderliggende psychische problematiek, zoals angstproblematiek of persoonlijkheidsproblematiek.

Indien in verband met ernstige verwerkingsproblemen die te etiketteren zijn als aanpassingsstoornis toch een op verwerking gerichte behandeling nodig is, kan dat prima met een standaardverwerkingstechniek als EMDR, IE of ImRs.

Doordat de zorgverzekeraars besloten hebben om behandeling van een aanpassingsstoornis niet langer te vergoeden, worden aanpassingsstoornissen bijna niet meer geclassificeerd in de ggz. Dat is vreemd. De zorgverzekeraars zijn op de stoel van de behandelaar gaan zitten door te bepalen dat aanpassingsstoornis niet ernstig zijn. Er bestaan echter wel degelijk aanpassingsstoornissen die veel lijdensdruk geven en het functioneren ernstig belemmeren. Hiervan zal nogal eens sprake zijn bij mensen met onderliggende instabiliteit. Het behandelen van de aanpassingsstoornis zal bij deze groep veel effectiever zijn dan het behandelen van de mogelijk onderliggende persoonlijkheidsproblematiek. De aanpassingsstoornis wordt door behandelaren waarschijnlijk echter 'weggeschreven' als een depressieve stoornis of een angststoornis. Overigens zijn er ook lichtere vormen van aanpassingsstoornissen, die het gevolg zijn van min of meer normale ernstige life-events en waarvan de symptomen binnen een paar weken verdwenen zullen zijn. Daarbij is behandeling dus niet nodig.

2.6 Complex trauma

Complex trauma, ook wel complexe PTSS, complex PTSD of CPTSD genoemd, is een niet in de DSM genoemde traumacategorie. De reden hiervan is dat er geen consensus is over de vraag of complex trauma klinisch gezien een aparte stoornis is of dat hier sprake is van 'ernstige PTSS' of 'PTSS met veel comorbiditeit'. In de klinische praktijk wordt de term complex trauma wel gebruikt. De essentie van complex trauma is dat er sprake is van langdurige traumatisering – denk daarbij aan het in een concentratiekamp opgesloten en gemarteld zijn geweest, aan langdurige opsluiting, gijzeling of seksueel misbruik of aan het meemaken van andere vormen van herhaalde schokkende gebeurtenissen. Stoornissen die hiervan het gevolg zijn, zullen over het algemeen ook als PTTS te classificeren zijn, maar zijn vaak van een andere aard door de langdurigheid of de vele herhalingen, waardoor de symptomatologie vaak ernstiger is en de behandeling moeilijker.

Iemands cognitieve overtuigingen over veiligheid en vertrouwen in andere mensen kunnen door een enkelvoudige gebeurtenis (waarop de classificatie PTSS oorspronkelijk gebaseerd is) weliswaar worden geschokt, maar dit kan vanwege de eenmaligheid ook relatief makkelijk worden hersteld. De gebeurtenis kan dan als een uitzondering worden afgedaan. Bij complex trauma raken de cognitieve overtuigingen over de ander en de wereld veel fundamenteler beschadigd en dit trauma is daardoor veel moeilijker te behandelen.

Er is geen breed gedragen consensus over de kenmerken van complex trauma. Een definitie hiervan is (Stöfsel en Mooren 2010)
- meerdere of langdurige traumatische ervaringen;
- leidend tot veranderingen op 'persoonlijkheidsniveau', met name veranderingen op kerncognitief niveau:
  - 'niet mogen zijn wie je bent';
  - 'niet mogen worden wie je zou zijn geworden';
- PTTS-klachten: herbelevingen, nachtmerries, wantrouwen, achterdocht, alertheid, agressieve reacties;

- teleurgestelde, sombere kijk op het leven;
- spanningen en problemen in de dagelijkse omgang met anderen (met grote kans op retraumatisering, bekrachtiging, sociale isolatie);
- niet goed functioneren op diverse mogelijke gebieden: wonen, werk, financiën, verslaving, somatiek – kortom: malaise.

Het is overigens goed om in eerste instantie uit te gaan van stoornissen van de algemeen aanvaarde classificatie van de DSM-systematiek, tenzij die niet voorhanden zijn. Daarom is het juister om een beeld zoals hierboven beschreven dat voor het achttiende levensjaar ontstaan is te zien als kenmerk van een persoonlijkheidsstoornis of op zijn minst trekken daarvan. Het zou dan ook logischer zijn om een persoonlijkheidsstoornis te classificeren, mits iemand daar natuurlijk aan voldoet. Daarmee is de classificatie complexe PTSS of complex trauma vooral voorbehouden aan psychische problematiek die het gevolg is van langdurige of herhaaldelijke traumatisering ná het achttiende levensjaar (zie ook ◘ fig. 2.3).

Bijzonder is het voornemen om de term 'Complex Post Traumatic Stress Disorder' (World Health Organization 2018) op te nemen in het Europese ziekteclassificatiesysteem de ICD 11 ('International Classification of Diseases'). In dit kader zijn zes symptoomclusters voorgesteld, die alle aanwezig moeten zijn:
- herbeleving;
- vermijding;
- hypervigilantie;
- emotionele disregulatie;
- interpersoonlijke problemen;
- negatief zelfbeeld.

Ook hier speelt de overlap tussen persoonlijkheidsproblematiek en complexe PTSS of complex trauma een rol. Zo is er een grote overeenkomst met de borderline persoonlijkheidsstoornis (Jowett et al. 2020).

Bij de begrippen complex trauma en complexe PTSS speelt soms een vergelijkbare verwarring als die tussen de oorzaak (de 'schokkende gebeurtenis') en het gevolg (de 'wond' of het 'trauma'): soms wordt ten onrechte gesproken van complex trauma als sprake is van complex traumatiserende gebeurtenissen. De begrippen complex trauma en complexe PTSS betreffen de gevolgen. Uit de definities van complexe PTSS en complex trauma blijkt dat het om een specifieke categorie traumastoornissen gaat, veroorzaakt door herhaalde of langdurige schokkende gebeurtenissen die geleid hebben tot een ernstiger traumabeeld dan PTSS. Hier geldt dus ook dat het vooral gaat om de gevolgen en niet om de oorzaak. Net als bij PTSS zullen er overigens zeker mensen zijn die na herhaalde of langdurige schokkende gebeurtenissen geen traumatische klachten overhouden (na een verwerkingsperiode).

De op verwerking gerichte behandeling van complexe PTSS of complex trauma is overigens niet wezenlijk anders dan die bij 'gewone' PTSS. Bij beide worden verwerkingstechnieken ingezet om de schokkende gebeurtenissen te verwerken. Aangezien er meestal meer schokkende gebeurtenissen zijn, moeten die eerst geordend worden door het opstellen van een traumalijst (zie ► H. 5). Ook zal meestal meer aandacht besteed moeten worden aan problematische coping.

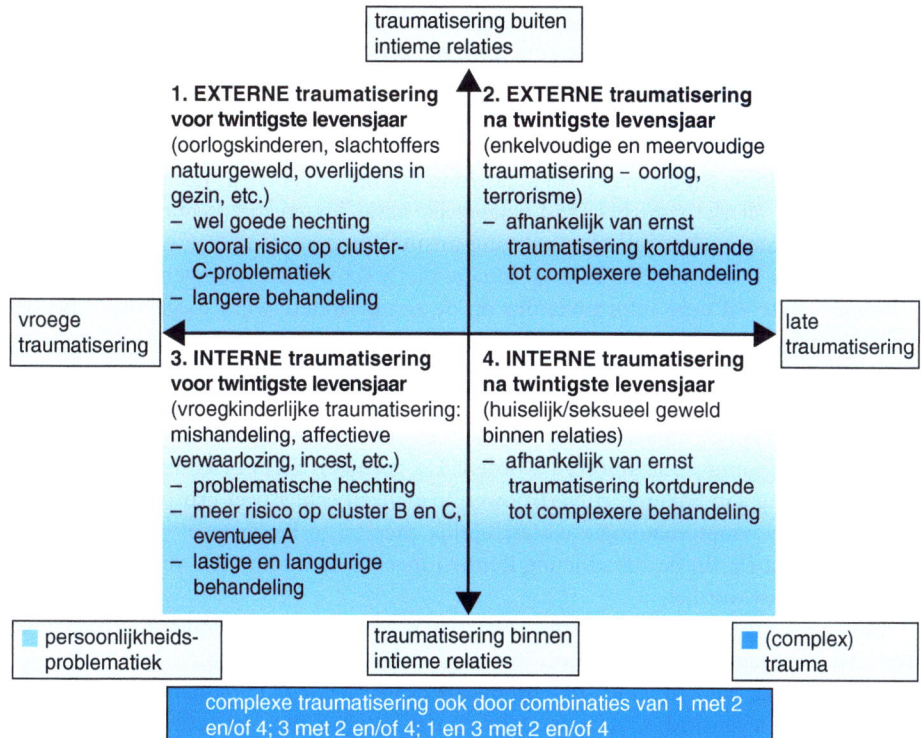

Figuur 2.3 Het verschil tussen persoonlijkheidsproblematiek en complex trauma afgezet tegen moment en aard van traumatisering

2.7 Vroegkinderlijke traumatisering

Vroegkinderlijke traumatisering als gevolg van affectieve verwaarlozing, mishandeling of seksueel misbruik kan leiden tot allerlei verwerkingsproblemen. Vaak, maar niet altijd kunnen deze worden gecategoriseerd als PTSS of als complexe PTSS of complex trauma. Meestal kunnen de psychische gevolgen hiervan beschouwd worden als symptomen van persoonlijkheidsproblematiek: een al dan niet gespecificeerde persoonlijkheidsstoornis of persoonlijkheidstrekken. Dit lijkt dan, eventueel naast PTSS, een passender classificatie dan 'complex trauma'.

Hierbij kunnen nog twee belangrijke opmerkingen worden gemaakt. In de eerste plaats zijn hechtingsproblemen vooral te verwachten wanneer de vroegkinderlijke traumatisering is veroorzaakt door mensen uit de interne intieme kring van het kind – denk daarbij aan vooral ouders, broers of zussen of andere familieleden en in iets mindere mate aan mensen die vertrouwd zijn maar op iets meer afstand staan, zoals buren, sportleiders, kerkelijk leiders of onderwijzers. Indien het misbruik of mishandeling afkomstig is van iemand uit deze groep mensen, aan wie het kind in enige mate gehecht is, is er een grotere kans op ernstige hechtingsproblemen. Indien de vroegkinderlijke traumatisering veroorzaakt is door mensen die het kind niet kent en aan wie het dus niet gehecht is, zal er een minder grote kans zijn op gevolgen op het hechtingsvlak.

In de tweede plaats is er een belangrijk onderscheid te maken wat betreft de aard van de vroegkinderlijke traumatisering: gaat het om mishandeling c.q. misbruik of om affectieve verwaarlozing? Dit onderscheid is van belang in de verwerkingsfase, omdat bij mishandeling c.q. misbruik concrete handelingen wél verricht zijn waarvan het kind meteen en anders later weet dat ze niet hadden mogen plaatsvinden. Dit vergemakkelijkt de verwerking. Bij affectieve verwaarlozing ligt dat anders. Een belangrijk kenmerk daarvan is dat allerlei voor het kind belangrijke handelingen níet hebben plaatsgevonden, zoals koesteren, knuffelen, waardering uitspreken, contact maken en troosten. Het lastige daarvan is dat een kind in deze situatie niet weet wat het heeft gemist. Tijdens de verwerkingsfase zal deze informatie dus op de een of andere wijze toegevoegd moeten worden, en dat kan lastig zijn en de behandeling bemoeilijken.

Vroegkinderlijke traumatisering als gevolg van seksueel misbruik of mishandeling zal, behalve als persoonlijkheidsproblematiek, meestal ook te classificeren zijn als PTSS. Emotionele of fysieke verwaarlozing valt niet onder het A-criterium van de PTSS en kan dus niet als zodanig geclassificeerd worden. De gevolgen hiervan kunnen het vermogen tot hechting aan anderen en vertrouwen in zichzelf echter zeer ernstig beschadigen. Hierdoor is de symptomatologie waarschijnlijk meestal te beschrijven als persoonlijkheidsproblematiek. Bij de behandeling kunnen meestal de traditionele verwerkingstechnieken toegepast worden.

In ◘ fig. 2.3 is het verschil weergegeven tussen vroegkinderlijke traumatisering (voor circa het achttiende levensjaar), die tot persoonlijkheidsproblematiek kan leiden, en complex trauma, dat kan leiden tot chronische of herhaaldelijke traumatisering na circa het achttiende levensjaar. Ook is aangegeven dat 'interne' traumatisering door mensen met wie een hechtingsrelatie bestaat of zou moeten bestaan tot ernstiger problematiek kan leiden dan traumatisering die 'extern' heeft plaatsgevonden.

2.7.1 Type 1, 2 en 3-trauma

Een andere indeling van traumastoornissen is die van Terr (1991). Zij onderscheidde twee typen schokkende gebeurtenissen die ten grondslag kunnen liggen aan een psychologisch trauma en de ernst en duur daarvan kunnen bepalen: acute, kortdurende en eenmalige gebeurtenissen en chronische situaties, die aanhoudend zijn of zich herhalen. Daaraan is door Solomon en Heide (1999) nog een derde type toegevoegd: dieper op de persoonlijke ontwikkeling ingrijpende schokkend gebeurtenissen vanaf jonge leeftijd. Zo kunnen er drie typen schokkende gebeurtenissen onderscheiden worden:
- *type 1-trauma*: na acute onverwachte en eenmalige gebeurtenissen, zoals overval, beroving, verkrachting, bombardement of plotseling verlies van een dierbare; gevolg: traditioneel PTSS-beeld;
- *type 2-trauma*: na chronische of zich herhalende situaties, zoals seksueel misbruik, mishandeling, concentratiekamp of oorlog; gevolgen: langduriger en ingrijpender gevolgen met mogelijk effect op persoonlijkheid;
- *type 3-trauma*: na vanaf jonge leeftijd meemaken van langdurige of zich herhalende indringende gewelddadige gebeurtenissen; gevolgen: langduriger en ingrijpender gevolgen met mogelijk effect op persoonlijkheid in combinatie met ernstige hechtingsstoornissen en dissociatieve stoornissen.

Natuurlijk zijn de grenzen tussen deze drie typen vloeiend. Het nuttige van deze indeling, die overigens weinig wordt gebruikt, is het onderscheid in het mogelijke psychologische effect van de verschillende soorten gebeurtenissen. Een trauma met een type 1-oorzaak voldoet het meest voldoet aan de kenmerken van PTSS en zal redelijk makkelijk te behandelen zijn.

De effecten van een trauma dat is veroorzaakt door en type 2- of type 3-trauma zullen ingrijpender zijn en meer invloed hebben op de persoonlijkheid, waarbij een type 3-trauma veel ernstiger hechtingsproblematiek kan veroorzaken en tot een gefragmenteerde en gedissocieerde persoonlijkheidsontwikkeling kan leiden. Het verwarrende van deze indeling is dat deze suggereert dat de verschillende typen gebeurtenissen altijd tot een trauma en tot verwerkingsproblemen zullen leiden, terwijl we weten dat dit bij type 1 maar in 10 % van de gevallen het geval is (bij de andere typen zal dat percentage wat hoger liggen).

2.8 Dissociatieve identiteitsstoornis

De dissociatieve identiteitsstoornis (DIS) is eveneens een trauma gerelateerde stoornis. Deze werd vroeger meervoudige persoonlijkheidsstoornis (MPV) genoemd. Aangenomen wordt dat DIS samenhangt met vroegkinderlijk ernstig psychotrauma (Van der Hart et al. 2006). De DIS is een omstreden stoornis, waarbij ook een iatrogene factor een rol lijkt te spelen (Piper en Merskey 2004): schade aan de gezondheid die is ontstaan als gevolg van de behandeling door zorgverleners, al dan niet door schuld ('iatros' betekent arts).

De DIS lijkt vaak samen te gaan met persoonlijkheidsproblematiek, met name borderline en soms theatrale persoonlijkheidsdynamiek. Het is daarom eigenlijk verwonderlijk dat de DIS niet bij de persoonlijkheidsstoornissen wordt ingedeeld. Over de behandeling van DIS bestaan sterk verschillende opvattingen. Van der Hart et al. (2006) benadrukken de verschillende identiteiten of alters en de tussen die alters bestaande amnesie. Hun behandeling richt zich dan ook op elke afzonderlijke alter. Anderen beschouwen het modusmodel uit de schematherapie als een goede methode om DIS te behandelen. Dit model wordt momenteel onderzocht (Huntjens et al. 2019).

> Kenmerken dissociatieve identiteitsstoornis (APA 2013)
> - verschillende identiteiten: er is sprake van minstens twee gefragmenteerde persoonlijkheidstoestanden met elk ander gedrag, stem, smaak en stijl, die wisselen zonder dat daar controle of bewustzijn over is.
> - geheugenverlies: er ontbreken soms herinneringen aan bepaalde gebeurtenissen.

2.9 Persoonlijkheidsproblematiek

De laatste traumagerelateerde stoornis die hier beschreven wordt, is de persoonlijkheidsstoornis. In de DSM-5 van de verschillende persoonlijkheidsstoornissen wordt geen verband wordt gelegd met schokkende gebeurtenissen. Uit allerlei onderzoek (zie voor een overzicht Stöfsel en Mooren 2017) is echter gebleken dat bij het ontstaan van bijna alle persoonlijkheidsstoornissen schokkende gebeurtenissen op het gebied van affectieve verwaarlozing, mishandeling of seksueel misbruik een grote rol spelen. Zo hebben de meeste mensen die geclassificeerd zijn met een borderlinepersoonlijkheidsstoornis in hun jeugd negatieve ervaringen opgedaan, waarbij vooral seksueel misbruik eruit springt (Pietrek et al. 2013; Meijland 2007).

De behandeling van persoonlijkheidsproblematiek bestaat idealiter dan ook uit enerzijds het behandelen van de vroegkinderlijke traumatisering met traumaverwerkingstechnieken en anderzijds het behandelen van de problematische coping.

2.10 Tot slot

In dit hoofdstuk zijn traumastoornissen beschreven: de posttraumatische stressstoornis, de acute stressstoornis en de aanpassingsstoornis, die in de DSM-5 zijn opgenomen in het hoofdstuk 'Trauma- en stressorgerelateerde stoornissen'. Daarnaast komen op een aantal andere plekken in de DSM-5 stoornissen voor die traumagerelateerd zijn, namelijk de dissociatieve identiteitsstoornis en de persoonlijkheidsstoornis. Beide stoornissen zijn, zo blijkt uit onderzoek, in hoge mate gecorreleerd met vroegkinderlijke traumatisering. Tot slot is complex trauma of complexe PTSS beschreven: geen officiële DSM-5-classificatie, maar in de klinische praktijk wel veel gebruikt.

Literatuur

American Psychological Association (APA) (2013). *Diagnostic and statistical manual of mental disorders (DSM-5)*. Washington, DC: APA.

De Vries, G., & Olff, M. (2009). The lifetime prevalence of traumatic events and post traumatic stress disorder in the Netherlands. *Journal of Traumatic Stress Studies, 22*, 259–267.

Galatzer-Levy, I., & Bryant, R. (2013). 636,120 Ways to have posttraumatic stress disorder. *Perspectives on Psychological Science, 8*(6), 651–662.

Huntjens, R., Rijkeboer, M., & Arntz, A. (2019). Schema therapy for dissociative identity disorder (DID): Rationale and study protocol. *European Journal of Psychotraumatology, 10*(1), 1571377.

Jowett, S., Karatzias, T., Shevlin, M., & Albert, I. (2020). Differentiating symptom profiles of ICD-11 PTSD, complex PTSD, and borderline personality disorder: A latent class analysis in a multiply traumatized sample. *Journal of Personality Disorder, 11*(1), 36–45.

Meijland, M. (2007). *Seksueel misbruik, sekse en borderline. De rol van seksueel misbruik bij het ontstaan van een borderline persoonlijkheidsstoornis en het verschil in prevalentie bij mannen en vrouwen* (academisch proefschrift Universiteit van Amsterdam).

Pietrek, C., Elbert, T., Weierstall, R., Müller, O., & Rockstroh, B. (2013). Childhood adversities in relation to psychiatric disorders. *Psychiatry Research, 206*(1), 103–110.

Piper, A., & Merskey, H. (2004). The persistence of folly: Critical examination of dissociative identity disorder. Part 2. The defence and decline of multiple personality or dissociative identity disorder. *Canadese Journal of Psychiatry, 19*, 678–683.

Solomon, E., & Heide, K. (1999). Type III trauma: Toward a more effective conceptualization of psychological trauma. *International Journal of Offender Therapy and Comparative Criminology, 43*(2), 202–210.

Stöfsel, M., & Mooren, T. (2010). *Complex trauma, diagnostiek en behandeling*. Houten: Bohn Stafleu van Loghum.

Stöfsel, M., & Mooren, T. (2017). *Trauma en persoonlijkheidsproblematiek*. Houten: Bohn Stafleu van Loghum.

Terr, L. C. (1991). Childhood traumas: An outline and overview. *American Journal of Psychiatry, 148*, 10–20.

Van der Hart, O., Nijenhuis, E., & Steele, K. (2006). *The haunted self: Structural dissociation and the treatment of chronic traumatization*. New York: Norton.

Wolpe, J. (1969). *The practice of behavior therapy*. New York: Pergamon Press.

World Health Organization (2018). *ICD-11: International Classification of Diseases 11th Revision*. WHO. Beschikbaar op: ▶ https://icd.who.int/en/.

Aspecten van trauma

3.1 Aspecten van het traumatische herinneringsbestand – 20

3.2 Onthecht van het narratief – 21

3.3 Onthecht van betekenisgeving – 21

3.4 Onthecht van de innerlijke 'Gezonde Volwassene' – 23

3.5 Onthecht van zichzelf – 23

3.6 Stereotype manier van reageren op schokkende gebeurtenis – 23

3.7 Hypo-arousal en hyper-arousal bij trauma: Window of Tolerance – 25

3.8 Neurobiologische processen – 26

3.9 Tot slot – 27

Literatuur – 27

© Bohn Stafleu van Loghum is een imprint van Springer Media B.V., onderdeel van Springer Nature 2020
M. Stöfsel, *Trauma en verwerkingstechnieken*, https://doi.org/10.1007/978-90-368-2501-6_3

In dit hoofdstuk worden verschillende aspecten beschreven van een traumatische reactie.

3.1 Aspecten van het traumatische herinneringsbestand

Een traumatisch herinneringsbestand heeft veel verschillende aspecten, die indien het nog niet (goed) verwerkt is enigszins gefragmenteerd en gedissocieerd van elkaar zijn
- *zintuigelijk aspect*: aspecten van het trauma zien, horen, voelen, ruiken, proeven;
- *cognitief aspect*: gedachten over zichzelf in relatie tot het trauma of de wereld: bijvoorbeeld: ik ben weerloos, ik ben machteloos, ik in gevaar, ik ben onbeduidend, de wereld is niet te vertrouwen;
- *emotioneel aspect*: emotie ervaren als men aan het trauma denkt, meestal verdriet, angst, boosheid, schaamte of schuldgevoel;
- *dissociatief aspect*: het traumatisch herinneringsbestand is meestal gefocust rond het naarste moment en fragmentarisch van aard; daardoor is andere informatie over de gebeurtenis niet of minder toegankelijk. Tijdens de verwerking wordt deze informatie vaak geleidelijk geïntegreerd en daardoor weer beschikbaar en leidt vaak tot relativering van de schokkende gebeurtenis;
- *verlies van tijdsbesef*: meestal is ook sprake van verlies van tijdsbesef: indien een cliënt in de herbeleving van het traumatisch herinneringsbestand zit, is er geen goed onderscheid tussen nu en toen. Vaak beleven mensen de tijd als veel trager dan werkelijk het geval is. Nogal eens merkt een cliënt na een verwerkingssessie van een uur op: 'Hè, ik dacht dat we pas een kwartier verder waren';
- *onthecht aspect*: mensen voelen zich vaak heel alleen staan in de beleving van de schokkende gebeurtenis. Ze hebben weinig besef dat anderen op een soortgelijke manier zouden kunnen reageren;
- *lichamelijk aspect*: opvallend bij traumaproblematiek is de enorme lichamelijke alertheid. Het lichaam lijkt zich nog in de alarmsituatie te bevinden, alsof de situatie die het trauma heeft veroorzaakt nog plaatsvindt. Hierdoor kunnen er allerlei

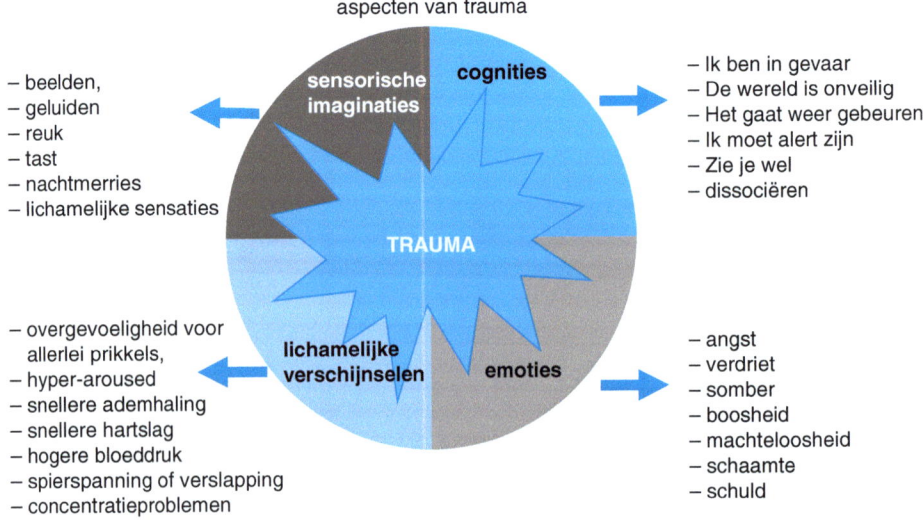

Figuur 3.1 Aspecten van trauma

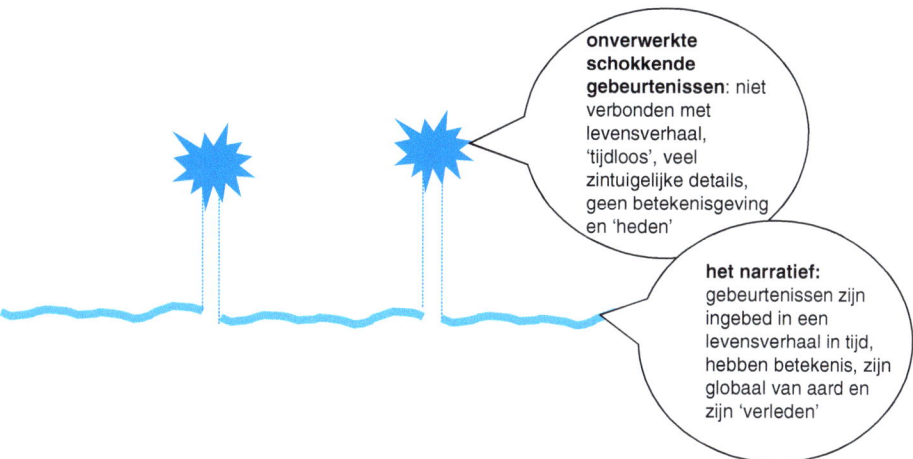

Figuur 3.2 Verschil in geheugenopslag van het narratief en van een onverwerkte schokkende gebeurtenis

klachten van spierspanning, trillen of beven zijn of men verdraagt geen aanrakingen van bepaalde traumagerelateerde delen van het lijf.

Het is duidelijk dat verwerking een lastig proces kan zijn, waarbij al deze verschillende aspecten impliciet of expliciet aan de orde moeten komen (zie ◘ fig. 3.1).

Met een traumaverwerkingstechniek worden deze verschillende aspecten geïntegreerd en van hun traumatische lading ontdaan.

3.2 Onthecht van het narratief

Herinneringen met een onverwerkte traumatische betekenis hebben meestal een soort tijdloosheid: ze zijn niet of minder gekoppeld aan andere herinneringen. Ze lijken wat los te staan van het narratief van ons leven en zijn rijk aan details en emotionele levendigheid op verschillende sensorische niveaus (zie ◘ fig. 3.2). De meeste van onze herinneringen zijn op een narratieve manier opgeslagen in het langetermijngeheugen. Ze zijn ingebed in ons levensverhaal, waardoor er altijd gebeurtenissen voor en na een bepaald moment in het narratieve herinneringsbestand zijn opgeslagen. Indien we een verhaal vertellen over een bepaalde (verwerkte) gebeurtenis uit ons geheugen zal dat globaal van aard zijn en moeten we enigszins ons best doen om de details en emotionele levendigheid van toen weer naar voren te halen.

3.3 Onthecht van betekenisgeving

Herinneringen met een onverwerkte traumatische betekenis hebben het tijdloze karakter van een herbeleving. Ook al betreffen ze gebeurtenissen die jaren geleden hebben plaatsgevonden, ze *voelen* meestal nog als vandaag of gisteren. Dit is beschreven door

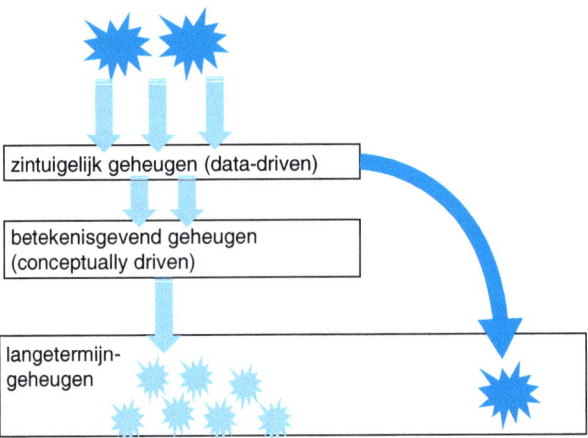

Figuur 3.3 Schokkende gebeurtenis en de zintuigelijke en betekenisgevende verwerking in ons geheugen: doordat bij de opslag van schokkende ervaringen het betekenisgevend deel van het geheugen snel overbelast raakt worden representaties (in dit figuur donkerblauw) van de schokkende gebeurtenis, zonder betekenis, maar met alle sensorische informatie opgeslagen: herbelevingen

Engelhard et al. (2011), die stellen dat er waarschijnlijk drie soorten geheugenfuncties betrokken zijn bij het verwerken van schokkende gebeurtenissen. In de eerste plaats is dat een *data-driven-processing*-systeem. In dit deel van het geheugen, ook wel '*zintuigelijk geheugen*' genoemd, worden al onze ervaringen op zintuigelijk en fysiek niveau opgeslagen. Vervolgens worden die ervaringen 'bewerkt', dat wil zeggen van een betekenis voorzien in het *conceptually-driven-processing*-systeem, ook wel het 'betekenisgevend geheugen' genoemd. Dit kan bijvoorbeeld het tijdstip betreffen ('Het is voorbij, want het is vorig jaar gebeurd'), maar ook een kenmerk van de gebeurtenis ('Ik ben nu veilig, het gevaar is voorbij', 'Ik had er wel een aandeel in, maar het was niet mijn schuld'). Op die manier worden alle ervaringen die we meemaken opgeslagen in het langetermijngeheugen, met zowel zintuigelijke herinneringen als een betekenis die gerelateerd is aan ons leven of eerdere ervaringen. Tijdens een schokkende gebeurtenis komt er een overload aan zintuigelijke informatie op iemand af, waardoor het betekenisgevende systeem hapert. Hierdoor loopt de verbinding naar het betekenisgevend geheugen (conceptually driven processing-systeem) al snel vol. Daardoor kunnen zintuigelijke ervaringen van een schokkende gebeurtenis zonder betekenisgeving langs het betekenisgevend geheugen 'glippen' en terechtkomen in het langetermijngeheugen. Ze hebben dan dus nog dezelfde zintuigelijke waarde als op het moment van waarneming (zie ook fig. 3.3). Indien de (zintuigelijk opgeslagen) ervaring dan getriggerd wordt, heeft deze nog dezelfde zintuigelijke waarde (en betekenis) als op het moment van traumatisering. Voilà: een herbeleving!

Hiermee kan ook het principe van traumaverwerking verklaard worden: traumatische herinneringsbestanden worden op sensorisch niveau naar het actieve (werk-)geheugen gehaald (zie ▶ par. 4.5.9), zodat ze in het betekenisgevend geheugen alsnog betekenis krijgen en daarmee verwerkt kunnen worden.

3.4 Onthecht van de innerlijke 'Gezonde Volwassene'

De term 'Gezonde Volwassene' is afkomstig uit de schematherapie en duidt op de innerlijke positie van waaruit iemand met rust en kalmte naar zichzelf en de wereld om zich heen kan kijken en zichzelf in verbinding voelt met zijn verleden, zijn zelfbeeld en met de mensen om hem heen. Bij mensen die een schokkende gebeurtenis nog niet hebben verwerkt, zijn deze verbindingen (gedeeltelijk) gedissocieerd. Zoals hierboven is beschreven, voelen zij zich niet meer verbonden met hun verleden of blijven ze cognitief rondcirkelen rondom hun slachtofferpositie of schuldbeladen overtuigingen en kunnen ze niet goed contact maken met hun constructieve zelfbeeld. Vaak voelen mensen zich daardoor erg alleen met en onbegrepen in hun trauma, waardoor ze zich terugtrekken uit het sociale leven. Nadat een schokkende gebeurtenis is verwerkt, is het daarom goed om na te gaan of de cliënt is losgekomen van de slachtoffer- of schuldpositie en/of weer sociaal actief is geworden.

3.5 Onthecht van zichzelf

Problemen bij de verwerking van interpersoonlijke schokkende gebeurtenissen in de kindertijd of adolescentie waarbij belangrijke hechtingsfiguren daders waren, gaan nogal eens gepaard met heftige gevoelens van zelfverwijt, zelfveroordeling of walging van zichzelf. Voor naastbetrokkenen en soms zelfs behandelaren is dit vaak niet goed invoelbaar. Deze heftige gevoelens ontstaan door de afhankelijke positie van kinderen en adolescenten ten opzichte van de dader. Mensen zijn om fysiek te overleven tot in hun puberteit (tot circa 15–16 jaar) afhankelijk van hun ouders en om psychologisch te overleven tot circa 18–20 jaar. De gedachte dat zijn opvoeder hem niet de moeite waard vindt en hem daarom mishandelt, misbruikt of verwaarloost, is voor een kind dan ook bijna onverdraagbaar en een grote psychologische bedreiging. Om de illusie in stand te houden dat de opvoeder het in principe toch goed met hem voor heeft, ontstaat dan de psychologische constructie van het zelfverwijt of de zelfveroordeling. Het feit dat de dader het kind mishandelt, misbruikt of verwaarloost, heeft vanuit die kind-optiek dan op de een of andere manier met het kind te maken en niet met de dader-opvoeder. Dit leidt dan tot gedachten als: 'Ik verdien het', 'Ik ben slecht', 'Ik heb het zelf uitgelokt' of 'Ik ben niet de moeite waard'. Indien de mishandeling, het misbruik of de verwaarlozing zich vaak herhaalt, zullen deze gedachten bekrachtigd worden en langzaam onderdeel gaan uitmaken van het zelfbeeld, dat zich immers juist in deze jaren vormt op basis van hoe het kind met zichzelf omgaat en hoe de omgeving met hem omgaat. Wellicht ten overvloede en om misverstanden te voorkomen: seksueel en lichamelijk misbruik, affectieve verwaarlozing en alle andere vormen van vroegkinderlijke verwaarlozing van kinderen zijn altijd de schuld en de verantwoordelijkheid van de volwassen daders, ook al beleven kinderen dat dus anders. In de behandeling van deze problematiek is het belangrijk om hier expliciete aandacht aan te besteden.

3.6 Stereotype manier van reageren op schokkende gebeurtenis

Zowel mensen als andere zoogdieren reageren op een stereotype manier op schokkende gebeurtenissen. Bracha (2004) beschrijft een aantal opeenvolgende fasen:
- *freeze*: dit is een 'verstilde' oriënteerreactie op een (potentieel) bedreigende situatie, die een aantal seconden duurt. Het neurobiologische stresssysteem komt hierbij

direct in actie en het lichaam bereidt zich voor om te kunnen vluchten: de hartslag gaat omhoog en er wordt extra bloed naar de ledematen gepompt. Bij een bedreiging is het van belang om goed in te schatten wat het gevaar is en waar vandaan het komt, zodat de goede vluchtrichting gekozen kan worden. Zo zal een hert dat je tijdens een boswandeling tegenkomt niet direct wegrennen, maar eerst kort als bevroren stilstaan, om vervolgens een veilige vluchtrichting te kiezen;

- *flight*: intuïtief zullen alle mensen en zoogdieren bij gevaar willen vluchten. Dit is een ingebakken, bijna reflexmatige en vooral door onze biologie gedicteerde actie, waarbij het denkvermogen geen rol speelt. Hierdoor ontstaan soms dramatische situaties, zoals bij de Love Parade in Duisburg in 2010, toen nadat paniek ontstond 21 vluchtende mensen werden doodgedrukt in een tunnel;
- *fight*: indien mensen niet kunnen vluchten, zullen ze proberen zich een door middel van vechten een uitweg te banen. In dat gedrang kunnen mensen worden doodgetrapt, zoals in het voorbeeld van de Love Parade;
- *fright*: een voorbeeld van een situatie waarin indien iemand niet kan vluchten of vechten, is een verkrachting waarbij de verkrachter sterker is dan het slachtoffer. Dan doet zich een soort reflexmatige reactie voor tussen verlamming en verstijving in, zoals bij een muisje dat gevangen wordt door een kat. Het muisje waagt eerst een vluchtpoging, maar merkt dat de kat hem daarop direct opnieuw grijpt. Op een gegeven moment blijft het muisje voor dood liggen. Het heeft zich als het ware overgegeven aan zijn lot en verzet zich niet meer. De kat verliest zijn interesse in het 'dode' muisje en loopt weg. Dan staat het muisje op en sprint weg. Deze toestand van verlamming/verstijving wordt ook wel 'tonische immobilisatie' genoemd: het onbeweeglijk worden van de spieren. Bij mensen gaat deze tonische immobilisatie vaak gepaard met

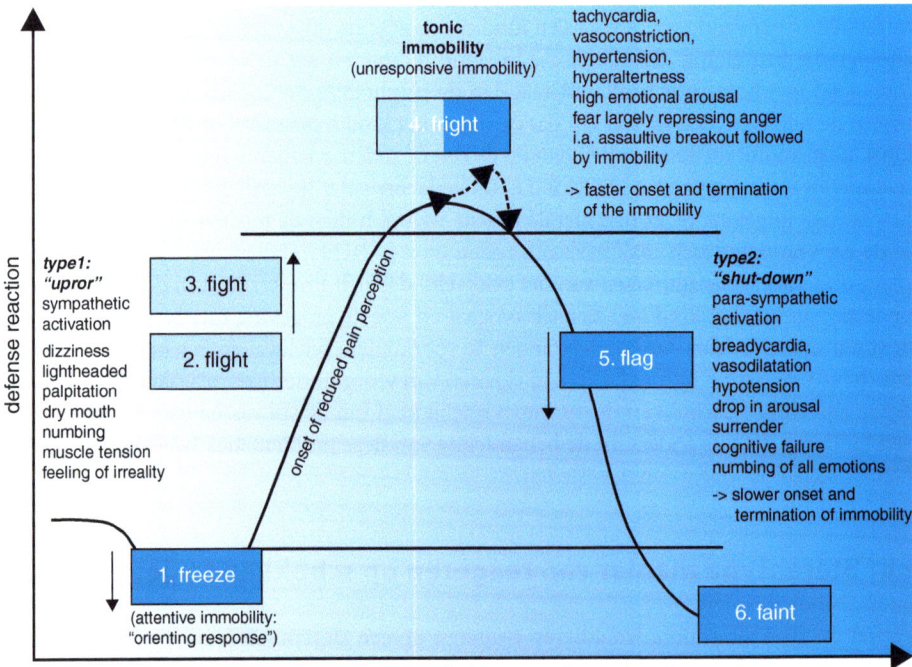

Figuur 3.4 De defense cascade (Schauer en Elbert 2010)

dissociatie, waardoor ze de situatie niet bewust meemaken. Slachtoffers van verkrachting verwijten zichzelf nogal eens dat ze zich niet meer verzet hebben tegen hun verkrachter. Het is dan goed om uit te leggen dat dit een gevolg is van een biologische, reflexmatige reactie. De functie van deze fright-reactie is verdere fysiek en/of psychologische beschadiging door nodeloos verzet in een overmachtsituatie te voorkomen.

De fright-fase wordt regelmatig verward met de freeze-fase. Kozlowska et al. (2015) vergroten die verwarring door de freeze-fase zelfs expliciet als een 'hold-up' van de fight- or flight-reactie te beschrijven.

Verder wordt de fright-fase soms opgedeeld in een actievere vorm om de situatie veiliger te maken door zich te voegen naar de wensen van de agressor en een passievere vorm, zoals de tonische immobilisatie. Schauer en Elbert (2010) beschrijven deze manier van reageren als de 'defense cascade' (zie ◘ fig. 3.4).

Van Minnen (2017) beschrijft deze stereotype manier van reageren op een schokkende gebeurtenis in haar toegankelijke boek *Verlamd van angst*, waarin de Engelse termen (Bracha 2004) vertaald zijn in het Nederlands: voorzichtig, vluchten, vechten, vrede bewaren en verlamd. Van Minnen heeft 'fright' dus vertaald in twee begrippen: 'vrede bewaren' en 'verlamd'.

3.7 Hypo-arousal en hyper-arousal bij trauma: Window of Tolerance

Het verwerken van een schokkende gebeurtenis kan gepaard gaan met te weinig spanning (hypo-arousal) of juist te veel spanning (hyper-arousal). Bij te weinig spanning is sprake van bijvoorbeeld dissociatie, depressie of verdoving door medicatie of

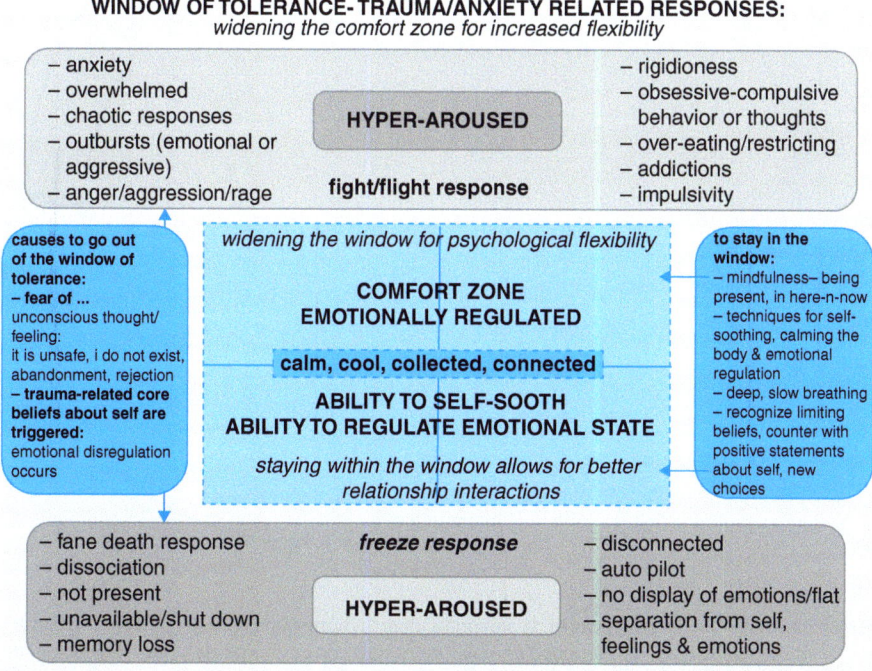

◘ Figuur 3.5 Window of Tolerance (▶ www.mariedezelic.com 2013)

middelengebruik. Van te veel spanning is sprake als mensen hyperalert of hypervigilant zijn of veel last hebben van herbelevingen. Voor een goede verwerking is het noodzakelijk om de spanning die bij de schokkende gebeurtenis hoort te kunnen voelen. Die spanning mag echter niet te hoog zijn, want dan is er geen ruimte meer voor het verwerkingsproces, en ook niet te laag, want dan wordt er te veel vermeden. Een veelgebruikt model om dit verschijnsel te beschrijven, is 'Window of Tolerance' van Siegel (1999). Een mooie uitwerking daarvan is gepubliceerd door Dezelic en Ghanoum (2013) (zie ◘ fig. 3.5). Voor een goed verlopend verwerkingsproces is het van belang dat iemand zich bevindt in het middelste 'raam' van de Window of Tolerance. Indien dat niet zo is, moet de behandeling er eerst op gericht worden dat de cliënt in dat optimale 'raam' terechtkomt.

3.8 Neurobiologische processen

Er is ook een neurobiologische kant. Bij PTSS doen zich drie vormen van elementaire neurobiologische ontregeling voor (Vermetten 2012)
- *stresssensatie*: een verhoogde noradrenerge activiteit als gevolg van een verhoogde activiteit van de locus caeruleus, een deel van de hersenstam. Hierdoor ontstaan er een verhoogde prikkelgevoeligheid en disregulatie van de HPA-as (hypothalamus-pituitary(hypofyse)-adrenal(bijnier)-axis), een feedback- of thermostaatsysteem dat de afgifte regelt van stresshormonen zoals adrenaline en cortisol (Hovens et al. 2010);

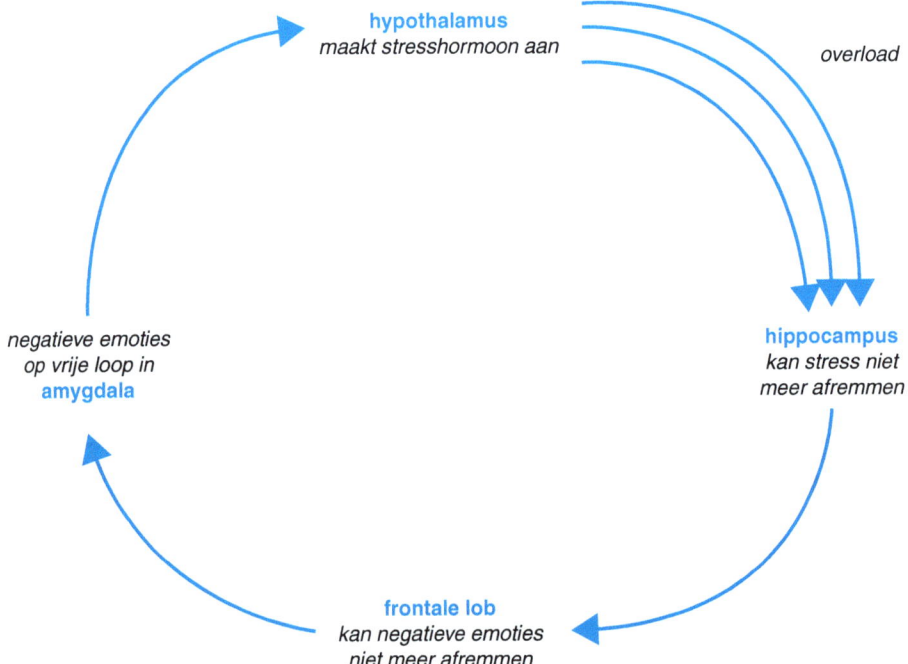

◘ **Figuur 3.6** Bij PTSS en stress wordt de amygdala en de hypothalamus geactiveerd en ontstaat een disregulatie van de HPA-as, die niet goed door de prefrontale cortex ('fronale lob') kan worden geïnhibeerd (▶ www.bewegenvoorjebrein.nl)

- *angstconditionering*: deze ontstaat door overactiviteit van met name de amygdala. De amygdala bestaat uit twee amandelvormige structuren diep in de hersenen die deel uitmaken van het limbische systeem (ook wel zoogdierenbrein of emotioneel brein genoemd) en is betrokken bij het aansturen en verwerken van emoties op basis van informatie van verschillende zintuigen. Reacties van de amygdala op angst vinden snel en automatisch, reflexmatig plaats en zijn daardoor vaak lastig te veranderen;
- *verminderde extinctie van angstreacties*: doordat de prefrontale cortex de amygdala onvoldoende kan inhiberen, doven de oorspronkelijke traumagerelateerde angstreacties niet goed uit.

In de prefrontale cortex zijn allerlei cognitieve functies gelokaliseerd. De prefrontale cortex kan de reflexmatige angstreacties van de amygdala doen afnemen door relativerende cognitieve informatie over bijvoorbeeld eerdere soortgelijke situaties. Bij het opslaan en reconsolideren van informatie en dus bij het beoordelen of een situatie als beangstigend moet worden ingeschat, is ook de hippocampus betrokken, een structuur in de vorm van een zeepaard in beide hersenhelften (fig. 3.6).

3.9 Tot slot

In dit hoofdstuk zijn verschillende aspecten beschreven die zich voordoen als een schokkende gebeurtenis leidt tot een traumastoornis met een traumatisch herinneringsbestand.

Een traumatisch herinneringsbestand heeft een zintuigelijk, een cognitief, een emotioneel, een dissociatief, een onthecht en een lichamelijk aspect. Daarnaast is meestal sprake van verlies van tijdsbesef. Een traumatisch herinneringsbestand raakt onthecht van het narratieve levensverhaal, de betekenisgeving en de innerlijke 'Gezonde Volwassene' en daardoor van de persoon zelf.

Tijdens een schokkende gebeurtenis is sprake van een stereotiepe manier van reageren, waardoor mensen zich onnodig schuldig kunnen voelen over hun passieve reactie. Door alle spanningen die zich kunnen voordoen in de nasleep van een schokkende gebeurtenis kunnen mensen hypo-aroused of hyper-aroused raken, wat een probleem kan zijn tijdens de verwerking.

Literatuur

Bracha, H. (2004). Freeze, flight, fight, fright, faint: Adaptationist perspectives on the acute stress response spectrum. *CNS Spectrums, 9*(9), 679–685.

Dezelic, M., & Ghanoum, G. (2013). *Window of tolerance, trauma/anxiety-responses*. Beschikbaar op: ▶ www.mariedezelic.com.

Engelhard, I., Arntz, A., & Kindt, M. (2011). Cognitieve therapie bij posttraumatische stressstoornis. In S. Bögels & P. van Oppen (Red.), *Cognitieve therapie: Theorie en praktijk*. Houten: Bohn Stafleu van Loghum.

Hovens, J., Loonen, A., & Timmerman, L. (2010). *Handboek neurobiologische psychiatrie*. Utrecht: De Tijdstroom.

Kozlowska, K., Walker, P., McLean, L., & Carrive, P. (2015). Fear and the defense cascade: Clinical implications and management. *Harvard Review of Psychiatry, 23*(4), 263–287.

Schauer, M., & Elbert, T. (2010). Dissociation following traumatic stress. *Zeitschrift für Psychologie, 218*(2), 109–127.

Siegel, D. (1999). *The developing mind: Toward a neurobiology of interpersonal experience.* New York: Guilford Press.

Van Minnen, A. (2017). *Verlamd van angst, herstellen na seksueel misbruik.* Amsterdam: Boom uitgevers.

Vermetten, E. (2012). Neurobiologie van posttraumatische stress-stoornissen. In E. Vermetten, R. Kleber, & O. van der Hart (Red.), *Handboek posttraumatische stressstoornissen.* Utrecht: De Tijdstroom.

Werkingsmechanismen bij traumaverwerking

4.1 Het nut van verwerking – 31

4.2 Geheugenprocessen bij natuurlijke verwerking – 31
4.2.1 De tijd zijn werk laten doen – 32
4.2.2 Narratief inbedden – 32
4.2.3 Habituatie – 32
4.2.4 Extinctie – 32
4.2.5 Reconsolidatie – 33
4.2.6 Afleiding of functionele vermijding – 34
4.2.7 Relativering door informatie – 34
4.2.8 Andere betekenisgeving: relativerende cognities – 35
4.2.9 Vrije associatie – 35
4.2.10 Herbelevingen – 35

4.3 Problematische geheugenopslag bij schokkende gebeurtenissen – 35

4.4 Waarom verwerken soms problematisch verloopt – 36
4.4.1 Epidemiologische aspecten – 36
4.4.2 Te goed ontwikkelde geheugenfunctie gefocust op gevaar – 37
4.4.3 Generalisatie door quick-and-dirty-route – 37
4.4.4 Een schokkende gebeurtenis wordt in eerste instantie gedissocieerd opgeslagen – 39
4.4.5 Toeval of onlogisch handelen van anderen is moeilijk verdraagbaar – 39
4.4.6 Schuld en schaamte zijn moeilijk te verdragen – 39

© Bohn Stafleu van Loghum is een imprint van Springer Media B.V., onderdeel van Springer Nature 2020
M. Stöfsel, *Trauma en verwerkingstechnieken*, https://doi.org/10.1007/978-90-368-2501-6_4

4.4.7	Vermijding – 40	
4.4.8	De angstige verwachting de emoties die loskomen bij verwerking niet aan te kunnen – 40	
4.4.9	Niet goed kunnen laten afvloeien van lichamelijke traumagerelateerde spanningen – 41	

4.5 Werkingsmechanismen bij actieve traumaverwerking – 41

4.5.1	Vrije associatie – 41
4.5.2	Cognitief werkingsmechanisme – 41
4.5.3	Adaptive Information Processing Model – 42
4.5.4	Associatiecirkel – 42
4.5.5	Extinctie – 43
4.5.6	Inhibitoir leermodel – 43
4.5.7	Falsificeren van de angstige verwachting – 44
4.5.8	Reconsolidatie-werkingsmechanisme – 44
4.5.9	Werkgeheugentheorie – 45
4.5.10	Contraconditionering – 46
4.5.11	Integreren in het narratieve levensverhaal – 46
4.5.12	Positieve therapeutische verwachting, zelfverzekerde behandelaar en duidelijke procedure – 47
4.5.13	Toevoegen van corrigerende 'Gezonde-Volwassene'-informatie – 47
4.5.14	Verrassingseffect – 47
4.5.15	Integratie van hot en cold memories – 48
4.5.16	Focusverandering – 48
4.5.17	Sharing door middel van schrijven – 48

4.6 Slot – 49

Literatuur – 49

4.1 Het nut van verwerking

Verwerken is een proces van aanvaarden of accepteren van iets nieuws of onbekends. Elke dag komen er duizenden impulsen en indrukken op ons af die we – vaak razendsnel – moeten beoordelen. Over elke indruk en elke impuls actief en bewust nadenken zou heel veel hersencapaciteit en tijd kosten. Dat beoordelen doen we daarom onbewust en geconditioneerd op basis van eerder opgedane informatie. Dit proces staat in de cognitieve gedragstherapie bekend als klassieke conditionering (Korrelboom en Ten Broeke 2014). De emotionele waarde van een nieuwe ervaring zal daardoor soortgelijk worden als die van vergelijkbare, eerder opgedane ervaringen. Hierdoor kunnen we snel bepalen of de situatie om ons heen veilig is of potentieel gevaarlijk. In het laatste geval zullen we alerter worden en zo nodig handelen om onszelf in veiligheid te brengen of te houden.

Een graspol op de grond maakt ons bijvoorbeeld niet alert. Onze hersenen weten uit ervaring dat daar niets bedreigends aan is en dat we bij het zien van een graspol op de grond geen actie hoeven te ondernemen. Maar we schrikken indien diezelfde graspol ineens met grote snelheid op ons afkomt, want dat zijn we niet gewend, dat is niet normaal. We worden alert, zodat we de graspol kunnen ontwijken.

Zo is autorijden op een 80-kilometerweg een potentieel zeer gevaarlijke situatie, maar weet ons brein dankzij habituatie en exposure dat dit – mits we goed opletten – niet gevaarlijk voor ons is. Tegelijkertijd reageert ons brein razendsnel als een tegenligger een halve meter te veel richting onze weghelft rijdt: dat is ongebruikelijk en gevaarlijk, dus we moeten handelen.

Zo beoordelen we voortdurend alles wat er om ons heen gebeurt. Als het vertrouwd en bekend is, kunnen we ermee omgaan op een manier die we eerder geleerd hebben.

Indien zich gebeurtenissen voordoen die niet gebruikelijk zijn, beoordelen we deze razendsnel op potentieel gevaar door ze te vergelijken met eerdere ervaringen. We zijn alert, zodat we zo nodig kunnen vluchten. Indien we een onbekende situatie als veilig hebben beoordeeld of een onveilige situatie goed hebben doorstaan, slaan we dat op in ons geheugen. Dit is wat we verwerken noemen. Verwerken is daarmee een proces van habituatie: wennen aan en integreren van een nieuwe situatie. Dat gebeurt door blootstelling, oftewel exposure.

Naarmate een gebeurtenis meer afwijkt van wat we gewend zijn (zoals het geval is bij schokkende gebeurtenissen), zal ons brein met grotere alertheid reageren. Ook als die gebeurtenis relatief goed doorstaan is, kost het moeite en tijd om deze als niet langer potentieel gevaarlijk te integreren in het verhaal van ons leven. Indien dat proces niet optimaal verloopt, blijft het brein de herinnering aan de gebeurtenis, en daarmee meestal ook aan situaties die daarop lijken, als potentieel gevaarlijk zien. Er is dan sprake van een verwerkingsprobleem.

4.2 Geheugenprocessen bij natuurlijke verwerking

Bij een natuurlijk verlopend verwerkingsproces spelen verschillende op elkaar inwerkende geheugenprocessen een rol, die we hierna bespreken.

4.2.1 De tijd zijn werk laten doen

De uitspraak 'de tijd heelt alle wonden' is natuurlijk een open deur, maar beschrijft een belangrijk geheugenproces. Door te wachten, door de tijd zijn werk te laten doen, worden de meeste schokkende gebeurtenissen geïntegreerd en verwerkt. Daarbij spelen ook de hierna beschreven processen een rol.

Uit onderzoek blijkt echter dat in 5 tot 15 % van de gevallen waarin iemand een schokkende gebeurtenis meemaakt de tijd de wonden niet heelt (De Vries en Olff 2009).

4.2.2 Narratief inbedden

Ons geheugen slaat ervaringen niet separaat op, maar plaatst ze in een logisch geheel, een verhaal, een narratief. Een gebeurtenis in een narratief verband heeft een begin, een eventueel hoogtepunt (in geval van een schokkende gebeurtenis is de term 'dieptepunt' wellicht passender), maar ook een einde: de schokkende gebeurtenis is voorbij. Een herleving is een tijdloze, niet narratief ingebedde beleving zonder einde.

4.2.3 Habituatie

Een belangrijk geheugenproces bij verwerking is habituatie: geleidelijk passief wennen aan herhaaldelijk terugkerende prikkels. Habituatie treedt op bij zowel neutrale en positieve als aversieve prikkels. Een voorbeeld van habituatie aan een positieve prikkel is dat je op een gegeven moment je eigen parfum niet meer ruikt. Een voorbeeld van habituatie aan een neutrale prikkel is dat je een tikkende klok in de kamer na verloop van tijd niet meer hoort.

Door herhaaldelijk geconfronteerd te worden met een als aversief beleefde prikkel die niet de verwachte aversieve uitwerking heeft, zal die situatie als steeds wat minder bedreigend worden ervaren. Commando's leren bijvoorbeeld door middel van habituatie dat ze bij het geluid van overvliegende kogels niet in paniek moeten gaan schuilen, maar alert moeten blijven en passende dekking moeten zoeken. En vogels zijn op een gegeven moment niet meer bang voor een vogelverschrikker. Dit is een eenvoudig biologisch gefundeerd leerprincipe. Tegenwoordig wordt overigens gedacht dat de werkzaamheid van exposure in vivo niet zozeer gaat om wennen aan aversieve prikkels (habituatie), maar vooral om een proces van inhibitie, waarbij iemand door middel van exposure ervaart dat de gevreesde uitkomst niet plaatsvindt en dus geïnhibeerd wordt (Korrelboom en Ten Broeke 2014).

4.2.4 Extinctie

Het blootstellen aan als aversief beleefde prikkels leidt ertoe dat de angstige verwachting over die prikkels niet uitkomt. Het klassieke conditioneringsproces dat de prikkel oproept, wordt gefalsificeerd en dooft uit. Vervolgens wordt een niet-aversieve betekenis gegeven aan de prikkel. Het onderscheid met habituatie is theoretisch en min of meer gradueel. Habituatie is vooral een passief proces en extinctie is een actiever proces, waarbij de aversieve reactie afneemt door herhaaldelijke actieve aanbieding (Kandel et al. 2000).

Het werkingsmechanisme extinctie wordt toegepast in de procedure exposure. Het betekent dat we nieuwe emotionele en cognitieve structuren en ervaringen in onze bestaande cognitieve structuren inpassen (Ehlers en Clark 2000). Daardoor zal een soortgelijke ervaring een volgende keer minder alertheid en stress veroorzaken en een andere betekenis krijgen.

Het proces van verwerking bestaat uit een zo volledig mogelijke blootstelling aan alle aspecten: emotionele, cognitieve en zintuigelijke kanten van een situatie.

Ieder mens heeft het vermogen om te verwerken en heeft dit al honderden keren gedaan. Dankzij extinctie zijn we niet meer bang voor honden hoewel we een keer gebeten zijn, kunnen we allerlei ingewikkelde situaties rondom het autorijden verdragen en kunnen mariniers leren adequaat te handelen in levensbedreigende situaties.

4.2.5 Reconsolidatie

Zolang herinneringen zich in ons langetermijngeheugen bevinden, zijn ze stabiel en relatief onveranderbaar. Reconsolidatie betekent dat herinneringen die uit ons langetermijngeheugen naar het werkgeheugen worden gehaald ('retrieval') beïnvloedbaar worden voor veranderingen. Indien dan informatie wordt toegevoegd, overschrijft die de oude informatie en wordt zo opgeslagen, gereconsolideerd.

Herinneringen naar het werkgeheugen halen gebeurt door eraan te denken of door erover te praten. Herinneringen zijn levendig, voelbaar en ruikbaar, maar ook flexibel, kneedbaar, veranderbaar en vatbaar voor aanvullende (desnoods verkeerde) informatie.

Indien iemand bijvoorbeeld over een herinnering uit zijn kindertijd vertelt aan zijn vader en die zegt: 'Ja maar dat was niet daar, dat was op díe plek', dan is er een grote kans dat de ervaring vervolgens wordt opgeslagen met de beleving dat de gebeurtenis op die andere plek heeft plaats gevonden. De volgende keer dat over de ervaring wordt verteld, zal de persoon die zich waarschijnlijk laten afspelen op de andere plek.

Een ander voorbeeld is wat er kan gebeuren als mensen getuige geweest zijn van een enerverende gebeurtenis die ook verslagen is op televisie. In hun herinnering kunnen de televisiebeelden zich dan mengen met hun eigen ervaringen, meestal zonder dat ze zich daar bewust van zijn. Vervolgens beleven ze die 'gemengde' herinneringen alsof het authentieke ervaringen waren. Hierbij speelt overigens ook een proces van inhibitie een rol: een deel van de herinnering raakt op de achtergrond en wordt overschreven door een nieuwe herinnering. Door het proces van reconsolidatie is het geheugen niet altijd betrouwbaar.

Bij traumaverwerking is het proces van reconsolidatie van belang. Als iemand aan de nare gebeurtenis denkt, komt die herinnering in het werkgeheugen terecht en wordt daarmee instabiel. Dan ontstaat ruimte voor nieuwe informatie, zoals corrigerende betekenisgeving, waardoor de schokkende gebeurtenis als minder schokkend wordt ervaren en ook als zodanig wordt opgeslagen (Hornsveld en oude Lohuis 2018).

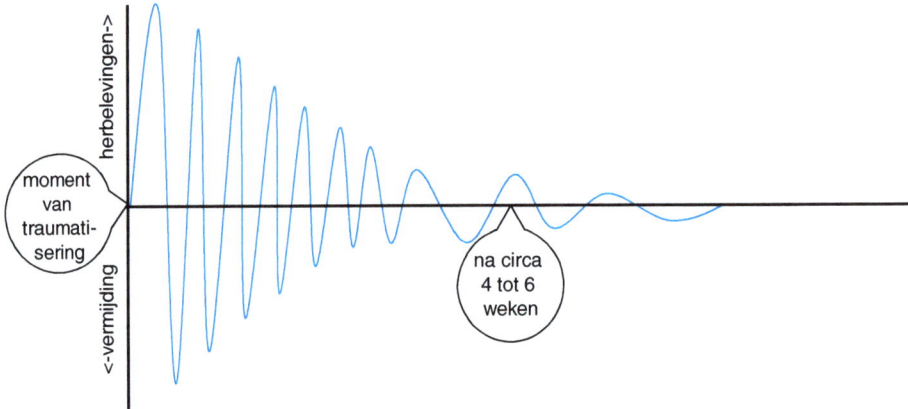

Figuur 4.1 Normale verwerking van een schokkende gebeurtenis: functionele afwisseling van herbeleving en vermijding

4.2.6 Afleiding of functionele vermijding

Een belangrijke manier om een schokkende gebeurtenis te verwerken, is daar min of meer bewust actief niet aan te denken. Dat geeft ruimte voor enige ontspanning en emotioneel en fysiek opladen. Hierdoor kan meer veerkracht ontstaan om een volgende fase van herbeleving te doorstaan.

Goed kunnen afwisselen tussen afleiding en herbeleving heeft een gunstig effect op het verloop van een verwerkingsproces (zie fig. 4.1).

4.2.7 Relativering door informatie

Door meer informatie over een (schokkende) gebeurtenis te vernemen, kun je daaraan meer betekenis geven. Het brein is erop gefocust goed in te schatten of een situatie bedreigend is of niet. Het verdragen van onzekerheid over de oorzaken van een gebeurtenis is lastig, want potentieel bedreigend: je weet dan immers niet of de situatie zich zal herhalen of voortzetten. Daarvoor is informatie onontbeerlijk. We hebben dan ook een enorme behoefte aan informatie als er iets schokkends is gebeurd. Als er een ramp is gebeurd, zal de journalist van het televisiejournaal de verslaggever ter plaatse dan ook altijd vragen: 'En, valt er al iets te zeggen over de oorzaken van deze gebeurtenis?' – zelfs als duidelijk is dat dit nog niet duidelijk kan zijn en dat de focus van de hulpverleners ligt bij het voorkomen van verdere ellende.

Bij schokkende gebeurtenissen is het dan ook van belang om zo veel mogelijk feitelijke informatie te geven; dat kan helpen bij de verwerking. Uit onderzoek (zie voor overzicht Kleber en Mittendorf 2000) weten we dat hierbij juist geen ruimte moet zijn voor emotionele uitwisseling, omdat die de kans op het ontwikkelen van PTSS bij sommige mensen kan vergroten.

4.2.8 Andere betekenisgeving: relativerende cognities

Een andere manier om een schokkende gebeurtenis te verwerken, is cognitief relativeren, zodat de schokkende gebeurtenis een andere, minder of geheel niet-aversieve betekenisgeving krijgt. Er vindt dan een verandering plaats die zou kunnen worden beschreven als een proces van equilibratie (Piaget 1972), waarbij door afwisseling van accommodatie (aanpassen aan de omstandigheden) en assimilatie (integreren van nieuwe informatie in al aanwezige informatie) verwerking plaatsvindt.

4.2.9 Vrije associatie

Associatief denken is ook een manier om tot verwerking te komen. Door vrij te associëren naar aanleiding van de schokkende gebeurtenis heeft iemand de mogelijkheid om tot andere gedachten, inzichten, aspecten en daardoor andere betekenisgeving te komen.

4.2.10 Herbelevingen

Het lijkt wellicht vreemd om herbelevingen als verwerkingsaspect te benoemen, maar herbelevingen dragen zeker bij aan het integreren van schokkende ervaringen. Als gezegd verdraagt het brein potentieel bedreigende ervaringen die gerepresenteerd worden door herbelevingen niet goed. Zolang we de situatie nog niet geïntegreerd hebben, zullen die ervaringen zich blijven opdringen. Maar juist hierdoor is er de kans om er anders naar te gaan kijken met behulp van relativerende gedachten, die via reconsolidatie en extinctie de herbeleving ontdoen van de aversieve aspecten. Dat proces is eigenlijk een vorm van spontane exposure.

Herbelevingen bieden dus de gelegenheid om tot verwerking te komen. Feitelijk zijn de meeste op trauma gerichte verwerkingstechnieken een vorm van gestructureerde herbeleving in een veilige setting. Je zou kunnen zeggen dat herbelevingen, nachtmerries en zich opdringende herinneringen pogingen zijn van de geest tot verwerking, waarbij het van belang is dat de schokkende gebeurtenis in zijn geheel herbeleefd wordt. Door vermijding of wakker schrikken tijdens nachtmerries wordt dit natuurlijke verwerkingsproces onderbroken.

4.3 Problematische geheugenopslag bij schokkende gebeurtenissen

De problematische geheugenopslag bij schokkende gebeurtenissen is al beschreven in ▶ par. 3.3. Hierbij is sprake van een soort getrapt systeem waarmee nieuwe informatie in het geheugen wordt opgeslagen. Informatie wordt eerst opgeslagen in het zintuigelijk geheugen ('data-driven processing-system') en komt vervolgens terecht in het betekenisgevend geheugen ('conceptually driven processing system'). In dit proces krijgt de ervaring betekenis. Vervolgens wordt de informatie opgeslagen in het narratief van het langetermijngeheugen. Bij zeer bedreigende gebeurtenissen gebeurt er zo veel tegelijkertijd dat het brein overvoerd raakt. Dit betekent dat het gebruikelijke opslagproces niet langer goed verloopt. Er ontstaat stagnatie tijdens het betekenisgevend opslagproces. Dit heeft als gevolg dat zintuigelijk opgeslagen informatie zonder betekenisgeving, dus bijvoorbeeld zonder tijdsaanduiding, ongeordend in het langetermijngeheugen wordt opgeslagen en daar ongestructureerd 'rondhangt'. Bij triggers die op de oorspronkelijke situatie lijken, is er dan een grote kans dat die zintuigelijke informatie geactiveerd wordt. Dit is wat we een herbeleving noemen: zonder betekenisgeving in tijd en plaats worden de zintuigelijke sensaties van de oorspronkelijke schokkende gebeurtenis opnieuw ervaren.

Normaal gesproken zullen herbelevingen na schokkende gebeurtenissen vooral in de eerste dagen of week periode plaatsvinden. Door de geleidelijke betekenisgeving volgens het hiervoor beschreven proces treedt een proces van integratie en verwerking op.

Dit is overigens in essentie ook wat er bij verwerkingstechnieken gebeurt: de cliënt wordt gevraagd zich te focussen op de zintuigelijke ervaring, zodat die alsnog betekenis kan krijgen.

4.4 Waarom verwerken soms problematisch verloopt

In Nederland is de life-time prevalentie van PTSS 7,4 % (De Vries en Olff 2009). In onderzoek naar het voorkomen van PTSS na ernstige schokkende gebeurtenissen (die ongeveer 80 % van de mensen in zijn leven een keer meemaakt) zien we telkens min of meer stabiele cijfers terugkeren: slechts 5 tot 15 % van de mensen die een schokkende ervaring meemaken, krijgt PTSS (Kessler et al. 2005). De overgrote meerderheid van degenen die een schokkende gebeurtenis meemaken krijgen dus *geen* PTSS. Zij kunnen de gebeurtenis verwerken. Waarom verloopt dat bij een aantal mensen niet goed? Daarbij kunnen persoonskenmerken, situatiekenmerken en geheugenprocessen een rol spelen, die we in deze paragraaf bespreken.

4.4.1 Epidemiologische aspecten

- Aspecten voor de schokkende gebeurtenis

Vrouwen hebben een iets grotere kans op het krijgen van PTSS dan mannen: circa 10 versus 5 % (De Vries en Olff 2009). Dit hangt samen met het voor vrouwen grotere risico op slachtofferschap van seksueel geweld. Cijfers (Bicanic et al. 2014) wijzen uit dat 33 % van de vrouwen ooit seksueel geweld heeft meegemaakt, waarbij 12 % een verkrachting betrof. 5 % van de mannen heeft seksueel misbruik meegemaakt, waarbij 3 % een verkrachting betrof.

Risicofactoren voor het meemaken van seksueel geweld (Brewin et al. 2000) zijn het eerder meemaken van PTSS en een fysieke of verstandelijke beperking. Het risico op het ontwikkelen van PTSS na een schokkende gebeurtenis is bovendien groter bij mensen met een lagere sociaal-economische status, een lager opleidingsniveau en een lager IQ. Ook indien iemand eerder schokkende ervaringen heeft meegemaakt of psychische problemen heeft, is er een grotere kans op het ontwikkelen van PTSS (Brewin et al. 2000).

- **Aspecten tijdens de schokkende gebeurtenis**

De aard van de schokkende gebeurtenis is sterk bepalend voor de kans op het ontwikkelen van PTSS: hoe ernstiger de gebeurtenis is, hoe groter de kans op het ontwikkelen van PTSS (Engelhard et al. 2011). Zo constateerden Breslau et al. (1998) dat de kans op het ontwikkelen van PTSS na verkrachting 49 % is en na ander seksueel geweld circa 23 %. De kans op het ontwikkelen van PTSS na het meemaken van een ernstig auto-ongeluk bedraagt circa 2 %, getuige zijn van een dodelijk ongeluk of zelf ernstig gewond raken geeft een kans van ongeveer 7 % en een natuurramp meemaken levert een risico op van bijna 4 %. Als soldaat uitgezonden worden naar een oorlogsgebied levert een kans van tussen de 10 à 20 % op PTSS op (Gradus 2013). Dissociatie tijdens de schokkende gebeurtenis, waarvan vaak sprake is bij verkrachting, geeft een grotere kans op het ontstaan van verwerkingsproblemen en daarmee op PTSS.

- **Aspecten na de schokkende gebeurtenis**

Brewin et al. (2000) constateerden dat een gebrek aan sociale steun na de schokkende gebeurtenis de kans op het ontwikkelen van PTSS vergroot.

Ook emoties als schaamte en afschuw vergroten de kans op het ontwikkelen van PTSS, vooral doordat deze slachtoffers belemmeren om hun verhaal te delen, waardoor er weinig sociale steun is (Brewin et al. 2000; Engelhard et al. 2011).

Circa 60 % van de mensen die hulp zoeken bij PTSS herstellen daarvan. Het niet zoeken van hulp bij PTSS leidt vaak tot een toename van de psychische problemen (Bradley et al. 2005).

4.4.2 Te goed ontwikkelde geheugenfunctie gefocust op gevaar

Het brein is door de evolutie overmatig gefocust geraakt op het vermijden van risico en gevaar en dus op het signaleren daarvan. Dat heeft ons natuurlijk als groot voordeel gebracht dat we daardoor beter overleven. Het nadeel is echter dat ons geheugen zich heel sterk richt op het signaleren van gevaar of potentieel gevaar en daardoor het gevarenrisico vaak overschat. Dit gebeurt door een proces van klassieke conditionering en generalisatie. Door die overmatige focus beleven we veel eenmalige of losse situaties als een potentieel *structureel* gevaar. Na een beet van een hond tijdens een ook voor de hond onverwachte confrontatie in een dicht bos kan het brein aan die gebeurtenis bijvoorbeeld de betekenis geven dat alle honden gevaarlijk zijn en misschien zelfs wel dat het bos gevaarlijk is. Het duurt een tijd voordat die informatie gerelativeerd kan worden ('verwerkt'). Na een schokkende gebeurtenis zijn we behalve slachtoffer van de gebeurtenis ook slachtoffer van ons te veel op gevaar gefocuste brein.

4.4.3 Generalisatie door quick-and-dirty-route

Het brein is erop ingesteld snel een inschatting te maken van de betekenis van een bepaalde situatie. Daarbij worden nieuwe triggers razendsnel vergeleken met eerdere ervaringen en ingeschat op hun potentiële gevaar. Dat wordt ook wel de 'quick-and-dirty'-route in het brein genoemd (Le Doux 1996). Hierbij gaat zintuigelijke informatie rechtstreeks naar de amygdala, zodat erop gereageerd kan worden zonder tussenkomst van onze cognities in de cortex. Deze rechtstreekse route geeft ons de mogelijkheid

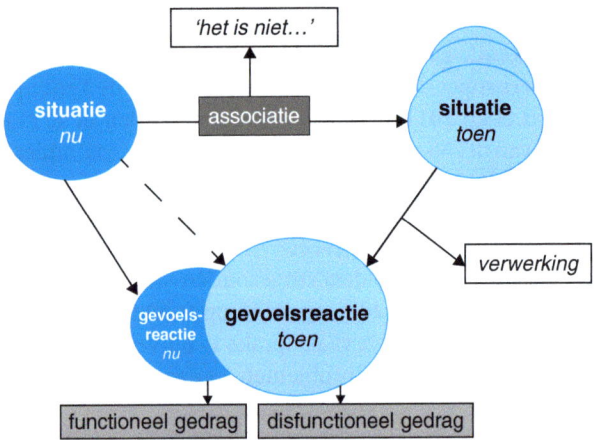

Figuur 4.2 Retraumatiseringsdriehoek

om al te reageren voordat we precies weten wat er aan de hand is. In gevaarlijke situaties is dit natuurlijk een groot voordeel. Het is wel belangrijk dat de langzamer verlopende, maar nauwkeuriger omweg (via de cognities) het daarna kan overnemen voor een nauwkeuriger inschatting van de situatie. Bijvoorbeeld: je loopt door het bos en je ziet op de grond iets wat de vorm van een slang heeft. Deze visuele prikkel met ruwe, weinig nauwkeurige informatie wordt direct doorgestuurd naar de amygdala, wat zorgt dat de hersenen onmiddellijk kunnen reageren. Tegelijkertijd gaat die visuele informatie naar de visuele cortex, die vervolgens een gedetailleerde en nauwkeuriger betekenis aan de prikkel geeft. De uitkomst van dit langer durende cognitieve proces wordt uiteindelijk ook naar de amygdala gestuurd. Daardoor kan het zijn dat je al terug bent gestapt voordat je je realiseert dat wat er op de grond ligt alleen maar een stok is. De functie hiervan is natuurlijk dat je nu eenmaal beter een stok voor een slang kunt aanzien dan andersom.

Dit grove en onnauwkeurige proces, waarbij via een quick-en-dirty-route prikkels op gevaarsaspecten worden vergeleken met al bekende informatie, is een vorm van generalisatie. Bij traumagerelateerde triggers kunnen door generalisatie neutrale prikkels onterecht als gevaarlijk worden ingeschat, waardoor het limbisch systeem in een alarmtoestand terechtkomt, waardoor de latere cognitieve relativerende informatie geen kans heeft de prikkel te nuanceren.

Retraumatiseringsdriehoek

Het model van de retraumatiseringsdriehoek (zie fig. 4.2), dat afgeleid is van het klassieke conditioneringsmodel uit de cognitieve gedragstherapie (Korrelboom en Ten Broeke 2014), legt beknopt uit hoe de quick-en-dirty-route bij trauma verloopt. In dit model wordt beschreven hoe disfunctionele emotionele reacties in het nu kunnen ontstaan door irrationele cognitieve associaties tussen situaties van nu en situaties van toen. Het biedt een handvat om deze klachten te kunnen hanteren.

Het aangrijpingspunt van dit model is de beleving van een cliënt: hoe hij in een bepaalde (neutrale) situatie via de quick-en-dirty-route door heftige gevoelens wordt overvallen.

De situatie (trigger) lijkt de reactie uit te lokken, dit is in fig. 4.2 aangegeven met de stippellijn. Indien de reactie die een bepaalde gebeurtenis oproept heftiger is dan de aanleiding rechtvaardigt, dan is er blijkbaar nog een andere bron die de heftigheid van de gevoelsreactie bepaalt. In de situatie ligt blijkbaar iets besloten waardoor er een associatie ontstaat met een herinnering aan een andere situatie. In de figuur is dit aangegeven met de lijn van 'situatie nu' naar 'situatie toen'. De 'situatie toen' (dit kunnen ook meerdere situaties zijn) veroorzaakt de niet vanuit het 'nu' verklaarbare heftigheid van de gevoelsreactie via de quick-en-dirty-route en het daaropvolgende disfunctionele gedrag.

Dit model kan ook gebruikt worden om adequatere cognities te zoeken en toe te passen, zodat in de triggersituatie adequatere emoties en gedragingen kunnen ontstaan. Voor een uitgebreide toepassing van dit model zie Stöfsel en Mooren (2017).

4.4.4 Een schokkende gebeurtenis wordt in eerste instantie gedissocieerd opgeslagen

Door de eerder beschreven problematische geheugenopslag wordt een schokkende gebeurtenis in eerste instantie deels gedissocieerd opgeslagen, waardoor relativerende informatie niet (goed) beschikbaar is. Hierdoor is sprake van een niet in de tijd geplaatste zintuiglijke ervaring, die overspoelend is als je er weer aan denkt. Dat maakt het onplezierig om eraan te denken, waardoor vermijding op de loer ligt, terwijl aan de gebeurtenis denken of erover praten juist helpt om relativerende informatie te integreren en van de schokkende gebeurtenis een in de tijd geplaatste narratieve of verwerkte ervaring te maken.

4.4.5 Toeval of onlogisch handelen van anderen is moeilijk verdraagbaar

We hebben een evolutionair ontstane behoefte om de wereld om ons heen te kunnen begrijpen, verklaren en controleren, zodat we ons kunnen beschermen tegen potentieel gevaar. Dat maakt het lastig om te verdragen dat ons een schokkende gebeurtenis kan overkomen of iemand anders ons iets aandoet zonder reden of verklaring, zoals wanneer een baby onverwachts overlijdt, de buurman zijn familie vermoordt of iemand omkomt bij een verkeersongeluk. Het toeval van dat soort situaties is moeilijk te verdragen en belemmert soms het verwerkingsproces, doordat iemand maar blijft piekeren waarom dit juist nu of juist hem heeft kunnen gebeuren.

4.4.6 Schuld en schaamte zijn moeilijk te verdragen

Gevoelens van schuld en schaamte zijn voor de meeste mensen lastig te verdragen. Nogal eens zijn schuld en schaamtegevoelens niet terecht en niet in verhouding, met wat er eigenlijk gebeurd is. Echter, door die gevoelens te vermijden en ze niet te onderzoeken, houdt men ze in stand en dat blokkeert de verwerking van het onderliggende trauma.

Vooral bij seksueel misbruik nemen slachtoffers zichzelf kwalijk dat ze het hebben laten gebeuren en leiden ze hun 'schuld' af uit allerlei details: 'Ik ben naar hem toe gegaan', 'Ik heb niet voldoende duidelijk gemaakt dat ik het niet wilde' of 'Ik had daar ook niet op dat tijdstip moeten lopen'. De realiteit is meestal echter dat slachtoffers tijdens de schokkende gebeurtenis in een stereotiep intuïtief proces van 'verlamming' terecht zijn gekomen, zoals is beschreven in ▶ par. 3.6, waardoor ze niets konden doen.

Ook zien we dat mensen zich soms schuldiger voelen dan logisch is. Als iemand bijvoorbeeld een klein kind heeft aangereden terwijl hij heel langzaam op een woonerf reed en het kind onverwacht de straat op rende, is er geen sprake van 'schuld' in de zin van verwijtbaar handelen, maar alleen van een 'aandeel' in de gebeurtenis.

4.4.7 Vermijding

Indien blootstellen aan zintuigelijk niet verwerkte schokkende ervaringen als te schokkend, belastend of beangstigend ervaren wordt, zal iemand deze blootstelling gaan vermijden.

In de eerste plaats is dat een strategie die wordt toegepast indien iemand zich nog in de nare situatie bevindt. Dan is de focus gericht op overleven en ontbreken de rust en de gelegenheid om constructief te herbeleven. Indien zo'n situatie lang duurt, worden mensen heel 'goed' in het vermijden en wegdrukken van nare gevoelens die tot herbelevingen zouden kunnen leiden. Dit heeft meestal als gevolg dat alle mogelijke triggers vermeden gaan worden, wat leidt tot een soort gevoelsmatige afstomping (men wordt 'numb'). Bij langdurige traumatisering, zoals bij langdurig seksueel misbruik, laten mensen emotionele sensaties nauwelijks meer binnenkomen. Dit proces zet zich meestal voort in de periode na de schokkende gebeurtenissen. Doordat de vermijding daardoor heel krachtig is geworden en ook sterk bekrachtigd is, kan deze heel lang aanhouden nadat de schokkende gebeurtenis voorbij is. Dat verklaart waarom het soms zo lang duurt (tot tientallen jaren) voordat oorlogsslachtoffers of slachtoffers van seksueel misbruik met hun verhaal naar buiten komen.

Daarmee is eigenlijk ook de tweede manier van vermijden benoemd: het vermijden van alle prikkels die traumagerelateerd zijn. Dat kan heel succesvol gebeuren, maar heeft altijd een prijs.

Iemand die bijvoorbeeld in het bos tijdens een wandeling door een hond is gebeten en daarmee niets gedaan heeft, kan daarmee prima leven indien hij bossen en andere plaatsen waar honden kunnen komen consequent vermijdt. Helaas zal dat ook betekenen dat hij niet meer kan gaan wandelen.

Iemand die als soldaat heel veel nare dingen heeft meegemaakt en die niet verwerkt heeft, gaat alle confrontaties met oorlogssituaties vermijden. Dit betekent dat hij eigenlijk niet meer naar het journaal durft te kijken, maar ook dat allerlei praatprogramma's op tv taboe zijn, want soms gaan die ook over een oorlogssituatie. Zijn gezinsleden passen zich hieraan aan, maar het betekent dat er altijd een gespannen sfeer in huis is, want er kan zomaar onverwacht iets op tv komen of iets gezegd worden wat papa triggert.

Iemand die seksueel misbruikt is en dat niet verwerkt heeft, zal alle aanrakingen, intimiteit en seksualiteit vermijden. Immers, alles wat met aanraken te maken heeft, herinnert aan het seksueel misbruik. Hierdoor ontstaan natuurlijk voortdurend spanningen in de sociale omgang.

4.4.8 De angstige verwachting de emoties die loskomen bij verwerking niet aan te kunnen

De verwachting de emoties die loskomen bij verwerking niet aan te kunnen, speelt een rol bij veel mensen die een schokkende gebeurtenis niet goed verwerkt hebben. In H. 7 wordt hieraan expliciet aandacht besteed.

4.4.9 Niet goed kunnen laten afvloeien van lichamelijke traumagerelateerde spanningen

Door allerlei mechanismen (vermijding, dissociatie, overgeneralisatie van traumagerelateerde prikkels, piekeren en herbeleven) blijft het lichaam in een lichamelijke staat van alertheid met bijbehorende lichamelijke verschijnselen als verhoogde hartslag, verhoogde spierspanning, overprikkelde amygdala en overmatige zintuigelijke focus op potentieel bedreigende triggers. In vergelijking met zoogdieren, die dat doen door middel van trillen, schudden of bewegen, hebben mensen minder goed ontwikkelde mechanismen om die spanning te laten afvloeien (Levine 2018). Dit komt tot uiting in lichamelijke onrust, emoties, gedachten en gedrag.

4.5 Werkingsmechanismen bij actieve traumaverwerking

Aan actieve verwerking liggen verschillende werkingsmechanismen ten grondslag. Actieve verwerking wil zeggen dat door een behandelaar actief een interventie gedaan wordt om tot verwerking te komen, terwijl bij natuurlijke verwerking de persoon zelf tot verwerking komt. De onderliggende werkingsmechanismen bij natuurlijke en actieve traumaverwerking hebben vanzelfsprekend een grote overlap.

Bij alle verwerkingstechnieken spelen meerdere werkingsmechanismen een rol, ook al wordt er soms veel nadruk gelegd op één werkingsmechanisme, zoals de werkgeheugentheorie bij EMDR. Vanuit de verschillen in werkingsmechanismen ontstaan de indicatieverschillen tussen de verschillende technieken, we komen daar in ▶ H. 11 uitgebreid op terug.

We bespreken deze werkingsmechanismen hierna in een willekeurige volgorde. Zie voor een uitgebreidere uitleg van de hier genoemde verwerkingstechnieken ▶ H. 7–10.

4.5.1 Vrije associatie

De vrije associatie is vooral een procedure, maar ook een werkingsmechanisme dat we kennen uit de psychoanalyse (Freud 1913). De vrije associatie is een belangrijk aspect van de werking van EMDR (zie ▶ H. 8), waarmee alle spanning oproepende informatie naar boven kan komen en geuit kan worden.

Een beperking van de vrije associatie is dat deze bij traumaverwerking alleen goed werkt als er voldoende 'Gezonde-Volwassene'-informatie beschikbaar is.

4.5.2 Cognitief werkingsmechanisme

Het cognitief werkingsmechanisme betreft het inpassen van nieuwe informatie in de al bestaande structureren. Dit is een algemeen cognitief model dat is gebaseerd op de 'emotional-processing'-theorie van (Foa en Kozak 1986). Hierbij wordt ervan uitgegaan dat de nieuwe cognitieve en emotionele informatie van de schokkende gebeurtenis ingepast moet worden in de al bestaande cognitieve en emotionele structuren (Ehlers en Clark 2000).

Dit is de basis van Imaginaire Exposure (zie ▶ H. 7), maar we zien ook elementen hiervan terug in de EMDR (bijvoorbeeld in de aandacht voor de Negatieve Cognitie (NC) en de Positieve Cognitie (PC) en bij interweaves).

4.5.3 Adaptive Information Processing Model

Het door Shapiro beschreven 'Adaptive Information Processing Model' (AIP-model) zou ten grondslag liggen aan EMDR. Ze schreef hierover: 'the innate information processing system "metabolizes" or "digests" new experiences. Incoming sensory perceptions are integrated and connected to related information that is already stored in memory networks, allowing us to make sense of our experience' (Shapiro 2001).

Hase et al. (2017) schrijven dat het AIP-model goed aansluit bij de opvatting dat pathogene herinneringen een grote rol spelen bij het in stand houden van traumaproblematiek.

Het AIP-model lijkt overigens sterk op het door Ehlers en Clark beschreven cognitieve model.

4.5.4 Associatiecirkel

De associatiecirkel is een door Stöfsel en Mooren (2010) beschreven samenvoegsel van het hiervoor beschreven model van vrije associatie, het cognitieve model van Ehlers en Clark, het AIP-model van Shapiro en het gedragstherapeutische model van Lang over de kenmerken van de US/UR-representatie, het traumaherinneringsbestand. Lang beschreef dat elke representatie van een eerder gebeurde gebeurtenis (de US-UR) bestaat uit drie elementen: stimulusinformatie, betekenisinformatie (cognities) en responsinformatie (emoties) (Lang 1984).

De associatiecirkel (zie ◘ fig. 4.3) kan worden beschouwd als een basismodel van verwerking. In de associatiecirkel zien we in het centrum de belemmerende emotie die de (potentieel constructieve) associaties overheerst, waardoor de verwerking blokkeert. Deze overheersende emotie is meestal angst, maar kan ook een andere emotie zijn. Een cliënt met onverwerkte traumaproblematiek zal die emotie of de triggers die daartoe leiden willen vermijden. Bij actieve traumaverwerking focust de behandelaar de cliënt juist op die emotie, al dan niet door middel van een plaatje dat deze emotie oproept. Daardoor kunnen associaties ontstaan met andere aspecten van de schokkende ervaring: andere emoties, andere gedachten of andere zintuigelijke herinneringen. In die andere informatie ligt vaak de relativering van de overheersende belemmerende emotie. Indien dat proces eenmaal in gang is gezet, gaat het meestal vanzelf door; de ene associatie leidt dan tot de volgende.

Dit associatiemodel is te herkennen in Imaginaire Exposure, waarbij door de complete focus op de zintuigelijke informatie, gedachten en gevoelens associaties kunnen ontstaan met de tot dan geblokkeerde of vermeden geheugenbestanden, waardoor de verwerking van de schokkende gebeurtenis op gang komt. In de EMDR is dit model herkenbaar in de aandacht voor de betekenisgeving door middel van het formuleren van de Negatieve en de Positieve Cognitie, de zintuigelijke informatie (het plaatje) en de responskant (de emoties, de spanning of naarheid in de vorm van de SUD en gelokaliseerd in het lijf).

4.5 · Werkingsmechanismen bij actieve traumaverwerking

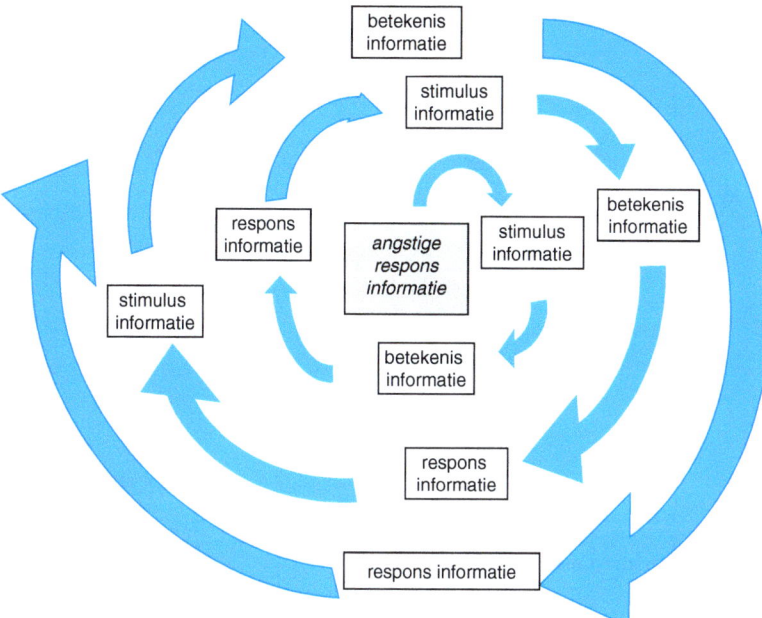

Figuur 4.3 De associatiecirkel

4.5.5 Extinctie

Extinctie is een ander woord voor uitdoving en is het resultaat van de hiervoor beschreven cognitieve verwerking, waarbij de verbinding tussen traumagerelateerde triggers en de schokkende gebeurtenis verzwakt of uitgedoofd raakt. Hiervoor wordt ook wel de term habituatie gebruikt: geleidelijk passief wennen aan herhaaldelijke terugkerende prikkels. Korrelboom en Ten Broeke (2014) wijzen erop dat extinctie en exposure achterhaalde begrippen zijn, omdat het hieraan ten grondslag liggende principe inhibitie is (Craske et al. 2014). Dit wil zeggen dat er een nieuwe verbinding gelegd wordt tussen de traumagerelateerde triggers en neutrale informatie, waardoor de verbinding met de schokkende gebeurtenis geïnhibeerd wordt.

4.5.6 Inhibitoir leermodel

Het inhibitoir leermodel (zie ◘ fig. 4.4) bij angst is beschreven door Craske (zie onder andere Craske et al. 2012, 2014). Het geeft aan dat bij exposure-therapie de associatie tussen de trigger, de CS en de verwachte US-UR-representatie geïnhibeerd wordt doordat er een nieuwe associatie ontstaat met een andere US-UR-representatie, waarvan de lading meestal contrair is aan de oorspronkelijke US-UR-representatie.

Je zou kunnen zeggen dat de oorspronkelijke verbinding tussen de trigger (CS, bijvoorbeeld 'zien van een hond') en het traumabestand of de verwachting (US-UR-representatie, bijvoorbeeld 'alle honden bijten') een breed, makkelijk begaanbaar bospad is. De verbinding tussen de CS (de hond) en een alternatieve US-UR-representatie (bijvoorbeeld 'dit is een vriendelijke en rustige hond, die niet bijt') is

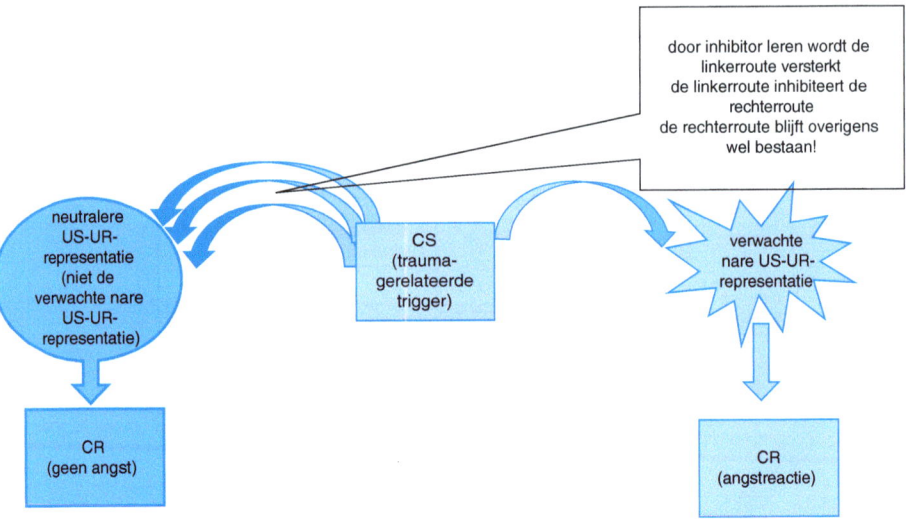

■ Figuur 4.4   Inhibitoir leermodel (Craske et al. 2014)

dan een moeilijk begaanbaar wildpaadje. In dit geval zou de exposure-therapie bestaan uit de cliënt veel ervaring laten opdoen met honden en hem dan te laten ervaren dat honden meestal niet bijten. Daarmee wordt het wildpaadje langzaam een bospad en groeit het oorspronkelijke bospad groeit dicht tot een soort wildpaadje: het wordt geïnhibeerd.

4.5.7 Falsificeren van de angstige verwachting

Dit verwerkingsmechanisme is beschreven door Craske en wordt door Van Minnen en Arntz (2017) gebruikt in het protocol van de werking van Imaginaire Exposure. Volgens dit model wordt de verwerking geblokkeerd omdat de cliënt de angstige verwachting heeft dat hij de emoties die opgeroepen worden bij blootstelling aan de herinnering niet aankan. Het doel van behandeling is de cliënt volgens dit werkingsmechanisme te laten ervaren dat hij de herinnering wel degelijk aankan. Het middel daartoe is blootstelling oftewel exposure om de cliënt te verleiden om de angstige gebeurtenis onder ogen te gaan zien en de daarbij behorende emoties te verdragen. De cliënt wordt gestimuleerd om in een experiment (het aangaan van de exposure) na te gaan of de gevreesde ramp zich daadwerkelijk voltrekt. Dat zal over het algemeen niet het geval zijn en daardoor krijgt de cliënt vertrouwen in het aangaan van de verwerkingsmethode en zal hij door middel van een inhibitoir leerproces gaan ervaren dat de nare herinnering in het nu geen of veel minder spanning geeft.

4.5.8 Reconsolidatie-werkingsmechanisme

Het reconsolidatiemodel is onlangs opnieuw beschreven door Hornsveld en oude Lohuis (2018). In dit model wordt ervan uitgegaan dat bij het oproepen van informatie vanuit het lange termijngeheugen naar het werkgeheugen de inhoud van die informatie beïnvloedbaar ofwel *instabiel* wordt en beïnvloed kan worden door er bijvoorbeeld nieuwe informatie aan toe te voegen die als het ware over de oude herinnering heen wordt geschreven. Hierdoor kan de oorspronkelijke informatie een andere betekenis krijgen, waardoor een verwerkingsproces kan plaatsvinden.

Dit model verklaart ook de onbetrouwbaarheid van het geheugen. Als we een gebeurtenis naar boven halen in het werkgeheugen door er bijvoorbeeld aan te denken of over te praten, is die vatbaar voor beïnvloeding. Dat kan doordat iemand anders een net iets ander verhaal over die gebeurtenis vertelt, door een ander aspect van die gebeurtenis meer te benadrukken, iets te lezen over die gebeurtenis of er iets over op televisie te zien, maar ook door suggestieve opmerkingen van een psychotherapeut. De nieuwe informatie over de gebeurtenis kan vervolgens geïntegreerd worden in de eigen ervaring en wordt dan over de oude herinnering heen opgeslagen, opnieuw geconsolideerd in het langetermijngeheugen. Het resultaat hiervan kan zijn dat iemand niet weet wat nu de authentieke informatie was en welke informatie via een andere bron is verkregen. De volgende keer dat de situatie wordt opgehaald, zal ook de via een andere bron verkregen informatie worden beleefd als authentiek. Hierdoor kunnen mensen ervaringen van voor hun derde levensjaar (die ze zich onmogelijk zelf kunnen herinneren) toch als herinnering beleven, doordat ze anderen erover hebben horen vertellen en dat als een authentieke herinnering hebben opgeslagen.

Dit proces van instabiel worden van informatie doet zich voor bij alle verwerkingstechnieken. Bij Imaginaire Rescripting wordt zelfs expliciet nieuwe informatie toegevoegd die de oorspronkelijke informatie vervangt, waardoor de cliënt waarschijnlijk niet meer kan denken aan de oorspronkelijke situatie zonder de nieuwe betekenisgeving. Bij EMDR en IE vindt dit proces ook plaats, maar wordt door middel van associatie nieuwe informatie opgeroepen die wordt geconsolideerd tot een nieuwe ervaring.

Het actief toevoegen van corrigerende informatie (bijvoorbeeld interweaves) om de oude informatie te overschrijven, is ook te zien als een toepassing van het reconsolidatiemodel.

4.5.9 Werkgeheugentheorie

De werkgeheugentheorie is een verklaringsmodel dat vooral gebruikt wordt in de EMDR. Het is uitgewerkt op basis van onderzoek aan de Universiteit Utrecht en wordt algemeen geaccepteerd als belangrijk verklaringsmodel voor de werkzaamheid van EMDR (zie onder andere Engelhard et al. 2010).

Het verklarende principe hierbij is dat het werkgeheugen maar een beperkte capaciteit heeft. Het werkgeheugen tegelijkertijd belasten met de schokkende gebeurtenis en een belastende taak als het moeten maken van oogbewegingen betekent dat het werkgeheugen overbelast raakt en dat er minder ruimte is voor de informatie over de schokkende gebeurtenis. Omdat het maken van de oogbewegingen het meest belastend is, zal er vooral informatie wegvallen van de schokkende gebeurtenis. Hierdoor krijgt de cliënt een nieuwe beleving van de schokkende gebeurtenis met bijvoorbeeld minder nare gevoelens, gedachten of betekenisgeving. Hierdoor kan vervolgens het associatieve verwerkingsproces op gang komen. De nieuwe ervaring wordt opgeslagen, wat feitelijk een reconsolidatie is. De ervaring is minder aversief en hoeft dus minder vermeden te worden.

4.5.10 Contraconditionering

Het principe van contraconditionering is dat aan een situatie die aan aversieve stimuli gekoppeld is stimuli worden verbonden die een tegengestelde betekenis, waardoor de aversieve stimuli als het ware overstemd worden en afnemen in kracht (Korrelboom en Ten Broeke 2014). Dit principe speelt bij veel verwerkingstechnieken in enige mate een rol, bijvoorbeeld doordat het aanbieden van verwerkingstechnieken aan de cliënt al een aankondiging is dat er een positieve verandering mogelijk is van zijn als machteloos ervaren beleving van een situatie. In de 'Visual Schema Displacement Therapy' wordt zelfs een plezierige ervaring gecombineerd met een nare ervaring, met vaak verbazingwekkende resultaten. De EMDR-procedure omvat ook allerlei contraconditioneringseffecten, bijvoorbeeld door de hoop die de strakke structuur van de methode uitstraalt, maar ook door het eindigen met een positieve zelfuitspraak aan het einde van een sessie. Ook bij de EMD-knaller (zie ▶ H. 8) lijkt contraconditionering een rol te spelen. De cliënt krijgt een nieuwe ervaring door naar het nare beeld te kijken terwijl hij door een enorme belasting van het werkgeheugen geen ruimte heeft voor de aversieve stimuli. Zo doet de cliënt een ervaring op waarbij hij zonder veel emotie naar het nare beeld kan kijken.

4.5.11 Integreren in het narratieve levensverhaal

Bij narratieve technieken wordt, in tegenstelling tot bij de specifieke verwerkingstechnieken, níet ingezoomd op de concrete gebeurtenissen. Bij deze technieken wordt aandacht besteed aan het construeren van een levenslijn met de belangrijkste negatieve en positieve gebeurtenissen. In dat kader worden schokkende gebeurtenissen benoemd of beschreven. Ze worden op die manier weer deel van het levensverhaal, van het narratief van de cliënt.

Methoden waarin het narratieve werkingsmechanisme worden toegepast, zijn de getuigenistherapie, allerlei technieken waarbij de cliënt zijn levensverhaal vertelt of opschrijft en het eerste deel van de Narratieve Exposure-Therapie (NET).

Het werkingsmechanisme bij narratieve technieken is dat er een perspectiefverandering plaatsvindt door de aandacht te focussen op het narratief in plaats van op het geïsoleerde perspectief van de gebeurtenis, die vaak tijdloos is: niet verbonden met gebeurtenissen ervoor en erna. Door een narratief perspectief te creëren, ontstaat verbinding met de levenslijn, met gebeurtenissen ervoor en gebeurtenissen erna. De schokkende gebeurtenis is dan niet langer een geïsoleerde schokkende ervaring, maar een ervaring met een aanloop, een hoogtepunt en een einde. Het narratieve werkingsmechanisme treedt altijd op in de eindfase van een specifieke verwerkingstechniek.

Er is relatief weinig algemeen onderzoek gedaan naar narratieve technieken, maar de ervaring van veel clinici is dat enkel het in een narratief inpassen van schokkende gebeurtenissen al een spanningsverminderend effect heeft. Zo is herhaaldelijk gerapporteerd dat na een getuigenistherapie en er tegen de verwachting in geen specifieke verwerkingsinterventies meer nodig bleken.

4.5.12 Positieve therapeutische verwachting, zelfverzekerde behandelaar en duidelijke procedure

Uit onderzoek (zie voor een overzicht Colijn et al. 2009) weten we dat niet methodisch-specifieke aspecten als een zelfverzekerde behandelaar en een duidelijke procedure bij een cliënt leiden tot een positieve verwachting van de behandeling, wat zal bijdragen aan een positief behandelresultaat.

Dit is een vorm van contraconditionering: door een duidelijke positieve therapeutische verwachting te creëren, zijn er minder ruimte en aandacht voor een negatief behandelresultaat. Dit staat ook bekend als het placebo-effect.

Het werkingsmechanisme van de positieve therapeutische verwachting zal bij elke behandeling een rol spelen en dus ook bij verwerkingstechnieken.

Een goed opgeleide behandelaar presenteert de toe te passen verwerkingstechniek met het vertrouwen dat de technieken werkt en ook bij deze cliënt zal werken. Ook een duidelijke procedure zal aan dit effect bijdragen.

4.5.13 Toevoegen van corrigerende 'Gezonde-Volwassene'-informatie

Het toevoegen van corrigerende 'Gezonde-Volwassene'-informatie is enerzijds te zien als een belangrijke voorwaarde om te komen tot succesvolle traumaverwerking. Shapiro (2001) noemt dit in het AIP-model het zelfhelend vermogen van het brein. In het cognitieve model, maar ook in het vrije associatiemodel ligt de verwachting besloten dat tijdens het therapieproces gezonde, functionele informatie beschikbaar komt. Hiermee kunnen disfunctionele cognities en informatie die een rol spelen bij de instandhouding van de vermijding van de nare gevoelens rondom een schokkende gebeurtenis ondergraven worden. Anderzijds is het toevoegen van corrigerende 'Gezonde-Volwassene'-informatie een werkingsmechanisme als het bewust gebeurt. Dat is bijvoorbeeld het geval bij Imaginaire Rescripting of bij interweaves binnen de EMDR. Dit is relevant als de 'Gezonde-Volwassene'-informatie niet op een natuurlijke manier beschikbaar komt bij de cliënt vanwege bijvoorbeeld disfunctionele cognities zoals schuld en schaamte of als die informatie er gewoon niet is doordat de cliënt als gevolg van zijn jeugd niet weet dat ouders hun kinderen liefhebbend behoren op te voeden. In die gevallen zal de correctieve 'Gezonde-Volwassene'-informatie van buitenaf moeten worden toegevoegd.

4.5.14 Verrassingseffect

Het werkingsmechanisme 'verrassingseffect' heeft een positieve functie met betrekking tot het verwerkingsproces doordat de focus op de nare ervaring in enige mate geïnhibeerd wordt, door de focus op het verrassingseffect.

Dit mechanisme is onderdeel van de zogenoemde EMD-knaller. Hierbij worden voorspelbare bewegingen van de hand vervangen door onvoorspelbare patronen die alle vormen kunnen hebben (vierkanten, rechthoeken, van linksboven naar rechtsonder, verticaal, naar de ogen toe en weer terug). De hiervoor benodigde extra alertheid en aandacht leiden tot een grotere werkgeheugenbelasting. Daardoor is er minder ruimte voor het nare beeld (zie verder ▶ H. 8).

Ook bij de Visual Schema Displacement Therapy is sprake van een verrassingseffect. Tijdens deze procedure beweegt de behandelaar onverwacht zijn hand van het negatieve triggerpoint naar het positieve triggerpoint, waarbij hij hard 'whoosh' zegt. De functie van dit verrassingseffect is niet geheel duidelijk, maar naar alle waarschijnlijkheid wordt hierbij op basis van de reconsolidatietheorie het nare beeld instabiel en vatbaar voor verandering en beïnvloeding met het positieve beeld (zie verder ▶ H. 10).

4.5.15 Integratie van hot en cold memories

De integratie van 'hot' en 'cold' memories is een werkingsmechanisme dat gebruikt wordt als verklarende theorie bij het tweede deel (de exposure) van de Narratieve-Exposure-Therapie. Onder koude herinneringen worden expliciete of autobiografische feitelijke herinneringen verstaan, die vrijwillig kunnen worden opgehaald. Met warme herinneringen worden impliciete of onvrijwillig opgehaalde herinneringen bedoeld, waaronder de aversieve aspecten van de schokkende gebeurtenis. Het doel van behandeling is het integreren van de warme en de koude herinneringen, waardoor de negatieve emoties afnemen (Jongedijk 2014).

Dit lijkt een praktische toepassing van de 'Dual Representation Theory' van Brewin en Holmes (2003), waarbij een 'verbally accessible memory' (VAM) en een 'situationally accessible memory' (SAM) onderscheiden worden. De behandeling is erop gericht deze te integreren.

4.5.16 Focusverandering

Een belangrijk aspect van verwerking is dat de focus verplaatst wordt van het tijdloze nare plaatje naar bijvoorbeeld de context van de gebeurtenis of het feit dat de schokkende gebeurtenis in het verleden ligt. Dit gebeurt bijvoorbeeld bij Visual Schema Displacement Therapy.

4.5.17 Sharing door middel van schrijven

Een werkingsaspect van sommige verwerkingstechnieken is het beschrijven van de nare ervaringen of het hele leven van de cliënt in een document. De functie hiervan is enerzijds het ritueel afsluiten van de periode van de schokkende gebeurtenis(sen) en anderzijds een gelegenheid dit te delen met belangrijke mensen om de cliënt heen.

Dit gebeurt onder andere bij getuigenistherapie, Narratieve Exposure-Therapie en WRITEjunior. Door het 'sharings'-element hoeft de schokkende gebeurtenis niet meer vermeden te worden in een sociale context er is er ruimte voor erkenning, herkenning, bemoediging of ondersteuning. De cliënt kan uit zijn geïsoleerde positie komen, omdat de schokkende gebeurtenis geen geheim meer is.

4.6 Slot

In dit hoofdstuk zijn verschillende verklaringsmodellen en werkingsmechanismen beschreven die een rol spelen bij de verwerking van schokkende gebeurtenissen. Sommige van deze modellen worden specifiek genoemd bij bepaalde technieken, zoals de werkgeheugenhypothese bij EMDR, falsificeren van de angstige verwachting bij IE en inpassen van nieuwe 'Gezonde-Volwassene'-informatie bij ImRs. Een groot deel van de hier besproken werkingsmechanismen speelt in meer of mindere mate een rol bij veel verwerkingstechnieken. In ▶ H. 7–10 worden de verwerkingstechnieken beschreven, waarbij gerefereerd wordt aan de in dit hoofdstuk beschreven werkingsmechanismen.

Literatuur

Bicanic, I., Engelhard, M., & Sijbrandij, M. (2014). Posttraumatische stressstoornis en seksuele problemen na seksueel geweld. Prevalentie en behandeling. *Gedragstherapie, 47*, 4.

Bradley, R., Greene, J., Russ, E., Dutra, L., & Westen, D. (2005). A multidimensional meta-analysis of psychotherapy for PTSD. *American Journal of Psychiatry, 162*, 214–227.

Breslau, N., Kessler, R., Chilcoat, H., Schultz, L., Davis, G., & Andreski, P. (1998). Trauma and posttraumatic stress disorder in the community: The 1996 Detroit area survey of trauma. *Archives General Psychiatry, 55*(7), 626–632.

Brewin, C., & Holmes, E. (2003). Psychological theories of posttraumatic stress disorder. *Clinical Psychology Review, 23*(3), 339–376.

Brewin, C. R., Andrews, B., & Valentine, J. D. (2000). Meta-analysis of risk factors for posttraumatic stress disorder in trauma-exposed adults. *Journal of Consulting and Clinical Psychology, 68*(5), 748–766.

Colijn, S., Snijders, H., & Trijsburg, W. (2009). Universele therapiefactoren. In S. Colijn, H. Snijders, M. Thunnissen, S. Bögels, & W. Trijsburg (Red.), *Leerboek psychotherapie*. Utrecht: De Tijdstroom.

Craske, M., Liao, B., Brown, L., & Vervliet, B. (2012). Role of inhibition in exposure therapy. *Journal of Experimental Psychopathology, 2012*(3), 322–345.

Craske, M., Treanor, M., Conway, C., Zbozinek, T., & Vervliet, B. (2014). Maximizing exposure therapy: An inhibitory learning approach. *Behaviour Research and Therapy, 58*, 10–23.

De Vries, G., & Olff, M. (2009). The lifetime prevalence of traumatic events and post traumatic stress disorder in the Netherlands. *Journal of Traumatic Stress Studies, 22*, 259–267.

Ehlers, A., & Clark, D. (2000). A cognitive model of posttraumatic stress disorder. *Behaviour Research and Therapy, 38*, 319–345.

Engelhard, I., Van den Hout, M., Janssen, W., & Van der Beek, J. (2010). Eye movements reduce vividness and emotionality of 'flashforwards'. *Behaviour Research and Therapy, 48*, 442–447.

Engelhard, I., Olatunji, B., & De Jong, P. (2011). Disgust and the development of posttraumatic stress among soldiers deployed to Afghanistan. *Journal of Anxiety Disorders, 25*(1), 58–63.

Foa, E., & Kozak, M. (1986). Emotional processing of fear. Exposure to corrective information. *Psychological Bulletin, 99*, 20–35.

Freud, S. (2006[1913]). Verdere adviezen over de psychoanalytische techniek: Over het inleiden van de behandeling. *Werken 6*, 186–205. Amsterdam: Boom.

Gradus, J. L. (2013). *Epidemiology of PTSD from the national center for post-traumatic stress disorder*. Department of Veterans Affairs. Beschikbaar op: ▶ www.ptsd.va.gov.

Hase, M., Balmaceda, U., Ostacoli, L., Liebermann, P., & Hofmann, A. (2017). The AIP model of EMDR therapy and pathogenic memories. *Frontiers in Psychology, 8*, 1578.

Hornsveld, H., & Oude Lohuis, M. (2018). Trauma's behandelen met kennis van reconsolidatie. *EMDR-magazine, 16*, 6.

Jongedijk, R. (2014). *Levensverhalen en psychotrauma, narratieve exposure therapie in theorie en praktijk*. Amsterdam: Boom.

Kandel, E., Schwartz, J., Jessell, T., Sieglebaum, S., & Hudspeth A. (2000). *Principles of neural science* (4th ed.). New York: McGraw-Hill.

Kessler, R., Berglund, P., Delmer, O., Jin, R., Merikangas, K., & Walters, E. (2005). Lifetime prevalence and age-of-onset distributions of DSM-IV disorders in the National comorbidity survey replication. *Archives of General Psychiatry, 62*(6), 593–602.

Kleber, R., & Mittendorf, C. (2000). Opvang na schokkende gebeurtenissen: stand van zaken in het wetenschappelijk onderzoek. *Maandblad Geestelijke Volksgezondheid, 55,* 889–904.

Korrelboom, K., & Ten Broeke, E. (2014). *Geïntegreerde cognitieve gedragstherapie. Handboek voor theorie en praktijk.* Bussum: Coutinho.

Lang, P. (1984). Cognition in emotion: Concept and action. In C. Izard, J. Kagan, & R. Zajonc (Eds.), *Emotion, cognition and behavior.* New York: Cambridge University Press.

Le Doux, J. (1996). *The emotional brain, the mysterious underpinnings of emotional life.* New York: Touchstone.

Levine, P. (2018). *Trauma en geheugen: hoe brein en lichaam traumatische ervaringen levend houden.* Eeserveen: Mens.

Piaget, J. (1972). *The psychology of the child.* New York: Basic Books.

Shapiro, F. (2001). *Eye movement desensitization and reprocessing: Basic principles, protocols, and procedures* (2nd ed.). New York: Guilford Press.

Stöfsel, M., & Mooren, T. (2010). *Complex Trauma, diagnostiek en behandeling.* Houten: Bohn Stafleu van Loghum.

Stöfsel, M., & Mooren, T. (2017). *Trauma en persoonlijkheidsproblematiek.* Houten: Bohn Stafleu van Loghum.

Van Minnen, A., & Arntz, A. (2017). Protocollaire behandeling van patiënten met een post-traumatische stress stoornis: Imaginaire exposure en exposure in vivo. In G. P. J. Keijsers, A. van Minnen, M. Verbraak, C. A. L. Hoogduin & P. Emmelkamp (Red.), *Protocollaire behandelingen voor volwassenen met psychische klachten* (pag. 311–389). Amsterdam: Boom.

Opzetten traumabehandeling

5.1 Inleiding – 53

5.2 Wie mag wat doen bij een traumabehandeling? – 54

5.3 Vragenlijsten – 55
5.3.1 Clinician Administered PTSD scale for DSM 5 (CAPS-5) – 55
5.3.2 Schokverwerkingslijst (SVL) – 55
5.3.3 Zelf Inventarisatie Lijst Posttraumatische Stress (ZIL) – 55
5.3.4 Harvard Trauma Vragenlijst – 56
5.3.5 Trauma Screening Vragenlijst – 56

5.4 Enkelvoudige of meervoudige schokkende gebeurtenis of zelfbeeld-problematiek – 56

5.5 Psycho-educatie – 56

5.6 Voldoende stabiliteit om te beginnen met verwerken: indicatie en contra-indicatie – 57

5.7 Stabilisatietechnieken – 59

5.8 Overzicht van de schokkende gebeurtenissen – 59

5.9 Met welk trauma beginnen: traumalijst – 61

5.10 Angstige verwachtingen tijdens de traumaverwerking – 62

5.11 Verwerkingsfase – 63

5.12 Beïnvloeden van de spanning tijdens de traumaverwerking – 64

© Bohn Stafleu van Loghum is een imprint van Springer Media B.V., onderdeel van Springer Nature 2020
M. Stöfsel, *Trauma en verwerkingstechnieken*, https://doi.org/10.1007/978-90-368-2501-6_5

5.13	Referentiële en sequentiële conditionering bij trauma en in-vitro- en in-vivo-exposure – 65
5.14	Omgaan met traumagerelateerde triggers in het nu – 66
5.15	Afsluiten verwerkingsfase: brief of ritueel? – 67
5.16	Duur van een traumabehandeling – 68
5.17	Duur van een behandelsessie – 68
5.18	Intensieve traumabehandeling – 69
5.19	Traumaverwerking en nieuwe technologieën – 69
5.20	Tot slot – 70
	Literatuur – 70

5.1 Inleiding

De toepassing van traumaverwerkingstechnieken dient te gebeuren in het kader van een behandeling. In dit hoofdstuk zetten we uiteen hoe een traumabehandeling eruit zou kunnen zien. We gaan hierbij uit van een behandeling waarin het psychotrauma centraal staat: er is sprake van een trauma of een serie trauma's en er zijn geen andere probleemgebieden die op dit moment behandeling behoeven. Dit is natuurlijk een reductie van de specialistische ggz-praktijk, waarin bij de meeste cliënten ook allerlei andere problematiek speelt.

Er bestaan twee globale modellen om een behandeling voor trauma te structureren: het driefasenmodel (Herman 1992; Stöfsel en Mooren 2010) en de interventiecirkel (Stöfsel en Mooren 2017).

In dit hoofdstuk volgen we min of meer de structuur van het driefasenmodel (zie fig. 5.1), waarbij de verschillende fasen deels parallel naast elkaar kunnen verlopen.

Het model van de interventiecirkel is vooral van toepassing bij meer complexe problematiek, waarbij vaker van behandelfocus wordt gewisseld. We laten het daarom hier verder buiten beschouwing.

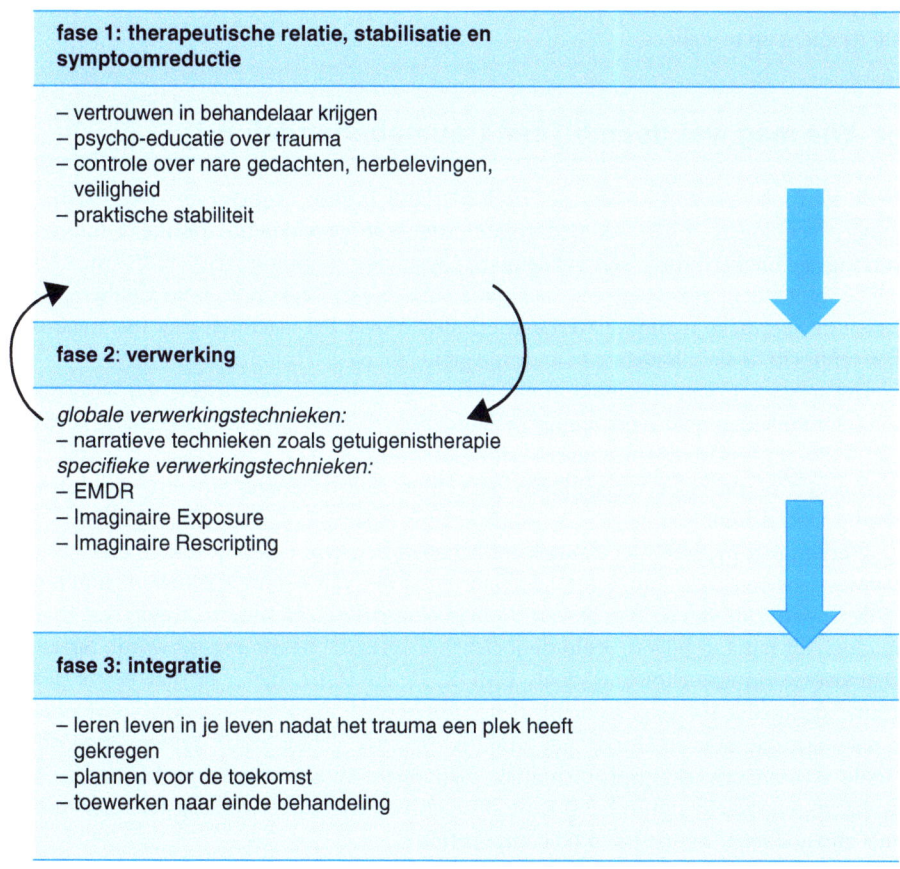

Figuur 5.1 Het driefasenmodel (Herman 1992; Stöfsel en Mooren 2010)

Het is goed om kort stil te staan bij de discussie rondom het driefasenmodel (Bicanic et al. 2015). De kritiek op dit model was dat het suggereert dat er eerst stabilisatie-interventies gedaan dienen te worden alvorens kan worden begonnen met daadwerkelijke verwerkingsinterventies. Deze kritiek kwam voort uit een rigide opvatting van het driefasenmodel en was een reactie op vermijdende cliënten en behandelaren die bleven steken in de stabilisatiefase in plaats van het trauma te gaan verwerken. Het zou onterecht zijn om de cliënt geen traumabehandeling aan te bieden terwijl hij daarmee het meest geholpen zou worden, maar het zou ook onterecht zijn om de cliënt een traumabehandeling aan te bieden terwijl hij daarvan zou decompenseren. In ▶ par. 5.6 wordt op dit dilemma teruggekomen.

We gaan hier uit van een zeer flexibele opvatting van het driefasenmodel. Dat wil zeggen dat stabilisatie-interventies zo kort als mogelijk en zo lang als nodig moeten zijn en gericht zijn op het zo snel mogelijk weer verantwoord doorgaan met de traumaverwerking. Daarbij kan veelvuldig gewisseld kan worden, naar behoefte en noodzakelijkheid, tussen fase 1 en 2 van het model.

Dit hoofdstuk is gebaseerd op informatie van geïnterviewden en klinische ervaring. Het is goed op te merken dat er geen eenduidige richtlijnen zijn voor de opzet van een traumabehandeling. Het is natuurlijk van belang om hierin aan te sluiten bij de problematiek van de cliënt. Bij complexere problematiek zal dit vaak gebeuren door eerst een holistische theorie of casusconceptualisatie van de problematiek en de leergeschiedenis van de cliënt op te stellen.

5.2 Wie mag wat doen bij een traumabehandeling?

In de klinische praktijk in de ggz in Nederland passen academisch opgeleiden (met name psychologen, maar ook pedagogen, artsen en psychiaters) specifieke traumaverwerkingstechnieken toe. Niet-academisch opgeleide behandelaren (zoals maatschappelijke werkenden, ggz-agogen, sociaal psychiatrisch verpleegkundigen en vaktherapeuten) passen de specifieke traumaverwerkingstechnieken over het algemeen niet toe, maar doen interventies in de stabilisatiefase of in de integratiefase na een traumabehandeling.

Het toepassen van specifieke traumaverwerkingstechnieken is geen bij wet voorbehouden handeling, zoals veel medische handelingen. In de meeste instellingen is vastgelegd welke professionals traumaverwerkingstechnieken mogen toepassen: meestal alleen academisch of daarmee vergelijkbaar gevormde hulpverleners, bijvoorbeeld verpleegkundig specialisten.

Werken met mensen met traumaproblematiek betekent meestal werken met explosief materiaal en complexe problematiek. Daarom is het van belang dat behandelaren goed op de hoogte zijn van de risico's van traumabehandeling. Zij moeten weten wat ze moeten doen als iemand bijvoorbeeld dissocieert of agressief of erg angstig wordt. Specifieke traumaverwerkingstechnieken, zoals EMDR, IE en ImRs, lijken op het eerste gezicht relatief makkelijk toe te passen. Bij ongecompliceerde traumaverwerkingsproblematiek is dat eigenlijk ook zo. In de ggz-praktijk zien we echter maar zelden ongecompliceerde traumaverwerkingsproblematiek. Behandelaren van traumaproblematiek moeten daarom opgeleid zijn in het goed toepassen van traumaverwerkingstechnieken en in staat zijn adequaat in te grijpen bij complicaties.

In de praktijk voldoen academisch gevormde behandelaren vaak beter aan die voorwaarden, maar deze eis doet ongetwijfeld soms te kort aan de ervaring en deskundigheid van goed onderlegde niet-academisch gevormde behandelaren.

5.3 Vragenlijsten

Het is van belang om in het begin van elke behandeling, dus ook van een traumabehandeling, passende diagnostiek te verrichten. Er zijn veel verschillende vragenlijsten om PTSS vast te stellen, waarvan we de belangrijkste hier bespreken. De meeste van deze vragenlijsten kunnen zowel gebruikt worden in de diagnostiekfase als om de voortgang te monitoren. Er bestaan nog vele andere vragenlijsten die PTSS of trauma meten en vaak toegesneden zijn op speciale doelgroepen, bijvoorbeeld kinderen en adolescenten, dissociatieve problematiek of verstandelijk gehandicapten. Deze vallen buiten het bestek van dit boek.

5.3.1 Clinician Administered PTSD scale for DSM 5 (CAPS-5)

De Clinician Administered PTSD scale for DSM 5 (CAPS-5) is geen vragenlijst, maar een uitgebreid interview waarmee alle kenmerken van PTSS gedetailleerd worden uitgevraagd. Het is de 'gouden stadaard' om op een wetenschappelijk verantwoorde en eenduidige manier PTSS vast te stellen. Er is ook een Nederlandse versie ontwikkeld (Boeschoten et al. 2014). Vanwege de zeer uitgebreide opzet van dit interview is hiervoor een behoorlijke tijdsinvestering nodig. In de praktijk wordt de CAPS-5 dan ook vooral gebruikt bij wetenschappelijk onderzoek naar traumabehandelingen. In de reguliere ggz-praktijk wordt de CAPS-5 nauwelijks toegepast.

De vertaalde DSM-4-versie van de CAPS staat in Nederland (Hovens et al. 2005) bekend onder de naam de naam Klinisch Interview voor PTSS (KIP).

5.3.2 Schokverwerkingslijst (SVL)

De Schokverwerkingslijst (SVL) ofwel Impact of Event Scale (IES) is door Horowitz et al. (1979) ontworpen en door Brom en Kleber (1985) in het Nederlands vertaald. De SVL bestaat uit vijftien vragen over herbeleving en vermijding van een meegemaakte gebeurtenis. De items worden gescoord op een 4-puntsschaal. Een score boven 26 punten op deze lijst is een indicatie voor PTSS. Later is hieraan nog een derde cluster van zeven vragen over verhoogde prikkelbaarheid toegevoegd. Er zijn geen duidelijke normgroepen voor de SVL. Dit is dan ook een globaal screeningsinstrument dat alleen een indicatie voor PTSS afgeeft. De invultijd bedraagt vijf tot tien minuten.

5.3.3 Zelf Inventarisatie Lijst Posttraumatische Stress (ZIL)

De Zelf Inventarisatie Lijst Posttraumatische Stress (ZIL) is in Nederland ontwikkeld (Hovens et al. 2000). Deze invullijst bestaat uit 22 items op basis van de DSM-4. De items die niet zijn gerelateerd aan een specifieke gebeurtenis worden gescoord op een

4-puntsschaal en meten de intensiteit van de symptomen. De ZIL heeft een hoge sensitiviteit en specificiteit voor PTSS en de totaalscore correleert goed met de klinische diagnostiek. De invultijd bedraagt tien minuten.

5.3.4 Harvard Trauma Vragenlijst

De 'Harvard Trauma Questionaire' (HTQ) is ontwikkeld door Mollica et al. (1992) en is in Nederland vertaald als de Harvard Trauma Vragenlijst door Kleijn et al. (2001). Het eerste deel van deze lijst gaat na welke schokkende gebeurtenissen de cliënt heeft meegemaakt. Het tweede deel gaat na wat de ernst van de PTSS-symptomen is in de afgelopen week. Het derde deel vraagt specifieke traumagerelateerde psychosociale klachten na. Deze lijst is speciaal ontwikkeld om toe te passen bij getraumatiseerde vluchtelingen.

5.3.5 Trauma Screening Vragenlijst

De Trauma Screening Vragenlijst is ontworpen door Brewin et al. (2002) als Trauma Screening Questionaire (TSQ). Deze eenvoudige zelfrapportagelijst is vertaald door Olff et al. (2009) en omvat tien vragen voor symptomen van PTSS (herbeleving en arousal) gedurende de afgelopen week. Vragen worden beantwoord met ja of nee.

5.4 Enkelvoudige of meervoudige schokkende gebeurtenis of zelfbeeld-problematiek

Alvorens met een traumabehandeling te beginnen, is het van belang te weten of het om een eenmalige schokkende gebeurtenis gaat of om een reeks van schokkende gebeurtenis. In dat laatste geval zal sprake zijn van een brede en langduriger behandelopzet, waarbij waarschijnlijk ook aspecten van een negatief zelfbeeld een rol spelen.

5.5 Psycho-educatie

In het begin van elke traumabehandeling is het van belang om psycho-educatie te geven over de diagnose, het verloop en de in te zetten behandeling. Het doel van psycho-educatie is informatie te verschaffen en daardoor veiligheid en perspectief op herstel te creëren, waardoor irreële angst voor een behandeling kan plaatsmaken voor reële verwachtingen.

Het is belangrijk om de cliënt te informeren over zijn diagnose en over wat volgens de behandelaar de oorzaak is van het ontstaan van de traumaproblematiek. Het is ook belangrijk om de symptomen als herbeleving, schrikachtigheid en sombere en/of negatieve gedachten aan de cliënt uit te leggen en daarmee te normaliseren.

Vervolgens moeten de verschillende behandelopties worden benoemd. Indien de casus geen directe aanleiding geeft voor een bepaalde traumaverwerkingstechniek is het goed om de keus in samenspraak met de cliënt te maken. De uiteindelijke behandelingsopzet wordt altijd in samenspraak met de cliënt vastgesteld.

Het is van belang om de traumabehandelingsmethode aan de cliënt uit te leggen en daarbij ook de verwachte tijdsduur te benoemen en concrete behandelafspraken te maken.

Het is goed om de cliënt voor het begin van de behandeling te vertellen dat een traumaverwerkingssessie, vooral de eerste keer, meestal een soort na-ijleffect zal hebben. Alle nieuwe verkregen informatie door de verwerking wordt dan geordend in het brein. Dit duurt vaak één à twee dagen, en dus ook nachten en geeft meestal wat spanning en onrust. Meestal treedt na 48 uur spanningsdaling op. De cliënt kan hiermee rekening houden in zijn planning.

5.6 Voldoende stabiliteit om te beginnen met verwerken: indicatie en contra-indicatie

Of er voldoende stabiliteit is om te beginnen met verwerken, is een belangrijke en een lastige vraag. Bij het ondergaan van een verwerkingstechniek, en dus vaak ook nog enige tijd daarna, is altijd eerst sprake van een tijdelijke toename van spanning. Beoordeeld moet worden of een cliënt die toename aankan.

Het is belangrijk om dit zo transparant mogelijk met de cliënt te bespreken. Daarbij dient benadrukt te worden dat die tijdelijke spanningstoename nodig is om tot een spanningsafname te komen en om het feit dat cliënten hiertegen opzien te normaliseren. Het vermijden van toenemende spanning is namelijk juist de reden dat de traumaverwerking gestagneerd is. Zowel cliënt als behandelaar zal nooit met volledige zekerheid weten of een spanningsafname haalbaar is. Het is echter goed om ook bij enige twijfel juist wel een traumaverwerkingstechniek in te zetten om te voorkomen dat een succesvolle behandeling aan de cliënt onthouden wordt. Dus bij twijfel wel inhalen!

Een mogelijkheid is ook om een proefsessie te doen of om te beginnen met een licht trauma of een volstrekt geïsoleerd trauma. Een andere mogelijkheid is om de angstige verwachting van de cliënt te bewerken met de 'flash-forward'-techniek uit de EMDR.

Een mooie grafische manier om het probleem van de tijdelijke spanningstoename voor de cliënt te illustreren en een beredeneerde keuze te maken, is het model van het 'fliebeltje' (◘ fig. 5.2).

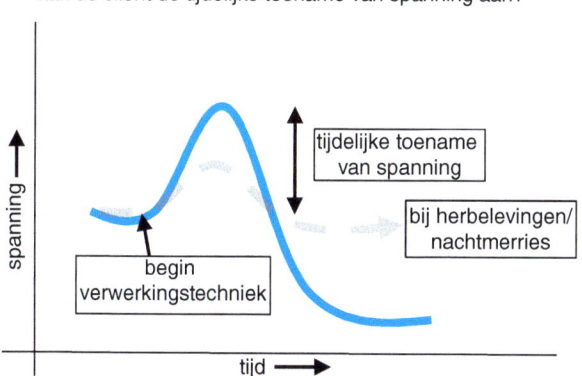

◘ Figuur 5.2 In het begin van een verwerkingstechniek zal een tijdelijke toename van de spanning optreden alvorens de spanning daalt. De stippellijn geeft aan dat de cliënt door herbelevingen en nachtmerries al gewend is aan een deel van deze tijdelijke toename

In de klinische praktijk komt het nogal eens voor dat sprake is van zoveel comorbide problematiek dat een spanningsverhogende traumaverwerkingstechniek nog niet geïndiceerd is, omdat deze tot te veel ontregeling zou leiden. Voorbeelden van dergelijke belemmerende comorbide problematiek zijn ernstige depressie, acute relatieproblemen, acute praktische problemen zoals ontslag of huisuitzetting, ernstige verslavingsproblematiek en een zeer labiel psychologisch of psychiatrisch evenwicht. In dat geval zijn eerst stabiliserende technieken aangewezen, zodat traumaverwerking weer mogelijk wordt. De grote valkuil die hierbij op de loer ligt, is dat de cliënt en/of de behandelaar vermijding van het aangaan van de tijdelijke spanningstoename tijdens de traumaverwerking beschouwt als belemmerende comorbide problematiek.

Er valt overigens zeker iets te zeggen voor te stelling dat 'de beste stabilisatietechniek een verwerkingstechniek' is, zoals Van Minnen betoogde tijdens het congres van de NtVP in 2016. Een variant hierop is niet zozeer te kijken of de cliënt stabiel genoeg is, maar juist naar wat hem instabiel maakt (Geurink en Oppenheim 2015). Niet zelden zijn dat juist de onverwerkte trauma's, waardoor traumaverwerking een 'stabilisatietechniek' wordt.

Er is een aantal algemene indicaties waaraan voldaan moet zijn alvorens men een verwerkingstechniek toepast en die voor alle drie 'grote' verwerkingstechnieken gelden.

- Er moet sprake zijn van een in tijd en beleving afgebakende concrete schokkende gebeurtenis of periode van schokkende gebeurtenissen die in het heden spanning veroorzaakt. Iemand kan bijvoorbeeld niet zijn 'hele jeugd', 'de invloed van zijn vader' of 'de oorlog' verwerken. Hierbij dient eerst een inventarisatie plaats te vinden van wat de meest schokkende gebeurtenissen waren. Daartoe kan een zogenoemde traumalijst worden opgesteld (zie verderop in dit hoofdstuk). Verwerken is alleen zinvol indien een schokkende gebeurtenis uit het verleden nog spanning oproept. Indien het vooral gaat om angst dat een schokkende gebeurtenis uit het verleden zich opnieuw zal voordoen, moet een in-vivo-exposure-interventie uitgevoerd worden en geen verwerkingstechniek.
- Er moet sprake zijn van een redelijke psychologische stabiliteit, zodat ontregeling door de cliënt kan worden verdragen c.q. opgevangen. Over dit punt bestaat veel discussie en de inschatting hiervan zal altijd maatwerk zijn. Doel is natuurlijk dat door het toepassen van een traumaverwerkingstechniek uiteindelijk een verbetering, en geen verslechtering, van het psychische toestandsbeeld zal optreden.
- De mate van emotionele verdoving mag niet te groot zijn, want dan lukt verwerking minder goed of beklijft deze niet, doordat het voor verwerking noodzakelijke angstniveau niet wordt bereikt. Bij cliënten die te veel onder invloed van een middel (alcohol of drugs) verkeren of die te veel verdoofd zijn door benzodiazepines is er een grote kans dat een traumabehandeling moeizamer zal verlopen. Het is dan van belang om in goed overleg met de cliënt te bekijken wat wijsheid is: eerst ontgiften, toch behandelen of een proefbehandeling uitvoeren.
- De mate van emotionele activatie mag niet zo hoog zijn dat de cliënt sterk gaat vermijden of gaat dissociëren. In beide gevallen kan er niet meer verwerkt worden en moeten technieken als titratie (verdunnen van het nare beeld), microverwerking (zie ▶ par. 11.4) of flash-forward worden ingezet.

- Emoties als boosheid, angst, schuld, falen en verdriet moeten ervaren en verdragen kunnen worden. Verwerken is voelen van vooral deze lastige emoties. Soms heeft de cliënt 'geleerd' die te vermijden. Dan zullen eerst interventies moeten worden toegepast om hem deze emoties te laten durven ervaren.
- Het vermogen om zelf enigszins tot rust te kunnen komen bij ontregeling moet tijdens de verwerkingssessie niet worden toegepast. Het is juist de bedoeling dat de cliënt hierbij zo veel mogelijk angst en spanning ervaart. Wel is het van belang dit vermogen te kunnen inzetten tussen de sessies in, bijvoorbeeld met behulp van simpele ademhalingsoefeningen.
- Ook mogelijkheid van enige opvang na de sessie is van belang. Verwerken leidt altijd tot enige ontregeling, en daarna tot opluchting. Het is van belang dat er een sociale omgeving is waarin cliënten kunnen delen wat dit met hen doet of waarin ze afleiding kunnen ervaren.
- Er moet geen sprake zijn van acute ernstige psychiatrische problematiek, zoals zeer ernstige depressies of psychotische stoornissen in de acute fase.

5.7 Stabilisatietechnieken

In tab. 5.1 staat een opsomming van verschillende stabilisatietechnieken, afkomstig uit diverse bronnen, met name de behandelprogramma's 'Vroeger en Verder' (Dorrepaal et al. 2008), Dialectische GedragsTherapie (Linehan 2014), 'STAIR-programma' (Cloitre et al. 2002), 'Slapende honden' (Struik 2016) en 'De Drie Testen' (Spierings 2012). De meeste van deze technieken worden beschreven in het boek *Trauma en persoonlijkheidsproblematiek* (Stöfsel en Mooren 2017).

Voor de volledigheid: problematiek waarbij trauma een rol speelt, is het meest gebaat bij het verwerken van het trauma. Hierop moet een behandeling dus gericht zijn. In dienst daarvan kan het nodig zijn om stabilisatietechnieken in te zetten.

5.8 Overzicht van de schokkende gebeurtenissen

Indien sprake is van erg veel schokkende gebeurtenissen, zoals het geval kan zijn bij een vluchteling die langdurig in een oorlogssituatie heeft verkeerd of iemand die als kind jarenlang seksueel misbruikt en mishandeld is, is het meestal goed om eerst enig overzicht aan te brengen in het 'traumamateriaal'. Het kan dan zijn dat er zo veel met elkaar samenhangend traumamateriaal is dat het voor de cliënt lastig is te kiezen waarmee hij zou willen beginnen of om überhaupt de verschillende situaties van elkaar te kunnen onderscheiden.

Overzicht creëren kan op verschillende manieren, bijvoorbeeld door de getuigenistherapie in te zetten of het eerste deel van Narrative Exposure Therapy (zie ▶ H. 11). Het kan ook voldoende zijn om een soort levenslijn te maken en de belangrijke gebeurtenissen hierbij te schrijven. Belangrijk daarbij is om met een soort helicopterview naar de problemen te kijken. Dan kan het overzicht de cliënt ook zelfs gerust stellen omdat alles op een rijtje komt te staan. Voorkomen moet worden dat in deze fase te veel emotie of spanning oproepende details benoemd worden: het gaat om het overzicht.

Tabel 5.1 Stabilisatietechnieken

Doel	Technieken
psycho-educatie	– uitleg over aspecten van trauma – metafoor van bruiloft of auto-ongeluk – retraumatiseringsdriehoek
zelfzorg bevorderen	– problemen in de tijd zetten – slaaphygiëne bevorderen – adequate dag en weekstructuur
hulpbronnen activeren	– RDI – ankeroefening – rationele rehabilitatie – kloppen op karateplek – sociale netwerk inventariseren, mobiliseren of uitbreiden
ontspanningsoefeningen	– progressieve relaxatieoefening Jacobson – imaginatie en hypnoseachtige oefeningen – autogene training van Schultz
ademhalingsoefeningen	– tellen bij uitademing – sinuslijn tekenen – neuriën – gestrekte arm op inademing omhoog en bij uitademing omlaag bewegen – stressinoculatietraining
agressieve spanning reguleren	– schrobben of schoonmaken – sporten, – opruimen – in de tuin werken – dansen, – scheuren van kranten
controle over herbelevingen	– veilige plek – de kast of de kist – monitor in de hand – bioscoop – tv met afstandsbediening – manipuleren van beelden – nachtmerrie-rescripting
grounding	– bewust zitten of staan – kleuren in de ruimte benoemen – zintuigen langsgaan en sensaties benomen – fysieke activiteit – mindfulnessoefeningen – piekerverzamelplek

Soms meldt een cliënt zich met één trauma, maar blijken daaronder bij doorvragen of tijdens de behandeling nog andere traumatische ervaringen te spelen.

> **Casus**
>
> Een man meldt zich met spanningsklachten, nachtmerries en herbelevingen nadat hij op zijn werk als verpleegkundige verbaal zeer agressief bejegend is door een cliënt. Op basis van de klachtpresentatie denkt de behandelaar aanvankelijk aan een enkelvoudige schokkende gebeurtenis en een daarbij behorend eenvoudig behandelplan. Voor de zekerheid vraagt de cliënt of hij nog meer schokkende gebeurtenissen heeft meegemaakt. De cliënt vertelt daarop dat hij in zijn jeugd in een soort jeugdbende heeft gezeten en daar veel agressieve incidenten heeft meegemaakt als slachtoffer, maar ook als dader: 'Maar daarvan heb ik geen last meer hoor. Dat hoofdstuk in mijn leven heb ik afgesloten.' De behandelaar vraagt toch door, waarna blijkt dat de cliënt enorm veel last heeft van een situatie uit die tijd, waarin hij ernstig mishandeld werd en die hij maar net overleefde. De klachten die de cliënt in het nu heeft, blijken uiteindelijk meer bij deze situatie dan bij de luxerende situatie van kortgeleden te behoren.

5.9 Met welk trauma beginnen: traumalijst

Indien sprake is van meerdere trauma's moet gekozen worden waarmee begonnen wordt. De trauma's moeten geordend worden, zodat overzicht ontstaat en duidelijk wordt in welke volgorde ze het best aangepakt kunnen worden. De meest eenvoudige en werkbare oplossing hiervoor is het maken van een 'traumalijst'.

Aan de cliënt wordt dan gevraagd om alle schokkende gebeurtenissen waarvan hij nog last van heeft (bijvoorbeeld in de vorm van herbelevingen of spanningsklachten) kort en zeer globaal te benoemen (in één of een paar zinnen met zijn leeftijd tijdens de gebeurtenis erbij). De behandelaar noteert die situaties met één zin of één woord en de leeftijd en vraagt vooral níet door. Het doel is inventariseren en niet exploreren. Er hoeft geen systematiek in de lijst te zitten. Deze kan situaties van allerlei aard omvatten, zowel enkelvoudige situaties als clusters van situaties, bijvoorbeeld 'straffende moeder' of 'jarenlang seksueel misbruik door oom'.

Soms zijn er situaties waarover de cliënt niet wil vertellen. Dan noteer je als behandelaar een X en vraag je wel naar de leeftijd. Het bijzondere is dat je dan over die situatie kunt spreken zonder dat je weet om wat voor situatie het gaat. In de praktijk betreft het meestal schaamtevolle of schuldbeladen situaties, wat meestal betekent dat het om seksueel misbruik gaat. In deze fase hoef je dat als behandelaar nog niet te weten of te exploreren. Door het er wel over te hebben (als nog niet geïdentificeerde gebeurtenis) hoop je dat de drempel om er later meer over te vertellen lager wordt. Pas in een later stadium hoeft de situatie geëxploreerd te worden.

De behandelaar vraagt net zo lang door tot de cliënt aangeeft dat er niet meer traumatische gebeurtenissen zijn. Daarmee is een eerste grove lijst ontstaan.

In de tweede fase van het opstellen van de traumalijst vraagt de behandelaar bij elke situatie en elk cluster aan de cliënt hoe hoog de SUD daarvan *op dit moment* is. Vervolgens kan op basis van deze SUD's een volgorde opgesteld worden, waarbij de situatie met de hoogste SUD bovenaan komt.

traumatische gebeurtenissen/clusters	begin-SUD	na eerste traumaverwerking	na tweede traumaverwerking	na derde traumaverwerking
1. mishandeling door vader op 12e	9	8	0	0
2. moeder die me opsloot in kelder 8 jaar	8	0	0	0
3. 'X'	8	8	7	7
4. pesten op lagere school, m.n. groep 4 en 5	8	6	6	5
5. verkrachting op 21e jaar	7	7	7	0
6. pesten op middelbare school in klas 1 tot 3	7	6	6	5
7. nare bejegening door eerste echtgenoot	6	2	1	0
8. abortus op 23e	5	5	4	3

Figuur 5.3 Traumalijst: de eerste twee kolommen vormen de basislijst, de volgende kolommen zijn ingevuld na de eerste, tweede en derde traumaverwerking

Samen met de cliënt wordt vervolgens een keus gemaakt voor de eerste te behandelen situatie. Het heeft de voorkeur daarvoor de situatie of het cluster met de hoogste SUD te nemen. Als die situatie geen spanning meer oplevert, zal dat over het algemeen een generalisatie-effect naar andere situaties hebben. Het is dan ook goed om na de succesvolle afronding van een situatie de actuele SUD's van alle situaties of clusters door te nemen. Meestal zullen andere situaties mee gedaald zijn. Op die manier hoeven zeker niet alle situaties behandeld te worden. Indien een cluster (bijvoorbeeld pesten op middelbare school) behandeld gaat worden, moet eerst geïnventariseerd worden welke concrete situaties (in dit voorbeeld concrete pest-situaties) tot dat cluster geleid hebben. Die concrete situaties kunnen dan één voor één behandeld worden.

Indien de cliënt het niet aandurft om met de zwaarste situatie te beginnen, kan ook gekozen worden voor een minder zware situatie. Bij heel angstige cliënten zou je ook met de makkelijkste situatie kunnen beginnen.

Om de veranderingen in de lijst goed te kunnen bijhouden, is het handig om de traumalijst (zie fig. 5.3) in een tabelvorm in Word te zetten. Je kunt deze tabel ook aan de cliënt geven.

5.10 Angstige verwachtingen tijdens de traumaverwerking

Een veelvoorkomend probleem bij cliënten is dat ze erg opzien tegen hetgeen er bij een traumaverwerkingsbehandeling zou kunnen gebeuren tijdens de confrontatie met het nare beeld. Nogal eens is dit de belangrijkste reden waarom mensen überhaupt geen traumabehandeling aangaan. Het is van belang dit te inventariseren. Dat is een belangrijk onderdeel van de standaardprocedure in het Nederlandse protocol van Imaginaire Exposure (zie ▶ H. 7), waarbij de angstige verwachting van wat er tijdens de traumaverwerking zou kunnen gebeuren wordt gemeten aan het begin en einde van de sessie. Over het algemeen is de waarschijnlijkheid dat zo'n angstige verwachting zal uitkomen dan zeer fors afgenomen. Het gaat hierbij om verwachtingen als:

- Ik word heel erg emotioneel.
- Ik kan al die emoties die dan vrijkomen niet hanteren.
- Zulke angsten zijn niet te verdragen.
- Ik schaam me voor mijn emoties, die de behandelaar dan zal zien.
- Ik ga dan heel erg huilen.

Manieren om met deze angstige verwachtingen te kunnen omgaan zijn:
- cognitief uitdagen met bijvoorbeeld de neerwaartse pijltechniek: 'wat zou er gebeuren als…?';
- binnen de EMDR de procedure flash-forward toepassen op het naarste beeld van wat er tijdens een traumaverwerkingsbehandeling zou kunnen gebeuren;
- uitzoeken welke ervaring uit het verleden de angstige verwachting veroorzaakt en die aanpakken.
- het aangaan van de traumaverwerkingsbehandeling en na afloop evalueren of de angstige verwachting is uitgekomen: dit is de beste methode, die overigens ook onderdeel is van de Imaginaire Exposure-procedure.

5.11 Verwerkingsfase

In deze fase vindt de feitelijke traumabehandeling pas plaats. Op basis van de traumalijst en in overleg met de cliënt zal gekozen worden welke schokkende gebeurtenis het eerst behandeld wordt. Vervolgens wordt voor een bepaalde verwerkingstechniek gekozen. Een aantal factoren zal daarbij een rol spelen:
- de aard van de traumatische situatie: deze kan voor de behandelaar een reden zijn om voor een specifieke traumaverwerkingstechniek te kiezen (zie ▶ H. 11):
- de voorkeur of afkeur van de cliënt voor een bepaalde methode: indien daartegen geen methodische bezwaren bestaan, is het goed hierin mee te gaan met de cliënt;
- de opleiding en ervaring met verwerkingstechnieken van de behandelaar;
- de voorkeur van de behandelaar.

Het is goed om aan het begin van de eerste behandelsessie de procedure van de verwerkingstechniek nog een keer kort uit te leggen aan de cliënt om hem een zo reëel mogelijke verwachting te geven van wat er in de verwerkingssessie zal gebeuren.

Na afloop van de sessie is het nuttig om de cliënt te waarschuwen dat in de komende één à twee dagen er een soort emotioneel herkauwen en daardoor na-ijleffect van de verwerkingssessie kan plaatsvinden. Dat kan gepaard gaan met wat meer spanning en emotie. Meestal treedt na een dag of twee spanningsvermindering op.

De duur van een verwerkingsfase kan erg verschillen en hangt af van de hoeveelheid en ernst van de traumatische situaties. De traumalijst geeft daarvan een goede indicatie. Een grove vuistregel voor het aantal sessies is het aantal situaties maal twee. Dat betekent bij een lijst van tien situaties dus al gauw een traumaverwerkingsfase van een halfjaar, uitgaande van wekelijkse sessies.

◻ **Tabel 5.2** Beïnvloeding van het spanningsniveau (deels ontleend aan Van Minnen en Arntz 2017)

	Te hoge spanning: angst verlagen	Te lage spanning: angst verhogen
EMDR	verhogen werkgeheugenbelasting EMD-knaller Flash beeld manipuleren interweaves toepassen een situatie nemen met een minder hoge begin-SUD	zorgen dat de cliënt het gehele plaatje in zijn herinnering heeft traumagerelateerde triggers toevoegen verlagen werkgeheugenbelasting
Imaginaire Exposure (IE)	ogen open derde persoon in de verleden tijd praten globaal vertellen microtraumaverwerking snel doorspoelen beeld manipuleren: door bijvoorbeeld vervagen of verder weg een situatie nemen met een minder hoge begin-SUD	ogen dicht, in de ik-vorm praten in de tegenwoordige tijd praten gedetailleerd vertellen stilzetten van beelden verteltempo vertragen focussen op de naarste aspecten van de situatie traumagerelateerde triggers toevoegen
Imaginaire Rescripting (ImRs)	idem als bij IE suggesties doen over hoe de cliënt tijdens de ingreep in fase 2 steviger kan ingrijpen en sterker is dan de dader als behandelaar ingrijpen in fase 2 (voor uitleg over de verschillende fasen bij ImRs zie ▶ H. 9)	idem als bij IE fase 1 iets verder laten doorlopen, als behandelaar niet ingrijpen in fase 2 (voor uitleg over de verschillende fasen bij ImRs zie ▶ H. 9)

5.12 Beïnvloeden van de spanning tijdens de traumaverwerking

Tijdens een traumaverwerkingsbehandeling kunnen zich wat betreft de spanning twee problemen voordoen: de spanning kan te hoog of juist te laag zijn voor een adequaat verwerkingsproces. In deze paragraaf bespreken we een aantal maatregelen voor beide problemen.

Voor een adequate traumaverwerking dient de angstbeleving voor de cliënt zich binnen het Window of Tolerance te bevinden (zie ▶ par. 3.7). Indien de angst een zo hoog mogelijk, maar verdraagbaar niveau heeft, zal optimale verwerking kunnen plaatsvinden. In ◻ tab. 5.2 is een aantal maatregelen beschreven om het angstniveau te beïnvloeden, zie voor de specifieke maatregelen de volgende hoofdstukken.

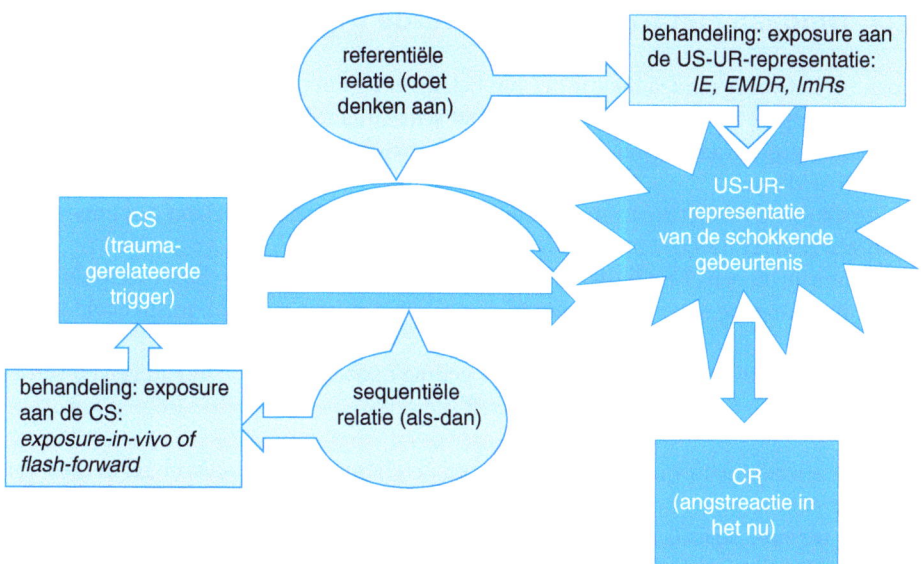

◘ **Figuur 5.4** Betekenisanalyse van een schokkende gebeurtenis

5.13 Referentiële en sequentiële conditionering bij trauma en in-vitro- en in-vivo-exposure

Traumaproblematiek kan beschreven worden in een cognitief gedragstherapeutische betekenisanalyse (zie ◘ fig. 5.4) (Korrelboom en Ten Broeke 2014). Daarbij kan sprake zijn van een referentieel verband, wat wil zeggen dat een traumagerelateerde trigger, een geconditioneerde stimulus (CS), *doet denken* aan een ongeconditioneerde stimulus/responspresentatie (US/UR-representatie), een traumaherinneringsbestand. Daarbij is de best passende interventie 'exposure' aan de US/UR-representatie, waarvan de oorzaak natuurlijk altijd *in het verleden* ligt. Het gaat dan dus om zogenoemde 'in-vitro-exposure'-procedures door middel van technieken als Imaginaire Exposure, EMDR en Imaginaire Rescripting.

Daarnaast is er meestal ook sprake van een sequentiële conditionering tussen de CS en de US/UR-representatie. Dit betekent dat iemand de verwachting heeft dat een dergelijke schokkende situatie zich opnieuw *in het heden* zal kunnen voordoen als de traumagerelateerde trigger zich voordoet. In dat geval is een in-vivo-exposureprocedure aangewezen om de verwachting dat de US/UR-representatie *zal volgen* (in sequentie) op de CS te falsificeren. Over het algemeen is het als er sprake is van zowel referentiële als sequentiële conditionering verstandig om eerst de referentiële conditionering aan te pakken. Dat gebeurt door middel van een exposure-procedure, zoals EMDR, Imaginaire Exposure of Imaginaire Rescripting op de US/UR-representatie. Direct nadat de US/UR-representatie voldoende geneutraliseerd is, is het goed om de sequentiële conditionering aan te pakken door middel van exposure aan de CS, de traumagerelateerde trigger, of door middel van de flash-forward-procedure uit de EMDR (zie ► H. 8).

5.14 Omgaan met traumagerelateerde triggers in het nu

Zoals uit het voorgaande blijkt, is het van belang om na het toepassen van een exposureprocedure op de herinnering aan de traumatische situatie ook aandacht te besteden aan de spanning die traumagerelateerde triggers in het nu kunnen oproepen. Denk daarbij bijvoorbeeld aan:
- de spanning die het zien van een hond kan oproepen nadat een cliënt een hondenbeet verwerkt heeft;
- de moeite die een cliënt heeft met seksualiteit nadat hij seksueel misbruik verwerkt heeft;
- de spanning die een cliënt ervaart in de openbare ruimte nadat hij mishandeld is op straat;
- de moeite van een cliënt met dominant gedrag nadat hij de mishandelingen en vernederingen van een dominante vader heeft verwerkt.

In al dit soort situaties is het van belang om de cliënt na het succesvol verwerken van de traumatische gebeurtenis te leren om met minder spanning traumagerelateerde situaties aan te gaan. Zoals eerder genoemd kan dat gebeuren door middel van exposure aan de traumagerelateerde trigger, in één keer of geleidelijk. Geleidelijke exposure wordt wel systematische desensitisatie via successieve approximatie genoemd (Hermans et al. 2014). In de praktijk betekent dat bijvoorbeeld:
- toenaderingsoefeningen met honden;
- geleidelijke experimenten in het omgaan met seksualiteit;
- gedragsexperimenten om steeds langere perioden buiten te lopen met eventueel toevoeging van omstandigheden die spanning oproepen: in een drukke winkelstraat of juist in een rustig park;
- toenemend assertief gedrag vertonen naar mensen met een dominante uitstraling.

Casus

Tijdens een wandeling in het bos is Klaas door een hond gebeten, met een grote bloedende wond tot gevolg. Hij heeft last van herbelevingen en is bang om opnieuw gebeten te worden als hij een hond tegenkomt of als weer gaat wandelen in het bos. Besloten wordt om eerst een behandelinterventie in te zetten om de ervaring van de hondenbeet te verwerken. Dat lukt goed door middel van EMDR. Hierdoor is de angst om in het bos te gaan lopen en weer een hond tegen te komen al wel iets afgenomen, maar nog lang niet helemaal. Klaas vertoont nog allerlei vermijdingsgedrag: niet meer in het bos wandelen of alleen wandelen op plekken waar geen honden mogen komen. Afgesproken wordt de behandeling hierop te richten. Eerst wordt door middel van de flash-forward-techniek uit de EMDR aan deze situaties gewerkt. Vervolgens gaat Klaas zich oriënteren op de manier om het best met honden om te gaan, wat hij vervolgens toepast in veilige omgevingen bij vrienden met honden. Vervolgens wordt een afspraak gemaakt met een dierenasiel in de buurt om daar nog wat meer informatie te krijgen over de omgang met honden en ervaring op te doen met verschillende soorten honden. Daarna krijgt Klaas de opdrachten om weer te gaan wandelen in het bos waar hij voorheen wandelde. Uiteindelijk verdween de angst om weer door een hond gebeten te worden vrijwel helemaal en vermijdt Klaas situaties waarin hij honden zou kunnen tegenkomen niet langer.

5.15 Afsluiten verwerkingsfase: brief of ritueel?

Nadat de traumasituatie goed is verwerkt, is er vaak behoefte om deze nare periode af te sluiten, zodat die echt verleden tijd wordt en minder invloed op het nu heeft. Dit bewust afsluiten is vooral goed omdat daarmee een betere start in het nu gemaakt kan worden, bijvoorbeeld als de cliënt een constructief contact met zijn ouders wil gaan opbouwen. Overigens heeft het dan natuurlijk de voorkeur om het verleden goed uit te praten met de ouders, wat in de praktijk uitermate lastig blijkt te zijn.

Voor het afsluiten van een nare periode bestaan grofweg twee manieren: middels een ritueel of middels een brief (of een combinatie van die twee).

Een ritueel kan allerlei vormen hebben. Een simpele vorm kan zijn om na de laatste traumaverwerkingssessie:
- een lange douche of bad te nemen;
- alle spullen die aan het trauma herinneren weg te gooien;
- alle traumagerelateerde spullen te verzamelen en te bewaren op een vaste plaats, in een doos bijvoorbeeld;
- een ontspannende wandeling te maken;
- een leuk uitje te ondernemen;
- een tekening met stoepkrijt te maken op een plek buiten waar de cliënt iets naars heeft meegemaakt;
- iets bijzonders te kopen;
- uit eten te gaan met dierbaren;
- een poppetje kleien dat het trauma symboliseert en dat op de plek van het trauma te begraven.

Het schrijven van een brief als afsluiting van een nare periode is ook een mooie vorm. Het is dan belangrijk om goed voor te bereiden wat voor soort brief het gaat worden en aan wie de brief gericht wordt: aan de dader(s), aan de cliënt zelf, aan de gebeurtenis, aan God of aan het lot. Ook is het goed om concreet af te spreken wanneer de brief klaar zal zijn. Zie voor verdere tips in dit kader het boek *Trauma en persoonlijkheidsproblematiek* (Stöfsel en Mooren 2017).

Het schrijven van zo'n brief moet ook afgesloten worden. De brief kan bijvoorbeeld bewaard worden op de computer of in een lade. Het schrijven kan ook middels een ritueel worden afgesloten. Weer een aantal voorbeelden:
- versnipperen/verbranden en de snippers/as in het graf van de dader begraven;
- versnipperen/verbranden en de snippers/as in het huis of de tuin van de ouders verstoppen;
- de volledig geanonimiseerde brief in blanco envelop in een brievenbus doen, vlak bij de plaats waar het trauma plaatsvond;
- de as van een verbrande brief op de grond te gooien terwijl de cliënt langs de plek van het trauma loopt of rijdt.

Het is goed om cliënten een eigen ritueel te laten bedenken en daarvoor als behandelaar een aantal suggesties te doen. De meeste cliënten krijgen dan wel een idee voor een passend ritueel en soms komen hieruit verrassend originele ideeën voort.

> **Casus**
>
> Een cliënte van begin 30, heeft door middel van EMDR een verkrachting verwerkt op 11-jarige leeftijd in een bos aan de rand van het dorp waar ze toentertijd woonde. Ter afsluiting schrijft ze een indrukwekkende brief aan de verkrachter. Deze getypte brief, die op geen enkele wijze tot haar te herleiden is, stopt ze in een blanco envelop. Ter afsluiting loopt ze over het bospad waar het is gebeurd en stopt de brief in de dichtstbijzijnde brievenbus. Ze ervaart een enorm gevoel van opluchting. Ze realiseerde zich daarbij goed dat de brief in een postsorteercentrum zal worden beoordeeld en dan waarschijnlijk als 'onbestelbaar' zal worden vernietigd.

5.16 Duur van een traumabehandeling

De duur van een traumabehandeling kan enorm variëren. Bij enkelvoudige traumaproblematiek (dus één traumatische gebeurtenis bij een verder adequaat functionerende cliënt) zal de totale behandeling inclusief intake maximaal drie tot zes sessies duren. Bij een goed functionerende cliënt met een reeks aan schokkende gebeurtenissen (denk bijvoorbeeld aan een politieman of brandweerman met meerdere traumatische ervaringen) zullen tien tot vijftien sessies nodig zijn.

Indien ook traumatische situaties uit de jeugd meespelen, zal de totale behandelduur veel langer worden doordat veelal ook hechtingsproblematiek en zelfbeeldproblemen aangepakt dienen te worden. De behandelduur kan dan variëren van een halfjaar tot vele jaren bij ernstige dissociatieve problematiek met persoonlijkheidsproblematiek.

5.17 Duur van een behandelsessie

Vaak wordt aanbevolen om voor een traumabehandelingssessie negentig minuten te reserveren. De reden hiervan is dat het vaak tijd kost om tijdens een verwerkingssessie de maximale angst op te wekken en een extinctieproces op gang te kunnen brengen waarbij de cliënt de ervaring krijgt dat de traumatische herinnering niet meer zo aversief is. Voor zover bekend is er echter geen harde evidence dat dat beter zou lukken in een sessie van 90, 60 of 45 minuten. Wel zal in een sessie van 90 minuten meer positief effect verkregen worden op het gebied van angstreductie dan in een sessie van 45 minuten, simpelweg omdat de sessie langer duurt. De ervaring van een behandelaar zal ook een rol spelen: een in een methode ervaren behandelaar zal sneller tot de kern kunnen doordringen, dan een beginnende behandelaar. Ook zal de vermijding van de cliënt en de ernst van de problematiek een rol spelen. Als laatste is de agendavoering van de behandelaar of de organisatie van belang. Indien de agendavoering erop ingericht is dat elk uur een nieuwe cliënt-sessie begint, zal het lastiger zijn om sessies van anderhalf uur in te plannen.

Kortom, de duur van een traumaverwerkingssessie kan en mag wisselen.

5.18 Intensieve traumabehandeling

De meeste traumabehandelingen zullen plaatsvinden binnen de ambulante ggz. Ongeveer 25 % tot 50 % van de behandelingen in de ggz verloopt niet succesvol (Arts en Reinders 2012). Dat zal bij traumagerelateerde problematiek ook het geval zijn. Belangrijke redenen daarvoor zijn de angst en daarbij behorende vermijding voor het kijken naar de naarste beelden én allerlei comorbide problemen.

Sinds een aantal jaar is voor cliënten bij wie eerdere ambulante behandelingen zijn mislukt een speciale intensieve behandelvorm ontwikkeld die bestaat uit meerdere traumabehandelingen gedurende een aantal dagen achter elkaar, meestal afgewisseld met een lichamelijke activiteit. De bekendste vorm van intensieve traumabehandeling is Psytrec (▶ www.psytrec.nl): twee keer vier dagen met overnachtingen, elke ochtend een langdurige Imaginaire-Exposure-sessie en elke middag EMDR. Daartussendoor wordt veel psycho-educatie geven en gesport. De eerste onderzoeksresultaten zijn zeer positief (Van Woudenberg et al. 2018). Bij Pro Persona in Overwaal (▶ www.propersona.nl/overwaal) is ook een dergelijk ambulant programma opgezet, de Intensieve TraumaBehandeling, met gedurende vier dagen, verspreid over twee weken, tweemaal per dag een IE-sessie. Ook hier worden zeer gunstige resultaten geboekt bij cliënten met ernstige PTSS-klachten na herhaaldelijk seksueel misbruik en/of mishandeling en een geschiedenis van mislukte behandelpogingen. Bijwerkingen en symptoomverergering waren zeldzaam en de uitval was minimaal (Hendriks 2019). Bij de Intensieve Ambulante Traumabehandeling van Altrecht overnachten de cliënten thuis (▶ www.altrecht.nl). Ook Fier in Friesland en andere instellingen hebben dergelijke programma's opgezet. De verwachting is dat de komende tijd bij elke grote ggz-instelling een programma voor intensieve traumabehandeling ontwikkeld zal worden.

Een veronderstelling was dat de wisseling van behandelaren bij dergelijke intensieve vormen van traumabehandeling een probleem zou worden. Organisatorisch is het bij een intensief programma namelijk niet mogelijk dat de cliënt steeds dezelfde behandelaar krijgt. In de praktijk bleken de wisselende behandelaren echter geen enkel probleem te zijn (Hendriks et al. 2011). Een goed systeem, waarbij relevante behandelinformatie tussen behandelaars wordt overgedragen is hierbij uiteraard van belang.

5.19 Traumaverwerking en nieuwe technologieën

De digitaliserende wereld is natuurlijk ook van invloed op de manier waarop we omgaan met traumaverwerking en -behandeling. Op dit gebied zijn twee nieuwe digitale technologische ontwikkelingen gaande: het online behandelen van traumagerelateerde stoornissen (zie ook ▶ par. 8.7) en digitale applicaties om (fysieke) PTSS-klachten te monitoren, informatie te geven over PTSS en behandelmogelijkheden en PTSS-testen af te nemen (zie voor een overzicht Bourla et al. 2018).

Zo wordt gewerkt aan een Nederlandse toepassing van de in 2011 voor Amerikaanse veteranen ontwikkelde applicatie PTSD-coach. Deze app voor psycho-educatie over PTSS en zelfmanagement van traumatische stress is via de app-store beschikbaar voor smartphones (Kuhn et al. 2018). De apps zijn geen vervanging van verwerkingstechnieken, maar ondersteunen het toepassen van een verwerkingstechniek of een voortraject van traumabehandeling.

5.20 Tot slot

In dit hoofdstuk zijn aspecten beschreven die relevant zijn bij het opzetten van een traumabehandeling, zoals te gebruiken vragenlijsten, psycho-educatie, indicatie en contra-indicatie voor het starten van een verwerkingstechniek, opstellen van een traumalijst, beïnvloeding van te hoge of te lage spanning tijdens de traumaverwerking, omgang met traumagerelateerde triggers in het nu na traumaverwerking, afsluiting van de traumabehandeling, duur van behandeling en behandelsessies, intensieve traumabehandeling en nieuwe technologieën.

Literatuur

Arts, W., & Reinders, M. (2012). Het afsluiten van eindeloze behandelingen. *Tijdschrift voor Gedragstherapie, 4*, 405–416.

Bicanic, I., De Jongh, A., & Ten Broeke, E. (2015). Stabilisatie in traumabehandeling bij complexe PTSS: Noodzaak of mythe? *Tijdschrift voor Psychiatrie, 57*(5), 332–339.

Boeschoten, M., Bakker, A., Jongedijk, R., Van Minnen, A., Elzinga, B., Rademaker, A., et al. (2014). *Clinician administered PTSD scale for DSM 5: Nederlandstalige versie*. Diemen: Arq Psychotrauma Expert Groep.

Bourla, A., Mouchabac, S., El Hage, W., & Fereri, F. (2018). e-PTSD: An overview on how new technologies can improve prediction and assessment of posttraumatic stress disorder (PTSD). *European Journal of Psychotraumatology, 9*, 1424448.

Brewin, C., Rose, S., Andrews, B., Green, J., Tata, P., McEvedy, C., et al. (2002). Brief screening instrument for post-traumatic stress disorder. *British Journal of Psychiatry, 181*(2), 158–162.

Brom, D., & Kleber, R. (1985). De schokverwerkingslijst. *Nederlands Tijdschrift voor de Psychologie, 40*, 164–168.

Cloitre, M., Koenen, K. C., Cohen, L., & Han, H. (2002). Skills training in affective and interpersonal regulation followed by exposure: A phase-based treatment for PTSD related to childhood abuse. *Journal of Consulting and Clinical Psychology, 70*, 1067–1074.

Dorrepaal, E., Thomaes, K., & Draijer, N. (2008). *Vroeger en verder. Stabilisatiecursus na misbruik of mishandeling*. Amsterdam: Pearson Assessment and Information.

Geurink, M., & Oppenheim, H. (2015). Eerst stabiliseren of direct traumaverwerking. Een schijndiscussie!? *EMDR Magazine, 8*, 18–21.

Hendriks, L. (2019). *Share your story* (proefschrift). Nijmegen: Radboud Universiteit.

Hendriks, L., De Kleine, R., Van Rees, M., & Van Minnen, A. (2011). Een alternatieve kijk op de therapeutische houding bij de behandeling van PTSS. *Tijdschrift voor Directieve Therapie en Hypnose, 31*, 382–397.

Herman, J. (1992). *Trauma and recovery*. New York: Basic Books.

Hermans, D., Eelen, P., & Orlemans, H. (2014). *Inleiding in de gedragstherapie*. Houten: Bohn Stafleu van Loghum.

Horowitz, M., Wilner, N., & Álvarez, W. (1979). Impact of event scale: A measure of subjective stress. *Psychosomatic Medicine, 41*(3), 209–218.

Hovens, J., Bramsen, I., & Van der Ploeg, H. (2000). *Zelf inventarisatie lijst posttraumatische stressstoornis, handleiding*. Lisse: Swets Test Publishers.

Hovens, J. E., Luinge, B., & Van Minnen, A. (2005). *Klinisch interview (KIP)*. Amsterdam: Boom test uitgevers.

Kleijn, W., Hovens, J., & Rodenburg, J. (2001). Posttraumatic stress symptoms in refugees: Assessments with the Harvard trauma questionnaire and the Hopkins symptom checklist-25 in different languages. *Psychological Reports, 88*(2), 527–532.

Korrelboom, K., & Ten Broeke, E. (2014). *Geïntegreerde cognitieve gedragstherapie, handboek voor theorie en praktijk*. Bussum: Coutinho.

Kuhn, E., Van der Meer, C., Owen, J., Hoffman, J., Cash, R., Careese, P., et al. (2018). PTSD Coach around the world. *mHealth, 4*, 15.

Linehan, M. (2014). *DBT skills training manual* (2nd ed.). New York: Guilford.

Literatuur

Mollica, R., Caspi-Yavin, Y., Bollini, P., Truong, T., Tor, S., & Lavelle, J. (1992). The Harvard trauma questionnaire: Validating a cross-cultural instrument for measuring torture, trauma, and posttraumatic stress disorder in Indochinese refugees. *Journal of Nervous and Mental Disease, 180*(2), 111–116.

Olff, M. (2009). *Trauma screening vragenlijst*. Amsterdam: AMC Psychiatrie.

Spierings, J. (2012). Stabilisatie, een gestructureerd programma voor taxatie en intervisie. In E. Ten Broeke, et al. (Red.), *Praktijkboek EMDR* (pag. 131–150). Amsterdam: Pearson Assessment and Information.

Stöfsel, M., & Mooren, T. (2010). *Complex trauma, diagnostiek en behandeling*. Houten: Bohn Stafleu van Loghum.

Stöfsel, M., & Mooren, T. (2017). *Trauma en persoonlijkheidsproblematiek*. Houten: Bohn Stafleu van Loghum.

Struik, A. (2016). *Slapende honden? Wakker maken! Een behandelmethode voor chronisch getraumatiseerde kinderen* (2nd ed.). Amsterdam: Pearson Assessment and Information.

Van Minnen, A., & Arntz, A. (2017). Protocollaire behandeling van patiënten met een post-traumatische stress stoornis: Imaginaire exposure en exposure in vivo. In G. P. J. Keijsers, A. van Minnen, M. Verbraak, C. A. L. Hoogduin & P. Emmelkamp (Red.), *Protocollaire behandelingen voor volwassenen met psychische klachten* (pag. 311–389). Amsterdam: Boom.

Van Woudenberg, C., Voorendonk, E., Bongaerts, H., Zoet, H., Verhagen, M. Lee, C., et al. (2018). Effectiveness of an intensive treatment programme combining prolonged exposure and eye movement desensitization and reprocessing for severe post-traumatic stress disorder. *European Journal of Psychotraumatology, 9*, 1487225.

Ordening en overzicht van technieken voor traumaverwerkings- technieken

6.1 Inleiding – 74

6.2 Globale en specifieke verwerkingstechnieken – 74

6.3 Evidence-based practice (EBP) en practice-based evidence (PBE) – 75
6.3.1 Evidence-based practice – 76
6.3.2 Practice-based evidence – 77

6.4 Middelen die traumastoornis neurobiologisch beïnvloeden – 77

6.5 Verwerkingstechnieken in richtlijnen en zorgstandaarden – 78
6.5.1 Richtlijn angststoornissen – 78
6.5.2 Guidelines International Society of Traumatic Stress Studies (ISTSS) – 79
6.5.3 ggz-standaarden – 79

6.6 In Nederland gebruikte technieken – 80

6.7 Oorspronkelijke en samengestelde technieken – 81

6.8 Verantwoording keuze IE, EMDR en ImRs – 81

6.9 Tot slot – 82

Literatuur – 82

© Bohn Stafleu van Loghum is een imprint van Springer Media B.V., onderdeel van Springer Nature 2020
M. Stöfsel, *Trauma en verwerkingstechnieken*, https://doi.org/10.1007/978-90-368-2501-6_6

6.1 Inleiding

Het doel van dit hoofdstuk is een ordening aan te brengen in de enorme hoeveelheid aan verwerkingstechnieken. Er zijn namelijk veel verwerkingstechnieken, veel meer dan in de Nederlandse praktijk gebruikt worden.

Er zijn verschillende manieren om de verwerkingstechnieken te ordenen. In dit hoofdstuk gebeurt dat op basis van de volgende ordeningen:

- globaal of specifiek;
- evidence-based of practic-based;
- middelen die traumastoornis neurobiologisch beïnvloeden;
- verwerkingstechnieken die genoemd worden in richtlijnen en zorgstandaarden;
- in Nederland gebruikte en niet in Nederland gebruikte technieken;
- oorspronkelijk of samengestelde technieken.

Sommige verwerkingstechnieken zullen in meerdere categorieën passen. In de hoofdstukken hierna worden alle verwerkingstechnieken uitgebreider besproken. Daarbij wordt begonnen met drie hoofdstukken gewijd aan de drie 'grote' verwerkingstechnieken: Imaginaire Exposure, EMDR en Imaginaire Rescripting. In het daarop volgende hoofdstuk worden alle andere verwerkingstechnieken besproken.

6.2 Globale en specifieke verwerkingstechnieken

De indeling in globale en specifieke verwerkingstechnieken is voor het eerst beschreven in *Complex trauma* (Stöfsel en Mooren 2010) en is gebaseerd op het verschil in indicatie en in werking.

Globale of narratieve traumaverwerkingstechnieken (Jongedijk 2014) richten zich vanuit het narratief, de levenslijn, van de cliënt op het integreren van de schokkende gebeurtenis in het totale levensverhaal. Daarbij ligt de nadruk op het narratief en niet op de details van het gebeurde, zoals bij specifieke verwerkingstechnieken (zie ◘ fig. 6.1). Daardoor is een globale traumaverwerkingstechniek minder belastend. Deze technieken kunnen worden ingezet bij:

- cliënten voor wie een specifieke verwerkingstechniek nog te belastend zou zijn, doordat er bijvoorbeeld nog een te hoge spanning is deze aan te kunnen;
- een grote getuigenisbehoefte, waardoor het lastiger is om de cliënt te laten focussen op specifieke gebeurtenissen;
- weinig overzicht is over de vele schokkende gebeurtenissen, zoals het geval kan zijn bij een cliënt die gedurende zijn jeugd meerdere nare ervaringen heeft meegemaakt.

Door middel van het werkingsmechanisme 'integreren in het narratieve levensverhaal' (zie ▶ H. 4) wordt de schokkende gebeurtenis minder aversief door deze in een levensverhaal te plaatsen en zo niet meer vanuit de geïsoleerde traumapositie te beschouwen. Er vindt een perspectiefverandering plaats van een geïsoleerd en traumabeladen, vaak ook in tijd geïsoleerd perspectief naar een in de levenslijn passende gebeurtenis met een aanloop, een hoogtepunt en een einde. Het is alsof de specifieke geïsoleerde gebeurtenis in het levensverhaal, in het narratief worden 'getrokken'.

Veel narratieve technieken hebben, behalve het maken van het levensverhaal, ook een 'sharing'-component: het verhaal delen met anderen.

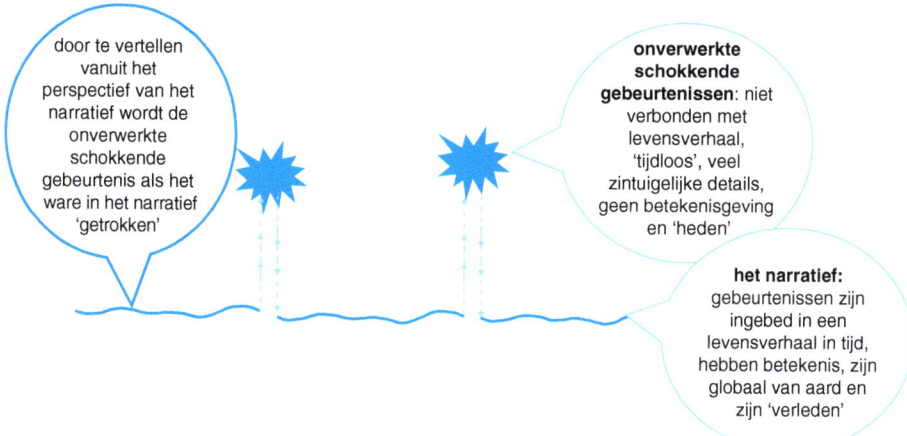

 Figuur 6.1 Globale traumaverwerking

Voorbeelden van narratieve technieken zijn: getuigenistherapie, Narratieve Exposure Therapy en Levensboeken in de ouderenzorg.

Narrative Exposure Therapy (NET) is hierbij een beetje een vreemde eend in de bijt. Dit is namelijk een combinatie van een globale en een specifieke verwerkingstechniek. Tijdens de eerste bijeenkomst van een NET-behandeling wordt gewerkt met een narratieve verwerkingstechniek: het structureren van de levenslijn met behulp van een touw, stenen en bloemen. Daarna wordt gedetailleerd door middel van een variant op Imaginaire Exposure ingegaan op details van de schokkende gebeurtenissen: een specifieke verwerkingstechniek.

Specifieke traumaverwerkingstechnieken richten zich daarentegen op de concrete gebeurtenis en hebben altijd een exposure-element in zich. Doordat ze focussen op de naarste aspecten van de schokkende gebeurtenis roepen ze over het algemeen veel spanning op.

Specifieke trauma-focused verwerkingstechnieken zijn bijvoorbeeld Imaginaire Exposure, Eye Movement Desensitization and Reprocessing en Imaginaire Rescripting en velerlei andere technieken, die uitgebreider in ▶ H. 10 besproken worden.

Evidence-based specifieke verwerkingstechnieken hebben over het algemeen een beter effect op PTSS-symptomatologie dan globale verwerkingstechnieken. Het verdient bij traumaproblematiek dan ook aanbeveling om een specifieke verwerkingstechniek in te zetten. Indien dat nog niet mogelijk is, kan de traumaverwerking worden begonnen met een globale verwerkingstechniek.

6.3 Evidence-based practice (EBP) en practice-based evidence (PBE)

Een ander onderscheid dat bij verwerkingstechnieken kan worden gemaakt, is dat tussen wetenschappelijk bewezen effectief (dus evidence-based practice) en alleen in de klinische praktijk effectief bevonden (practice-based evidence). Idealiter werken academisch gevormde hulpverleners zo veel mogelijk met degelijke wetenschappelijk bewezen (evidence-based practice) methoden. De praktijk is helaas weerbarstiger.

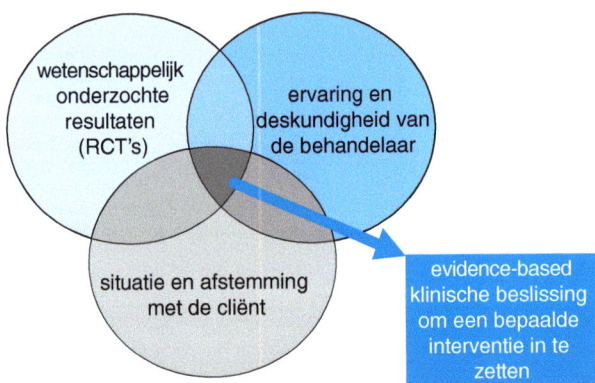

Figuur 6.2 Evidence-based practice: samenspel van wetenschappelijk onderzoek, ervaring van de behandelaar en de situatie van de cliënt

6.3.1 Evidence-based practice

Degelijk wetenschappelijk onderzoek waarop evidence-based practice gebaseerd is, vindt plaats door middel van 'randomised controlled trials' (RCT's). Dit betekent dat de causale samenhang tussen interventie en effect systematisch en wetenschappelijk wordt onderzocht (Kuiper et al. 2004). Dat gebeurt over het algemeen door een bepaalde groep cliënten in een onderzoek ('trial') met dezelfde soort problematiek willekeurig ('randomised') te verdelen in twee groepen. De ene groep krijgt dan een behandeling met de te onderzoeken interventie. De andere groep krijgt een contrasterende behandeling, 'treatment as usual' of geen behandeling. Dit is de controlegroep ('controlled'). Door middel van een voor- en nameting wordt het effect van de interventie vergeleken met het effect op de controlegroep. Er moet een bepaald statistisch minimaal verschil tussen beide interventies zijn om een methode als effectief te bestempelen. Binnen de psychologie en de psychotherapie is dit de beste manier om de effectiviteit van een methode aan te tonen. Het probleem is dat op deze manier alleen heel specifieke geïsoleerde behandelmethoden (met niet te veel variabelen) kunnen worden onderzocht bij een homogene groep cliënten, met vergelijkbare problematiek en achtergrond. Vaak is ook sprake van exclusiecriteria, zoals suïcidaliteit, automutilatie, psychose en andere ernstige psychiatrische problematiek. Dat betekent over het algemeen een abstrahering van de complexe klinische praktijk, waardoor de generaliseerbaarheid van de gevonden resultaten soms wat beperkt is. Bovendien zijn vaak meerdere jaren nodig voor de uitvoering en publicatie van dergelijke onderzoeken voordat ze een rol kunnen gaan spelen in richtlijnen en zorgstandaarden. Kortom, evidence-based-practicerichtlijnen zijn altijd gebaseerd op onderzoeken van enige jaren geleden bij vaak minder complexe doelgroepen.

In de praktijk betekent evidence-based practice dat wetenschappelijk onderbouwde interventies op basis van de klinische ervaring en inschatting van de clinicus en in afstemming of overeenstemming met de cliënt worden ingezet (zie ◘ fig. 6.2).

In de klinische praktijk moeten behandelaren veel keuzes maken voor interventies. Voor maar een beperkt aantal van die keuzes zijn evidence-based practice-interventies beschikbaar in richtlijnen.

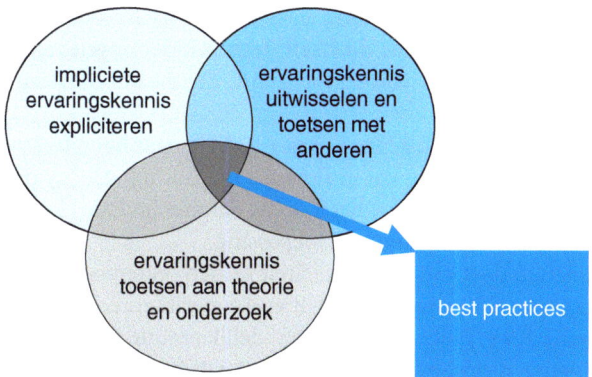

Figuur 6.3 Practice-based evidence: samenspel van ervaringskennis, getoetst aan anderen en aan theorie en onderzoek

6.3.2 Practice-based evidence

In de praktijk wordt daarom ook veel gebruikgemaakt van 'practice-based evidence'. Deze vorm van evidence gaat uit van de klinische praktijk. Professionals expliciteren daarbij op systematische wijze in de praktijk waargenomen effecten en ontwikkelen zo ervaringskennis tot best 'practices' (Van Yperen en Veerman 2007) (zie fig. 6.3).

Het verschil tussen EBP en PBE wordt niet alleen door wetenschappelijk bewijs bepaald. Bij de beslissing om onderzoek (en dus tijd en geld) te investeren in het opzetten van RCT's rond een bepaalde interventie kan enige willekeur een rol spelen. Onder de in de volgende hoofdstukken beschreven technieken die niet tot de mainstream behoren, kunnen zich best krachtige technieken bevinden die alleen nog niet mainstreamwaardig zijn omdat ze (nog) niet onderzocht zijn. Het is natuurlijk niet andersom: het feit dat bepaalde technieken nog niet onderzocht zijn, betekent niet dat ze effectief zijn. Om dat aan te tonen, moet juist wetenschappelijk onderzoek plaatsvinden.

6.4 Middelen die traumastoornis neurobiologisch beïnvloeden

Een traumastoornis heeft ook een biochemische kant (zie ▶ par. 3.8) en kan dan ook met neurobiologische middelen beïnvloed worden.

De *Richtlijn angststoornissen* (2013) vermeldt dat slechts een *laag effect* op vermindering van traumaproblematiek is vastgesteld voor antidepressiva als Fluoxetine, Paroxetine, Sertraline en Venlafaxine. Voor andere middelen is er helemaal geen effect aangetoond.

Anxiolytica, zoals benzodiazepines, hebben evenmin effect op de PTSS, maar kunnen wel tijdelijk een algemeen angst verminderd effect hebben. In de verwerkingsfase is echter juist een activatie van de angst noodzakelijk en daarmee zijn anxiolytica een contra-indicatie tijdens de behandeling van PTSS. Het Nederlands Huisartsen Genootschap (2013) adviseert dan ook in dergelijke gevallen om zeer terughoudend te zijn met het voorschrijven van deze middelen.

Er is en wordt veel onderzoek gedaan naar biochemische stoffen die de behandeling van PTSS kunnen faciliteren, maar dit heeft geen middel opgeleverd dat een dusdanig effect heeft dat het klinisch kan worden toegepast. Een recent overzichtsartikel (Michael et al. 2019) bevestigde dit.

Er is bijvoorbeeld onderzoek gedaan of nog gaande naar het effect van:

- *oxytocine*: uit onderzoek blijkt dat intranasale toepassing van oxytocine tijdens traumabehandeling een gunstig effect heeft op de emotieregulatie (Koch et al. 2019). Dit heeft nog niet geleid tot een klinische toepassing;
- *MDMA*: Vermetten doet aan de Universiteit Leiden onderzoek naar het effect van MDMA in de behandeling van PTSS. Uit veel experimenteel onderzoek (onder andere Murnane 2019) blijkt dat dit een duidelijk emotie-faciliterend effect heeft en dat de behandeling daardoor effectiever wordt. Dit heeft nog niet geleid tot een klinische toepassing;
- *D-cycloserine*: dit bijna vergeten medicijn tegen tuberculose blijkt te helpen om het geheugen nieuwe informatie beter te laten vasthouden. Door het leervermogen van cliënten te versterken, zou het effect van een traumaverwerkingsinterventie beter beklijven. D-cycloserine lijkt een positief effect te hebben op de behandeling van cliënten met ernstige PTSS. De resultaten van het onderzoek zijn echter nog niet eenduidig (De Kleine 2016);
- *corticosol*: hiernaar wordt onderzoek gedaan door een onderzoeksgroep rondom Roozendaal aan de Radboud Universiteit Nijmegen. De verwachtingen hiervan zijn positief, omdat in een eerdere klein opgezette studie naar het gebruik van corticosol bij veteranen (Yehuda et al. 2015) een voorzichtig positief resultaat gevonden werd;
- *propranolol*: dit is een angst verlagend middel. In de Verenigde Staten zijn goede resultaten geboekt met het toedienen van propranolol bij lastig te behandelen traumacliënten (Brunet et al. 2018). In Nederland is hiermee door Kindt (Soeter en Kindt 2015) geëxperimenteerd bij vooral fobische problematiek, maar ook bij PTSS. Propranolol zorgt dat het brein meer openstaat voor het overschrijven van angstige herinneringen met nieuwe herinneringen door bijvoorbeeld een traumabehandeling (Pitman 2015). Dit heeft nog niet geleid tot een klinische toepassing.

6.5 Verwerkingstechnieken in richtlijnen en zorgstandaarden

Bewezen effectief gebleken interventies, die dus onderzocht zijn met behulp van evidence-based onderzoeksmethodes, worden opgenomen in richtlijnen en standaarden. Academisch geschoolde behandelaren worden geacht zich hieraan te houden. Op het gebied van trauma zijn voor Nederlandse behandelaren de volgende richtlijnen relevant:

- *Richtlijn angststoornissen* van het Trimbos-instituut (2013);
- *Guidelines* International Society of Traumatic Stress Studies (ISTSS) (2018);
- ggz-zorgstandaard *Trauma en stressorgerelateerde stoornissen* (in ontwikkeling).

6.5.1 Richtlijn angststoornissen

De *Richtlijn angststoornissen* van het Trimbos-instituut (2013) berust op resultaten van wetenschappelijk onderzoek en aansluitende meningsvorming door beroepsbeoefenaren en cliënten, gericht op het expliciteren van goed en doeltreffend handelen. De richtlijn is gesanctioneerd door een groot aantal organisaties uit de Nederlandse ggz. In de richtlijn worden de behandelmethoden voor enkelvoudig trauma (lees: posttraumatische stressstoornis) onderzocht en beschreven. De belangrijkste aanbevelingen zijn:

> » Op basis van de resultaten van dit onderzoek zijn traumagerichte cognitieve gedragstherapie (CGT) en EMDR de eerste keus behandelingen. De keuze te starten voor traumagerichte CGT dan wel EMDR zal in de praktijk vooral worden gemaakt op basis van de beschikbare kennis en kunde bij een individuele therapeut of de desbetreffende instelling. Bij onvoldoende effect overgaan op een variant van CGT of (na EMDR) traumagerichte CGT. (pag. 176)

PTSS is het gevolg van enkelvoudig trauma. Complexe PTSS en complex trauma zijn geen duidelijke afgebakende diagnostische entiteiten. Er zijn dan ook geen eenduidige richtlijnen voor. Wel staat in *Richtlijn angststoornissen* (2013):

> » Er zijn aanwijzingen dat traumagerichte CGT niet alleen bij Type I, maar ook bij type II trauma effectief is... EMDR lijkt met name effectief bij enkelvoudige trauma's die op volwassen leeftijd zijn ontstaan. (pag. 177)
> Er is een voorkeur voor cognitieve gedragstherapie of EMDR boven farmacotherapie als eerste stap bij de behandeling van PTSS. Bij aanwezigheid van een comorbide depressie gaat de voorkeur uit naar eerst instelling op een antidepressivum. (pag. 179)

6.5.2 Guidelines International Society of Traumatic Stress Studies (ISTSS)

De ISTSS heeft in 2018 zeer uitgebreide *Treatment Guidelines* opgesteld, gebaseerd op systematische reviews op basis van RCT's van de Cochrane Collaboration, het Engelse National Institute for Health and Care Excelence (NICE) en de World Health Organisation (zie tab. 6.1). Op basis hiervan worden verschillende interventies ingedeeld volgens een aanbevelingssysteem dat loopt van 'strong recommendation' tot 'insufficient evidence to recommend' (Bisson et al. 2019).

Veel van de in de *Treatment Guidelines* besproken technieken zijn niet of nauwelijks bekend in Nederland. In ► H. 10 worden de op individuele volwassenen gerichte 'traumafocused' technieken uit de *Treatment Guidelines* kort besproken.

6.5.3 ggz-standaarden

Sinds een aantal jaar worden ter vervanging van de door het Trimbos-instituut gepubliceerde richtlijnen door het Kwaliteitsinstituut Akwa zorgstandaarden voor de ggz opgesteld. Een zorgstandaard beschrijft in algemene termen vanuit het perspectief van de cliënt wat goede zorg is voor mensen met een bepaalde aandoening en geeft de landelijke norm waaraan multidisciplinaire, integrale zorg moet voldoen. Een zorgstandaard is daarmee een combinatie van een richtlijn (gebaseerd op evidence-based practice en practice-based evidence) en de randvoorwaarden (organisatorische omstandigheden en het zorgproces). Zorgstandaarden (en richtlijnen) zijn altijd gekoppeld aan een diagnose.

Tabel 6.1 Aanbevelingen voor de behandeling van PTSS bij volwassenen op basis van de *PTSD Guidelines* (ISTSS 2018)

sterk aanbevolen ('strong recommendation')	– Cognitive Processing Therapy – EMDR – Individual CBT with a Trauma Focus – Prolonged Exposure
standaard aanbeveling ('standard recommendation')	– CBT without a Trauma Focus – Group CBT with a Trauma Focus – Guided Internet-based CBT with a Trauma Focus – Narrative Exposure Therapy – Present Centred Therapy
veelbelovende interventies ('interventions with emerging evidence')	– Couples CBT with a Trauma Focus – Group and Individual CBT with a Trauma Focus – Reconsolidation of Traumatic Memories – Single Session CBT – Written Exposure Therapy, and – Virtual Reality Therapy
te weinig bewijs ('insufficient evidence to recommend')	– Brief Eclectic Psychotherapy for PTSD – Dialogical Exposure Therapy – Emotional Freedom Techniques – Group Interpersonal Therapy – Group Stabilising Treatment – Group Supportive Counselling – Interpersonal Psychotherapy – Observed and Experimental Integration – Psychodynamic Psychotherapy – Psychoeducation – Relaxation Training – REM Desensitisation – Supportive Counselling

De ggz-standaard 'Trauma en stressorgerelateerde stoornissen' is nog in ontwikkeling. In de generieke module 'Zorg bij mensen met ernstige psychische aandoeningen' staat al wel: 'Voor trauma gerelateerde klachten zijn goede behandelmogelijkheden. Recent Nederlands onderzoek laat zien dat deze behandelingen (EMDR en prolonged imaginaire exposure protocollen) effectief, veilig en goed toepasbaar zijn bij patiënten met PTSS en ernstige psychotische stoornissen' (▶ www.ggzstandaarden.nl).

6.6 In Nederland gebruikte technieken

Vooral in de *Guidelines* van de ISTSS vinden we veel richtlijnen die in Nederland minder bekend zijn of niet gebruikt worden (zie ▶ H. 10). In Nederland veel gebruikte en bekende verwerkingstechnieken zijn:

- EMDR
- IE
- IMRS

 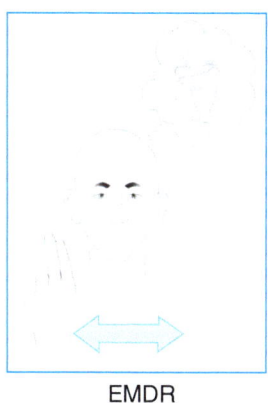 

IE   EMDR   ImRs

Figuur 6.4 De drie grote verwerkingstechnieken

- NET
- BEPP
- Schrijftherapie

6.7 Oorspronkelijke en samengestelde technieken

Het laatste onderscheid tussen traumaverwerkingstechnieken is dat tussen oorspronkelijke en samengestelde technieken.

Met oorspronkelijke technieken worden eenduidige technieken bedoeld met een specifiek protocol, waarbij de techniek als het ware niet goed is op te delen in kleinere, op zichzelf staande technieken. Oorspronkelijke technieken zijn bijvoorbeeld EMDR, ImRs en IE.

Met samengestelde technieken worden technieken bedoeld waarbij gebruikgemaakt wordt van meerdere oorspronkelijke technieken, die op een bepaalde manier zijn samengesteld. Samengestelde technieken zijn bijvoorbeeld NET en BEPP.

6.8 Verantwoording keuze IE, EMDR en ImRs

Zoals in de inleiding al is beschreven, is in dit boek is een keuze gemaakt voor een focus op drie technieken (zie fig. 6.4): Imaginare Exposure (IE), Eye Movement Desensitization and Reprocessing (EMDR) en Imaginaire Rescripting (ImRs). Die keuze heeft te maken met een aantal factoren:
- Voor IE en EMDR is zeer veel evidence beschikbaar en voor ImRs komt die eraan.
- IE, EMDR en ImRs zijn oorspronkelijke technieken en niet samengesteld.
- Deze technieken worden veelvuldig toegepast in Nederland.
- Voor deze drie technieken bestaan voldoende opleidingsmogelijkheden in Nederland.

Voor EMDR en IE bestaat een overweldigende hoeveelheid evidence in de vorm van vele wetenschappelijke onderzoeken en beide technieken worden in alle richtlijnen voor traumabehandeling genoemd. Voor ImRs geldt dat minder, maar ook hiervoor komt steeds meer evidence en er is een aantal veelbelovende onderzoeken (Boterhoven de Haan et al. 2017) gaande. ImRs wordt nog nauwelijks genoemd in de richtlijnen, maar dit zal binnenkort veranderen na de te verwachten publicaties van twee grote RCT-onderzoeken naar de werking van ImRs.

Voor alle andere technieken is er veel minder evidence en is er niet de verwachting dat dit binnen afzienbare tijd zal veranderen.

6.9 Tot slot

In dit hoofdstuk is een overzicht gegeven van de wereldwijd gebruikte verwerkingstechnieken, geordend aan de hand van een aantal criteria.

Tussen de verschillende verwerkingstechnieken kan onderscheid worden gemaakt op grond van de vraag of ze globaal of specifiek zijn, evidence-based of practice-based, neurobiologische beïnvloeding van een traumastoornis, in de Nederlandse richtlijnen en de *Guidelines* van de ISTSS voorkomen, in Nederland veel of niet gebruikt worden en oorspronkelijk of samengesteld zijn.

Het hoofdstuk is afgesloten met een verantwoording voor de keuze voor de grote drie verwerkingstechnieken: Imaginaire Exposure, Eye Movement Desensitization and Reprocessing en Imaginaire Rescripting. Deze drie technieken worden hierna uitgebreid beschreven. Van alle andere verwerkingstechnieken wordt in ▸ H. 10 een systematisch overzicht gegeven.

Literatuur

Bisson, J., Berliner, L., Cloitre, M., Forbes, D., Jensen, T., Lewis, C., et al. (2019). The International Society for Traumatic Stress Studies new guidelines for the prevention and treatment of PTSD: Methodology and development process. *Journal of Traumatic Stress, 32*, 475–483.

Boterhoven de Haan, K., Lee, C., Fassbinder, E., Voncken, M., Meewisse, M., Van Es, S., et al. (2017). Imagery rescripting and eye movement desensitisation and reprocessing for treatment of adults with childhood trauma-related post-traumatic stress disorder: IREM study design. *BMC Psychiatry, 17*, 165. Beschikbaar op: ▸ https://doi.org/10.1186/s12888-017-1330-2.

Brunet, A., Saumier, D., Liu, A., Streiner, D., Tremblay, J., & Pitman, K. (2018). Reduction of PTSD symptoms with pre-reactivation propranolol therapy: A randomized controlled trial. *American Journal of Psychiatry, 175*(5), 427–433.

De Kleine, R. (2016). De toegevoegde waarde van D-cycloserine aan exposuretherapie bij posttraumatische-stressstoornis. *Tijdschrift voor Directieve Therapie, 36*, 1.

International Society of Traumatic Stress Studies (2018). *Posttraumatic stress disorder, prevention and treatment guidelines, methodology and recommendations*. Beschikbaar op: ▸ www.istss.org.

Jongedijk, R. (2014). *Levensverhalen en psychotrauma, narratieve exposure therapie in theorie en praktijk*. Amsterdam: Boom.

Koch, S., Van Zuiden, M., Nawijn, L., Frijling, J., Veltman, D., & Olff, M. (2019). Effects of intranasal oxytocin on distraction as emotion regulation strategy in patients with post-traumatic stress disorder. *European Neuropsychopharmacology, 29*(2), 266–277.

Kuiper, C., Verhoef, J., De Louw, D., & Cox, K. (Red.) (2004). *Evidence-based practice voor paramedici. Methodiek en implementatie*. Utrecht: Lemma.

Literatuur

Landelijke Stuurgroep Multidisciplinaire Richtlijnontwikkeling in de ggz (2013). *Multidisciplinaire richtlijn angststoornissen*. Utrecht: Kwaliteitsinstituut vsoor de Gezondheidszorg CBO/Trimbos-instituut. Beschikbaar op: ▶ www.ggzrichtlijnen.nl.

Michael, T., Schanz, C., Mattheus, H., Issler, T., Frommberger, U., Köllner, V., et al. (2019). Do adjuvant interventions improve treatment outcome in adult patients with posttraumatic stress disorder receiving trauma-focused psychotherapy? A systematic review. *European Journal of Psychotraumatology, 10*, 1.

Murnane, K. (2019). Serotonin 2A receptors are a stress response system: Implications for post-traumatic stress disorder. *Behavioural Pharmacology, 2019*(30), 151–162.

Nederlands Huisartsen Genootschap (2013) *Standaard angst*. Beschikbaar op: ▶ www.nhg.org/standaarden.

Pitman, R. K. (2015). Harnessing reconsolidation to treat mental disorders. *Biological Psychiatry, 78*(12), 819–820.

Soeter, M., & Kindt, M. (2015). An abrupt transformation of phobic behavior after a post-retrieval amnesic agent. *Biological Psychiatry, 92*(1), 43–50.

Stöfsel, M., & Mooren, T. (2010). *Complex trauma, diagnostiek en behandeling*. Houten: Bohn Stafleu van Loghum.

Van Yperen, T., & Veerman, J. (2007). *Zicht op effectiviteit. Bronnenboek voor praktijkgestuurd effectonderzoek in de jeugdzorg*. Utrecht: NIZW Jeugd.

Yehuda, R., Bierer, L., Pratchett, L., Lehrner, A., Koch, E., Van Manen, J., et al. (2015). Cortisol augmentation of a psychological treatment for warfighters with posttraumatic stress disorder: Randomized trial showing improved treatment retention and outcome. *Psychoneuroendocrinology, 51*, 589–597.

Imaginaire Exposure

7.1 Inleiding – 87

7.2 Historie – 88

7.3 Indicatie en contra-indicatie – 88

7.4 Onderzoek – 90

7.5 Richtlijnen – 90

7.6 Protocol – 90

7.7 Bijzonderheden bij de toepassing van Imaginaire Exposure – 92
7.7.1 Geografie van de schokkende gebeurtenis – 92
7.7.2 Praten in de tegenwoordige tijd als hulpmiddel – 92
7.7.3 Ogen sluiten als hulpmiddel – 92
7.7.4 Meten van de spanning in het nu – 93
7.7.5 Soort vragen – 93
7.7.6 Het gaat om de experentiële ervaring – 93
7.7.7 Aanmoedigingen – 93
7.7.8 Eerste sessie verkennend – 93
7.7.9 Hotspots – 94
7.7.10 Herhalen, herhalen en herhalen – 94
7.7.11 Meeschrijven als behandelaar – 94
7.7.12 Veranderende SUD's – 94
7.7.13 Bij te weinig angst of emotie – 94
7.7.14 Bij te veel angst of emotie – 95
7.7.15 Microtraumaverwerking – 95
7.7.16 Onderzoeken van het waarheidsgehalte – 96
7.7.17 Het gaat om de beleving van de interne nare beelden – 96
7.7.18 Combinatie van nare traumatische gebeurtenissen – 96
7.7.19 Hoge spanning aan het einde van een sessie – 97
7.7.20 Tekenexposure – 97

© Bohn Stafleu van Loghum is een imprint van Springer Media B.V., onderdeel van Springer Nature 2020
M. Stöfsel, *Trauma en verwerkingstechnieken*, https://doi.org/10.1007/978-90-368-2501-6_7

| 7.7.21 | Intensiveren van de behandeling – 97 |
| 7.7.22 | In-vivo-exposure – 98 |

7.8	Lastigheden – 99
7.9	Werkingsmechanismen – 99
7.10	Opleiding – 100
7.11	Tot slot – 100
	Literatuur – 100

7.1 Inleiding

Imaginaire Exposure (IE) (zie ◘ fig. 7.1) is van de drie 'grote' verwerkingstechnieken van oudsher de meest gebruikte. Internationaal staat IE bekend als Prolonged Exposure (PE). Door de International Society of Traumatic Stress Studies (ISTSS) wordt deze techniek aanbevolen ('strong recommendation').

De essentie van Imaginaire Exposure is confrontatie met de traumatische herinneringen door herhaaldelijk en zeer gedetailleerd over de traumatische gebeurtenis te vertellen en deze via verschillende zintuigmodaliteiten opnieuw te ervaren. Daardoor veranderen de disfunctionele gedachten die het gevolg zijn van de traumatische ervaring.

Aan het begin en einde van de IE-procedure wordt een cognitief element toegevoegd, namelijk het meten van de angstige verwachting van wat er zou kunnen gebeuren als de cliënt zou vertellen over de traumatische gebeurtenis.

Het in Nederland gebruikte protocol voor Imaginaire Exposure (Van Minnen en Arntz 2017) bevat zowel in-vitro-exposure als in-vivo-exposure. Imaginaire Exposure werd vroeger ook wel in-vitro-exposure genoemd en wordt toegepast om nare gebeurtenissen uit het verleden te verwerken. In-vivo-exposure wordt gebruikt om nare verwachtingen in het heden te ontkrachten.

In conditioneringstermen zou je kunnen zeggen: bij Imaginaire Exposure gaat het om exposure aan de US-UR-representatie (Korrelboom en Ten Broeke 2014), om het falsificeren van de referentiële relatie tussen CS en US-UR-representatie en bij in-vivo-exposure gaat het om exposure aan de CS, om het falsificeren van de sequentiële relatie tussen CS en US-UR-representatie.

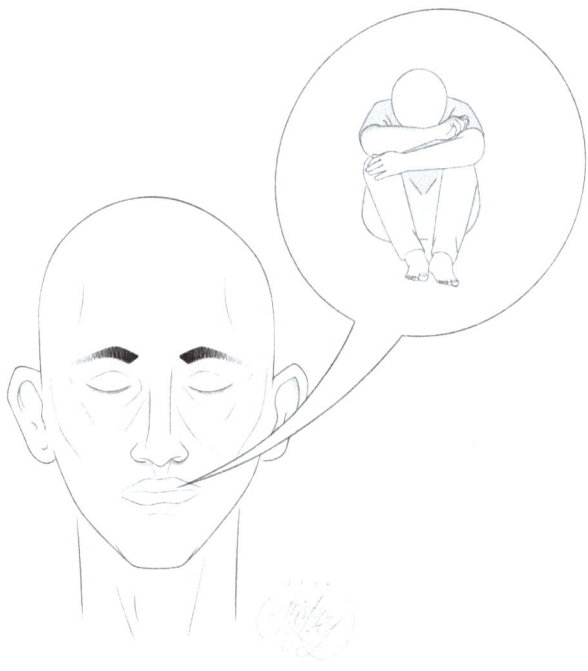

◘ **Figuur 7.1** Imaginaire Exposure

Door het werk van Crask et al. (2012) is de overeenkomst tussen deze vormen van exposure op de voorgrond komen te staan. In beide vormen gaat het er namelijk om de angstige verwachtingen te falsificeren middels 'inhibitoir leren'. Bij Imaginaire Exposure gaat het erom dat de cliënt leert dat er andere cognities over de gebeurtenis ontstaan, conform het model van Ehlers en Clark. Bij in-vivo-exposure leert de cliënt dat de in een bepaalde situatie gevreesde verwachting of ramp niet optreedt.

Bij een traumabehandeling zal er in het begin vooral aandacht zijn voor het falsificeren van de referentiële relatie (en wordt dus IE toegepast) en daarna voor de sequentiële relatie (dus in-vivo-exposure) (zie ook ▶ par. 5.13 en 5.14).

7.2 Historie

IE is gebaseerd op het werk van Kozak (1986), Foa et al. (1989) en Ehlers en Clark (2000). Foa et al. publiceerden in 1991 een eerste groot vergelijkend onderzoek waarbij IE vergeleken werd met counseling en 'stress-inoculation training', een behandelvorm waarbij cliënten door middel van lichamelijke ontspanningstechnieken leren omgaan met traumagerelateerde triggers. IE had hierbij superieure resultaten vergeleken met de andere methoden. Sindsdien is in velerlei onderzoeken de werkzaamheid van IE bij PTSS bevestigd.

In Nederland was IE tot de opkomst van de EMDR de meest gebruikte traumaverwerkingstechniek. Veel behandelaren schrokken echter terug voor het toepassen van deze techniek, die ook confronterend is voor behandelaren. Na de opkomst van EMDR raakte IE nog wat verder op de achtergrond. Vooral door het werk van Van Minnen, hoogleraar in Nijmegen, is IE weer in de picture gekomen en wordt weer veel meer toegepast. Dat is terecht, want IE is een waardevolle techniek die qua efficiëntie en effectiviteit in velerlei onderzoeken op hetzelfde niveau scoort als EMDR.

7.3 Indicatie en contra-indicatie

Er zijn enkele algemene indicaties die voor alle drie 'grote' verwerkingstechnieken gelden (zie ook ▶ par. 5.5):

- Er moet sprake zijn van een in tijd en beleving afgebakende concrete schokkende gebeurtenis of periode van schokkende gebeurtenissen die in het heden spanning veroorzaakt. Een cliënt kan bijvoorbeeld niet zijn 'hele jeugd', 'de invloed van zijn vader' of 'de oorlog' verwerken. Hierbij dient eerst een inventarisatie plaats te vinden van wat de meest schokkende gebeurtenissen waren. Daartoe kan een zogenoemde traumalijst worden opgesteld (zie ▶ par. 5.9). Verwerken is alleen zinvol indien een schokkende gebeurtenis uit het verleden nog spanning oproept. Indien het vooral gaat om angst dat een schokkende gebeurtenis uit het verleden zich opnieuw zal voordoen, moet een in-vivo-exposure-interventie uitgevoerd worden en geen verwerkingstechniek.
- Er moet sprake zijn van een redelijke psychologische stabiliteit, zodat ontregeling door de cliënt kan worden verdragen c.q. opgevangen. Over dit punt bestaat veel discussie en de inschatting hiervan zal altijd maatwerk zijn. Doel is natuurlijk dat door het toepassen van een traumaverwerkingstechniek uiteindelijk een verbetering, en geen verslechtering, van het psychische toestandsbeeld zal optreden.

- De mate van emotionele verdoving mag niet te groot zijn, want dan lukt verwerking minder goed of beklijft deze niet, doordat het voor verwerking noodzakelijke angstniveau niet wordt bereikt. Bij cliënten die te veel onder invloed van een middel (alcohol of drugs) verkeren of die te veel verdoofd zijn door benzodiazepines is er een grote kans dat een traumabehandeling moeizamer zal verlopen. Het is dan van belang om in goed overleg met de cliënt te bekijken wat wijsheid is: eerst ontgiften, toch behandelen of een proefbehandeling uitvoeren.
- De mate van emotionele activatie mag niet zo hoog zijn dat de cliënt sterk gaat vermijden of gaat dissociëren. In beide gevallen kan er niet meer verwerkt worden en moeten technieken als titratie (verdunnen van het nare beeld), microverwerking (zie ▶ par. 11.4) of flash-forward worden ingezet.
- Emoties als boosheid, angst, schuld, falen en verdriet moeten ervaren of verdragen kunnen worden. Verwerken is voelen van vooral deze lastige emoties. Soms heeft de cliënt 'geleerd' die te vermijden. Dan zullen eerst interventies moeten worden toegepast om hem deze emoties te laten durven ervaren.
- Het vermogen om zelf enigszins tot rust te kunnen komen bij ontregeling moet tijdens de verwerkingssessie niet worden toegepast. Het is juist de bedoeling dat de cliënt zo veel mogelijk angst en spanning ervaart. Wel is het van belang dit vermogen te kunnen inzetten tussen de sessies in, bijvoorbeeld met behulp van simpele ademhalingsoefeningen.
- Ook mogelijkheid van enige opvang na de sessie is van belang. Verwerken leidt altijd tot enige ontregeling, en daarna tot opluchting. Het is van belang dat er een sociale omgeving is waarin cliënten kunnen delen wat dit met hen doet of waarin ze afleiding kunnen ervaren.
- De cliënt mag niet te maken hebben met acute ernstige psychiatrische problematiek, zoals zeer ernstige depressies of psychotische stoornissen in de acute fase.

Uit onderzoek dat door Van Minnen et al. (2013) beschreven is, blijkt dat de meeste comorbide stoornissen (zoals borderline persoonlijkheidsstoornis, depressie, middelenafhankelijkheid, psychose, suïcidaliteit, automutilatie en dissociatie) geen contra-indicatie voor het toepassen van IE behoeven te zijn.

Ook de aard van het trauma is geen reden om niet voor IE te kiezen. Van Minnen pleit er expliciet voor om bij comorbiditeit juist eerst de traumaproblematiek aan te pakken. Dat zou een groter effect op de comorbide klachten hebben dan andersom (Van Minnen 2016).

Exposuretherapie wordt afgeraden als sprake is van een juridische strijd, betogen Van Minnen en Arntz (2017), zonder daarop overigens een verdere toelichting te geven. Een juridische procedure naar aanleiding van een schokkende gebeurtenis levert voor de slachtoffers vaak veel triggers op die tot herbelevingen kunnen leiden. Dat zal zeker interfereren met een traumaverwerkingsinterventie. Daarom is het voorstelbaar dat gekozen wordt voor traumaverwerking na afloop van de juridische procedure. Indien echter sprake is van een hoge lijdensdruk, zal IE zeker een zinvolle interventie kunnen zijn tijdens een juridische procedure, evenals in-vivo-exposure op het aanhoren van triggergevoelige informatie tijdens bijvoorbeeld de rechtszaak.

7.4 Onderzoek

Er is zeer veel wetenschappelijk onderzoek gedaan waaruit blijkt dat IE een zeer krachtige en efficiënte verwerkingstechniek is. Zoals beschreven is de eerste RCT uitgevoerd door Foa et al. in 1991. Resick et al. (2012) hebben ook veel onderzoek gedaan. In een recente meta-analyse (Forman-Hoffman et al. 2018) werden de eerder gevonden positieve resultaten van IE opnieuw bevestigd. In 2020 werd in een meta-analyse van de Cambridge University (Mavranezouli et al. 2020) een groot positief resultaat gevonden voor traumafocused cognitieve gedragstherapie, oftewel Imaginaire Exposure.

7.5 Richtlijnen

De *Guidelines* van de ISTSS (2018) geven IE een 'strong recommendation'. Deze verwerkingstechniek wordt ook krachtig aanbevolen in de *Richtlijn angststoornissen* (2013).

7.6 Protocol

IE is een methode waarbij de cliënt geconfronteerd wordt met zijn traumatische herinneringen door een verbale techniek, waarbij hij gedetailleerd over de traumatische ervaring vertelt en de daarbij behorende zintuigelijke ervaringen opnieuw ervaart. Dit wordt opgenomen en de cliënt wordt gevraagd om de opname tussen de sessies door meerdere malen te beluisteren. Aanvullend wordt in-vivo-exposure - aan traumagerelateerde prikkels- toegevoegd.

Cognitieve uitdaagtechnieken kunnen worden toegevoegd om te komen tot modificatie van de disfunctionele traumagerelateerde cognities. Optioneel is het toevoegen van een geschreven gedetailleerd verslag van de traumatische gebeurtenis.

Het in Nederland gebruikte protocol is uitgebreid beschreven door Van Minnen en Arntz (2017) in boek 1 van de serie *Protocollaire behandelingen voor volwassenen met psychische klachten*. Dit behandelprotocol bestaat uit een combinatie van IE en in-vivo-exposure. Daarbij staat confrontatie met de traumatische gebeurtenis centraal (zie ◘ tab. 7.1).

Belangrijke opmerkingen bij het protocol:
- Bij voorkeur wordt gewerkt in sessies van 90 minuten.
- De protocollaire behandeling bestaat uit tien sessies, waarbij in de eerste sessie de planning gemaakt wordt.
- Vanaf de tweede sessie worden 60 minuten besteed aan Imaginaire Exposure of in-vivo-exposure en de rest van de tijd aan het doornemen van de afgelopen week en het geven van huiswerk voor de volgende week.
- De cliënt krijgt als huiswerk het thuis afluisteren van de in de sessie gemaakte opname of het doen van in-vivo-exposure-opdrachten.
- In het protocol zijn ook allerlei formulieren opgenomen die tijdens de IE gebruikt kunnen worden.
- Aan het begin van elke sessie wordt de angstige verwachting gemeten: wat zou er kunnen gebeuren als de exposure wordt uitgevoerd? Het is goed om die verwachting in concreet gedrag te verwoorden: 'Dan ben ik bang dat ik heel erg ga huilen en dat ik dat niet aankan.' Deze verwachting wordt gemeten in SUD's (0–10) of in

Tabel 7.1 Protocol van Imaginaire Exposure in vogelvlucht (Van Minnen en Arntz 2017)

1. Uitleg procedure
2. Wat is de angstige verwachting als je je blootstelt aan deze ervaring? Meet geloofwaardigheid daarvan in procenten.
3. Geef instructie met de volgende aandachtspunten: vertel zo levendig en gedetailleerd mogelijk in de tegenwoordige tijd, vanuit jezelf, dus in de 'ik-vorm'.
4. Tussendoor word je herhaaldelijk gevraagd de hoogte van je angst aan te geven. Indien je angstig wordt, is dat een goed teken, ook al wil je dat het liefst vermijden
5. Opnameapparatuur, meestal smartphone, aanzetten.
6. Tijdens de exposure is de taak van de behandelaar:

   - Houdt het beeld levendig: stimulus, respons, cognitieve informatie.
   - Meet op relevante momenten (en in ieder geval elke vijf minuten) de spanning in SUD's, dwars door verhaal cliënt heen, op dit moment, in het nu!
   - Houd in de gaten of de cliënt in de 'ik-vorm' praat.
   - Houd in de gaten of de cliënt in het 'hier-en-nu' praat; zo nodig direct corrigeren door middel van verbeterd herhalen!
   - Pendel zo nodig tussen vragen naar zintuiglijke details, verhaal gaande houden door korte samenvattingen en ruimte voor emotionele beleving.
   - Geef korte aanmoedigingen.

7. Indien daar tijd voor is: herhalen en herhalen, waarbij je steeds meer focust op het angstigste moment, de hotspot.
8. Check of de angstige verwachting is uitgekomen, meet de geloofwaardigheid opnieuw, zoals bij punt 2.
9. Kort nabespreken.
10. Huiswerkafspraken maken: komende week vijf keer de exposureopname afluisteren.

procenten. Het maakt niet uit welke schaal er gekozen wordt. Het is wel handig om een andere schaal te kiezen dan bij het meten van de angst, zoals bij het volgende punt beschreven wordt.

- De angst wordt tijdens de exposure ook herhaaldelijk gemeten, in ieder geval ongeveer elke 5 minuten en op relevante momenten. Dat kan in SUD's (0–10) of in procenten.
- Omdat in de EMDR de angst in SUD's wordt gemeten, is het logisch omdat ook bij IE te doen en de geloofwaardigheid van de angstige verwachting dus in procenten te meten. Van Minnen en Arntz (2017) gebruiken om onduidelijke redenen precies de omgekeerde meetschalen. In het hiernavolgende wordt er vanuit gegaan dat het vragen naar de angst of de spanning in SUD's gebeurt en het vragen naar de angstige verwachting in procenten.
- Vragen naar SUD's tijden de exposure wordt over het algemeen door cliënten niet als verstorend ervaren, terwijl behandelaren dat vaak wel denken.
- Bij meervoudige trauma's wordt een hiërarchie van de traumatische gebeurtenissen opgesteld. Bij voorkeur wordt begonnen met de situatie waarvan de cliënt de meeste last heeft in de vorm van herbelevingen. De verwachting is dat de succesvolle verwerking van die situatie generaliseert naar andere situaties. Zie ook ▶par. 5.9 over het opstellen van een traumalijst.
- In de eerste sessies staat de (imaginaire) in-vivo-exposure op de traumatische herinnering centraal.
- In de latere sessies worden daaraan in-vivo-exposure-elementen toegevoegd, dat wil zeggen exposure aan traumagerelateerde voorwerpen, mensen, geluiden of plaatsen die spanning oproepen.

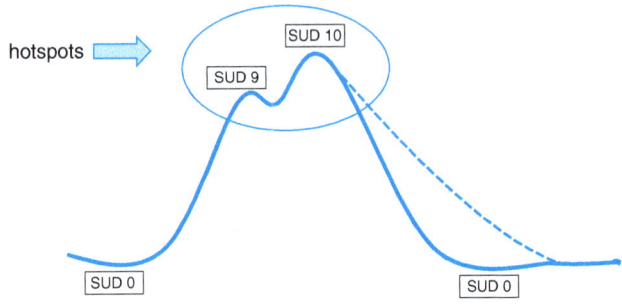

☐ **Figuur 7.2** Geografie van een schokkende gebeurtenis

7.7 Bijzonderheden bij de toepassing van Imaginaire Exposure

7.7.1 Geografie van de schokkende gebeurtenis

Het kan handig zijn te weten hoe de schokkende gebeurtenis qua spanning is opgebouwd zie ☐ fig. 7.2) (dit staat overigens niet in het hiervoor beschreven protocol). Met een zogenoemde 'geografie van de schokkende gebeurtenis' kan duidelijk worden waar de exposure moet beginnen, waar de hotspots zich bevinden en waar de schokkende gebeurtenis eindigt. Dit kan tijdens de exposure helpen duidelijk maken waarop je moet inzoomen en wanneer de SUD weer min of meer 0 is. Dit laatste is van belang indien je wilt eindigen bij een lage SUD. De ervaring leert overigens dat het moment waarop de SUD zijn laagste punt bereikt in de realiteit van de exposure vaak later ligt dan mensen van te voren inschatten.

7.7.2 Praten in de tegenwoordige tijd als hulpmiddel

Het praten in de tegenwoordige tijd is een hulpmiddel om de traumatische situatie zo levendig mogelijk te herbeleven. Daarom is het goed de cliënt daarop in het begin te corrigeren. Als een cliënt toch in de verleden tijd blijft praten maar wel een heel levendige herbeleving ervaart, dan hoeft dit niet gecorrigeerd te worden.

7.7.3 Ogen sluiten als hulpmiddel

Het vertellen met ogen dicht is ook een hulpmiddel om een zo levendige mogelijke herbeleving op te wekken zonder afleiding door prikkels in het visuele hier-en-nuveld. Sommige cliënten vinden dat te eng. Dan kan IE ook met open ogen worden uitgevoerd, maar is het van belang dat zich in het visuele veld geen of zo min mogelijk afleidende prikkels bevinden – laat de cliënt bijvoorbeeld naar een kale muur of de grond kijken.

7.7.4 Meten van de spanning in het nu

Het meten van de spanning aan het begin van de verwerkingsbehandeling is meestal niet zo'n probleem. De spanning van *toen* en de spanning in het *nu* zijn dan min of meer gelijk. Dat is ook de reden waarom er een verwerkingstechniek wordt ingezet. Gedurende het verloop van de verwerkingstechniek neemt de SUD van nu af, terwijl de SUD van toen hetzelfde blijft. Dit is soms verrassend voor cliënten. Voor de behandelaar is het van belang zich ervan te vergewissen dat de spanning van het nu gemeten wordt en niet die van toen. Het kan helpen om dit in de vorm van een vraag te benadrukken, bijvoorbeeld: 'Hoe hoog is de spanning in het nu, terwijl je in deze stoel zit?'

7.7.5 Soort vragen

Het verdient aanbeveling om vooral naar sensorische ervaringen te vragen, want die veroorzaken de meeste krachtige emotionele herbelevingen. Vraag dus: 'Wat zie je?', 'Wat hoor je?', 'Wat voel je?', et cetera. Vragen naar gedachten kan de aandacht van de angstige herbelevingen afleiden.

7.7.6 Het gaat om de experentiële ervaring

Het is de bedoeling dat de cliënt door het ervaren van de vermeden emoties tot nieuwe cognitieve inzichten komt. Daarvoor moet hij de herbelevingen vooral op sensorische niveau ervaren. Het is van belang om dit experentiële proces niet te veel te verstoren door te vragen naar cognitieve informatie, die een beroep op het cognitieve kanaal.

7.7.7 Aanmoedigingen

Het is goed om af en toe korte aanmoedigingen te geven (zoals: 'Je doet het goed', 'Prima') of een kort, bevestigend 'Mm'. Dit stimuleert de cliënt. Tegelijkertijd is de stem van de behandelaar een veilig kader, waardoor de cliënt eraan herinnerd wordt dat hij zich in het hier-en-nu in een therapeutische situatie bevindt, terwijl hij emotioneel aan het herbeleven is. Reageren op de inhoud is niet gepast: het zou de cliënt afleiden van het spoor van zijn herbeleving.

7.7.8 Eerste sessie verkennend

De eerste exposuresessie is vooral van verkennende aard voor de behandelaar. Hoe zit het verhaal van de traumatische gebeurtenis in elkaar en wat zijn de moeilijkste momenten voor de cliënt (de 'hotspots')? In de daaropvolgende sessies focust de behandelaar steeds meer op de hotspots en vraagt daarop door.

7.7.9 Hotspots

De hotspots zijn de nare momenten in het verhaal die de meeste spanning oproepen. In het begin worden die momenten wellicht vermeden of praat de cliënt er heel snel overheen. Het is dan goed om hem bijvoorbeeld te vragen vertraagd en dus meer gedetailleerd over de situatie te vertellen.

7.7.10 Herhalen, herhalen en herhalen

Het werkzame element van de procedure Imaginaire Exposure is het voortdurend opnieuw zo gedetailleerd mogelijk vertellen over de hotspots. Daardoor ontstaan nieuwe inzichten op zintuigelijk, emotioneel en cognitief niveau.

7.7.11 Meeschrijven als behandelaar

Tijdens de IE wordt op relevante momenten de SUD gemeten. Wat relevante momenten zijn, moet bij de eerste vertelronde ingeschat worden. Om goed zicht te krijgen op de ontwikkeling van de IE is het behulpzaam de SUD steeds op dezelfde momenten te meten. Verder is het nuttig de ontwikkeling van de SUD-scores met de cliënt te bespreken in de nabespreking. Een handige vorm voor de behandelaar om de SUD-scores bij te houden, is om op een kladblok de relevante meetmomenten kort te omschrijven en in kolommen daarnaast de SUD's te noteren tijdens elke exposure.

7.7.12 Veranderende SUD's

Idealiter neemt de SUD af naarmate het verhaal vaker verteld wordt. Dat is het doel. Bij sterke vermijding zal door het opheffen van de vermijding de SUD eerst toenemen alvorens te gaan dalen.

7.7.13 Bij te weinig angst of emotie

Indien er te weinig angst of emotie is, dan wordt er te veel vermeden en zal de verwerking niet op gang komen. Je zult dan iets moeten doen om de spanning, angst of emotie te laten toenemen. Dit probleem speelt als de tijdens de exposure gemeten SUD's lager blijven dan de SUD die de cliënt bij aanvang noemde als hij aan de gebeurtenis dacht. Overigens kan het gebeuren dat een cliënt verbaal lage SUD's rapporteert, terwijl hij non-verbaal wel allerlei spanning en emotie laat zien. Dat is prima. Het is dan nuttig om hem zich meer bewust te laten worden van de beleefde emoties.

Indien echter zowel verbaal als non-verbaal de spanning laag blijft, dan is het goed om spanningsverhogende technieken in te zetten. Dat kan door bijvoorbeeld meer te focussen op de hotspots, door de cliënt te vragen vertraagd te vertellen, meer te vragen naar zintuigelijke nare details of meer traumagerelateerde triggers toe te voegen, bijvoorbeeld geluiden die bij het oorspronkelijke trauma hoorden, de gordijnen dicht als de schokkende gebeurtenis in het donker plaatsvond of de cliënt de houding laten aannemen die bijvoorbeeld bij een verkrachting hoorde.

> **Casus**
>
> Tijdens een bergklimtocht maakte een cliënt mee dat voor zijn ogen zijn vriend weggleed op een losse steen en in een ravijn viel, waar hij dodelijk gewond raakte. De cliënt gaf de spanning (de SUD) een 9 als hij aan deze gebeurtenis dacht. Tijdens de eerste Imaginaire Exposure-sessie rapporteerde de cliënt SUD's van maximaal 5. Zijn stem was vrij monotoon tijdens het vertellen. Uit zijn non-verbale signalen, zoals zijn lichaamshouding en gebaren, werd echter duidelijk dat er meer spanning speelde. Aan het einde van de eerste exposure-sessie raakte cliënt toch ineens in tranen. Daarna vroeg de behandelaar de SUD weer na. De cliënt sprak toen dan de bijzondere woorden: 'Buiten het huilen om nog steeds een 5.' Dit geeft aan hoezeer er nog een vorm van dissociatie speelde tussen zijn emoties en het narratief van de gebeurtenis. In de daaropvolgende exposuresessie werd er meer gefocust op zijn lichamelijke sensaties, waardoor de cliënt hogere SUD's rapporteerde en er geleidelijk een integratie van de emoties en het narratief van gebeurtenis kon ontstaan.

7.7.14 Bij te veel angst of emotie

Indien sprake is van een hoge angst, spanning of emoties, is het in de allereerste plaats goed om die er gewoon te laten zijn. Immers, juist door het ervaren van die emoties zal het verwerkingsproces op gang komen. Indien de emoties echter te heftig worden, is er een risico dat de cliënt de exposure afbreekt en eigenlijk alleen een nare nieuwe herbelevingservaring heeft opgedaan. Hij komt dan boven het zogenoemde Window of Tolerance terecht, dat besproken is in ▶ par. 3.7. Er kan dus een moment komen waarop het nodig is om toe te werken naar wat minder emotie. Een heel simpele manier daarvoor is de cliënt te vragen verder te vertellen: 'Wat gebeurt er daarna?' Andere manieren zijn wat meer afstand creëren door in de verleden tijd te vertellen, in de derde persoon vertellen, met de ogen open vertellen, het verhaal versneld vertellen en spelen met beeldkenmerken (door het beeld vaag te laten maken of in te zoomen, er een denkbeeldige half doorzichtige glasruit voor te zetten of boven het beeld te gaan zweven op een 'veilige' afstand).

7.7.15 Microtraumaverwerking

Bij heel grote angst of weerzin om te praten over de traumatische gebeurtenis kan de procedure van de microtraumaverwerking kunnen worden toegepast. Daarbij vertelt de cliënt over de traumatische situatie van begin tot einde in bijvoorbeeld 30 seconden: 'Mijn broer komt de kamer binnen, hij komt op mijn bed zitten, hij gaat op mij liggen, hij doet wat, hij gaat eraf en hij gaat mijn kamer uit.' Daarna kan de cliënt gevraagd worden om het verhaal opnieuw te vertellen, maar nu in ongeveer een minuut, met steeds iets meer details, et cetera. Dit is een vorm van systematische desensitisatie, waarbij de cliënt ervaart dat hij gedoseerde hoeveelheden spanning en angst best aankan en daardoor geleidelijk steeds gedetailleerder naar de situatie kan kijken en deze kan beschrijven.

7.7.16 Onderzoeken van het waarheidsgehalte

De menselijke fantasie is nogal eens gruwelijker dan de realiteit. Het kan gebeuren dat cliënten bijvoorbeeld een onjuiste indruk hebben van de manier waarop een dierbare bij een auto-ongeluk is omgekomen en het is dan goed om te achterhalen (bijvoorbeeld met behulp van politierapporten of medische informatie) hoe het daadwerkelijk is gegaan en pas daarna te beginnen met IE.

Het is natuurlijk mogelijk dat de realiteit gruwelijker blijkt dan tot dan toe gedacht, maar over het algemeen willen cliënten liever informatie over hoe iets daadwerkelijk gegaan is dan dat gruwelijke informatie wordt achtergehouden.

7.7.17 Het gaat om de beleving van de interne nare beelden

De verwerking van traumatische ervaringen betreft de beelden die een cliënt in zijn hoofd heeft. Die komen niet per definitie overeen met de werkelijkheid. Soms hebben cliënten een constructie van de manier waarop een familielid is omgekomen in hun hoofd en valt niet te achterhalen of die wel of niet reëel is. Dan kan IE plaatsvinden op dat beeld. Het is goed om dan te noemen dat niet bekend is of het echt zo gegaan is.

Het kan ook gebeuren dat een cliënt zich bepaalde delen van de traumatische gebeurtenis niet herinnert. Dat is niet erg. Het is wel belangrijk te zorgen dat tijdens de IE geen suggesties door de behandelaar gedaan worden die zouden kunnen leiden tot 'hervonden herinneringen', die als waar ervaren worden, terwijl daarvoor geen objectieve reden is (Raymaekers et al. 2008).

7.7.18 Combinatie van nare traumatische gebeurtenissen

Cliënten kunnen te maken hebben met verschillende soorten combinaties van traumatische gebeurtenissen:
- meerdere verschillende traumatische gebeurtenissen;
- meerdere dezelfde traumatische gebeurtenissen;
- verschillende lagen van traumatische gebeurtenissen.

Bij meerdere traumatische gebeurtenissen is het verstandig om een traumalijst op te stellen (zie ▶ par. 5.9).

Bij meerdere dezelfde traumatische gebeurtenissen kan besloten worden om die in dezelfde exposuresessie te behandelen of om de gebeurtenissen één voor één te behandelen in aparte sessies. Bij behandeling binnen één exposuresessie spits je steeds meer toe op de hotspots, ook al liggen die die in tijd wellicht wat verder uit elkaar.

Soms is sprake van een gelaagdheid in de traumatische gebeurtenis. Dan wordt bijvoorbeeld gewerkt wordt aan een traumatische gebeurtenis waaronder een andere traumatische gebeurtenis blijkt te liggen. In overleg met de cliënt moet dan een keuze gemaakt worden: beide situaties in één serie van exposuresessies behandelden of in twee aparte exposuresessies.

> **Casus**
>
> Op een recente aanranding wordt IE toegepast. Tijdens de exposure komt het beeld naar boven van de machteloosheid die de cliënt als kind ervoor tijdens de straffen door haar moeder. Zij rapporteert daarbij een zeer hoge spanning. Samen met de cliënt wordt besloten om de exposure eerst te richten op het straffen door moeder, omdat dat meer spanning op roept dan de aanranding. Daarna wordt de aanranding behandeld.

7.7.19 Hoge spanning aan het einde van een sessie

Bij hoge spanning aan het einde van een sessie heb je twee mogelijkheden: gewoon stoppen als de exposuretijd voorbij is of toewerken naar een lage spanning aan het einde van de exposuresessie.

Een argument voor het stoppen onafhankelijk van de mate van spanning (dus ook bij hoge spanning) is dat daarmee de spanning nog even doorwerkt, ook na de sessie, en dat juist het doormaken van de spanning het verwerkingsproces faciliteert. Impliciet geef je daarmee als behandelaar de boodschap dat de cliënt de spanning wel aankan.

Een argument om toe te werken naar een lagere spanning aan het einde van de sessie is dat de cliënt zich na de sessie weer in het leven en vooral in het verkeer begeeft. Dan kan het gevaarlijk zijn als de spanning van de sessie nog erg doorwerkt. Een manier om de spanning aan het einde van de sessie te verlagen, is de cliënt zijn verhaal versneld te laten vertellen ('doorspoelen') tot het moment dat het weer relatief veilig was, wat bepaald is bij de 'geografie van de schokkende gebeurtenis'. Natuurlijk kunnen er ook allerlei ontspannings- of relaxatietechnieken gebruikt worden aan het einde van de sessie om de spanning te laten dalen.

7.7.20 Tekenexposure

Bij Fier in Leeuwarden (een instelling waar vrouwen die slachtoffer zijn geworden van mensenhandel worden behandeld) is in het kader van intensieve traumabehandeling met IE, EMDR en in-vivo-exposure een beeldende vorm van IE ontwikkeld: Tekenexposure (Pronk 2019). Hierbij wordt het traumaverhaal getekend.

7.7.21 Intensiveren van de behandeling

Normaal gesproken vindt IE plaats in een ambulante behandeling van één keer per week. De afgelopen jaren zijn echter allerlei veelbelovende initiatieven ontstaan om traumabehandeling te intensiveren. Het is van belang daarbij op te merken dat dit vooral geïndiceerd is voor verwerkingsproblematiek die niet goed behandeld kan worden in de normale ambulante frequentie van één keer week of waarbij de behandeling met die frequentie niet tot voldoende resultaat leidde.

Rondom IE is ervaring opgedaan met een intensief format waarbij gedurende twee weken twee sessies per dag plaatsvonden. Dit bleek een zeer gunstig effect te hebben (Hendriks et al. 2018). De drop-outpercentages bij deze intensieve behandelvormen waren bovendien relatief gering.

Binnen Psytrec is veel ervaring opgedaan met een programma van tweemaal vier dagen waarbij IE en EMDR worden afgewisseld (Van Woudenberg et al. 2018). Ook op verschillende andere plaatsen wordt momenteel ervaring opgedaan met een intensief format.

Bij deze intensieve vormen van traumabehandeling wordt altijd met wisselende behandelaren gewerkt. Dit blijkt, in tegenstelling tot wat vaak gedacht werd, geen enkel probleem te zijn (Hendriks et al. 2011).

7.7.22 In-vivo-exposure

Zoals aangegeven in ▶ par. 7.1 is het meestal nodig om na een geslaagde IE-behandeling ook aandacht te besteden aan de sequentiële relatie, de verwachting en dus de angst dat de schokkende gebeurtenis opnieuw zal plaatsvinden als de cliënt geconfronteerd wordt met een traumagerelateerde trigger. Daartoe moet de cliënt exposure ondergaan van de traumagerelateerde triggers. Craske et al. (2014) gaan uit van het model van 'inhibitoir leren' (zie ook ▶ par. 4.5.6). Belangrijke tips daarbij zijn
- Verwoord de verwachting van de ramp helder ('Als ik in het bos ga hardlopen, wordt ik gebeten door een hond', 'Als ik met het openbaar vervoer ga reizen, wordt ik aangerand') en oefen in situaties waarin die verwachting kan worden ontkracht.
- Desgewenst kan eerst exposure plaatsvinden aan losse aspecten van de rampverwachting (dus bijvoorbeeld eerst wandelen in het bos, daarna naar een hondenkennel en vervolgens ontmoetingen met honden in het bos opzoeken).
- Hef veiligheidsgedrag en veiligheidssignalen op of verwijder ze, omdat het kan zijn dat de cliënt het niet optreden van de ramp daaraan ontleent en daarvan dus afhankelijk wordt. Er heeft dan geen of minder ontkrachting van de rampverwachting plaatsgevonden.

Casus

Een cliënt die in het bos gebeten was door een hond had dit incident succesvol verwerkt, maar bleek als hij ging wandelen toch nog een grote vrees te hebben om opnieuw gebeten te worden. Hij had weinig last van die vrees dankzij veiligheidsgedrag. In het bos wandelen met zijn dochtertje van 5 op haar fietsje was bijvoorbeeld geen probleem. Bij het naderen van een loslopende hond was de cliënt dan weliswaar op zijn hoede, maar voelde hij ook de bereidheid om bij gevaar tussen zijn dochtertje en de hond te springen. In zijn eentje durfde hij echter niet in het bos te wandelen. Tijdens de in-vivo-exposure moest hij dus juist dat doen.

- Varieer in de blootstelling aan rampverwachting veroorzakende triggers en omgeving, dus niet één soort hond, maar verschillende soorten honden, dus niet met de trein op één traject, maar op meerdere trajecten en op verschillende tijden.
- Gebruik eventueel een 'retrieval cue': een teken, gebaar of voorwerp (bijvoorbeeld een duim-wijsvingeraanraking of een bijzonder steentje of briefje dat geassocieerd is met een gevoel van kracht of dapperheid) dat de cliënt er bij een traumagerelateerde trigger aan herinnert dat de gevreesde ramp niet zal optreden. Dit lijkt op de ankeroefening (zie onder andere Stöfsel en Mooren 2017) en kan gebruikt worden als een soort terugvalpreventie. Voorkom wel dat dit als veiligheidsgedrag gaat functioneren.

7.8 Lastigheden

Veel behandelaren hebben moeite met het toepassen van IE, blijkt uit onderzoek (Deacan et al. 2013). Men denkt dat de behandeling te moeilijk is voor cliënten of zelfs schadelijk, dat de klachten erdoor zouden kunnen verergeren, dat de cliënt zou kunnen 'decompenseren' en dat IE lastig is voor de behandelaar (Van Minnen 2008).

Behandelaren verwoorden wel eens dat het doorvragen naar pijnlijke details voor hen soms voelt als een soort 'beulswerk': 'Je kan je voelen als een dader en het idee hebben bezig te zijn met herhaling van traumatisering.' Dat is soms inderdaad lastig, maar het geeft altijd voldoening als blijkt dat daardoor de verwerking gefaciliteerd is.

Exposure-behandeling stokt soms. Enkele belangrijke redenen daarvoor zijn: met situaties met te weinig spanning beginnen, te grote tussenpozen tussen de verwerkingssessies, de behandeling wordt niet consequent doorgezet, er wordt aandacht gegeven aan te veel andere problemen (Van Minnen et al. 2017) en de zogenoemde 'therapeutic drift' (Waller en Turner 2016).

7.9 Werkingsmechanismen

We maken hier gebruik van de werkingsmechanismen die zijn beschreven in ▶ H. 4 en het werk van Cooper et al. (2017). Zij concluderen dat de belangrijkste werkingsmechanisme bij PE cognitieve verandering, habituatie en inhibitoir leren zijn.

Het belangrijkste werkingsmechanisme bij Imaginaire Exposure is het cognitieve verwerkingsmodel: inpassen van nieuwe informatie in de al bestaande structureren. Daardoor vindt een proces plaats van 'inhibitoir leren' (Craske et al. 2014), wat tot habituatie en extinctie leidt. Dit kun je ook zien als een toepassen van de 'associatiecirkel'. Een belangrijk werkingsmechanisme is verder het falsificeren van de angstige verwachting, waardoor er een nieuwe associatie ontstaat tussen de trigger, de CS en de verwachte US-UR-representatie (Craske et al. 2012).

Daarnaast spelen werkingsmechanismen als 'reconsolidatie' een rol: door het beleven van de nare ervaring met minder angst wordt de oude ervaring overschreven en geconsolideerd als een minder angstige ervaring.

7.10 Opleiding

Een goede opleiding in IE en de andere verwerkingstechnieken bestaat uit een combinatie van theorie, veel oefenen en bijgestuurd worden. Idealiter wordt daarbij gebruikgemaakt van vijf stappen: eerst een voorbeeld van behandeling zien op video, daarna een demonstratie door de docent, dan oefenen op een medecursist, vervolgens oefenen in de eigen praktijk onder supervisie en ten slotte beoordeling van een video-opname van de toepassing van de aangeleerde techniek. In de basiscursus CGT wordt IE over het algemeen onderwezen op een minimumniveau. Het verdient aanbeveling om daarna nog een gespecialiseerde cursus te volgen en in ieder geval onder supervisie met IE te oefenen.

7.11 Tot slot

In dit hoofdstuk is de verwerkingstechniek Imaginaire Exposure uitgebreid beschreven: in de eerste plaats het protocol en in de tweede plaats bijzonderheden zoals de geografie van de schokkende gebeurtenis, wat te doen bij te veel of te weinig spanning, Tekenexposure, microverwerking en in-vivo-exposure na afsluiting van de in-vitro-exposure. Ook lastigheden kwamen aan de orde. Daarnaast zijn de historie, wetenschappelijke publicaties en de werkingsmechanismen benoemd.

Literatuur

Cooper, A., Clifton, E., & Feeny, N. (2017). An empirical review of potential mediators and mechanisms of prolonged exposure therapy. *Clinical Psychology Review, 56*(2017), 106–121.

Craske, M., Liao, B., Brown, L., & Vervliet, B. (2012). Role of inhibition in exposure therapy. *Journal of Experimental Psychopathology, 2012*(3), 322–345.

Craske, M., Treanor, M., Conway, C., Zbozinek, T., & Vervliet, B. (2014). Maximizing exposure therapy: An inhibitory learning approach. *Behaviour Research and Therapy, 58,* 10–23.

Deacon, B., Nicholas, R., Farrell, N., Kemp, J., Dixon, L., Sy, J., et al. (2013). Assessing therapist reservations about exposure therapy for anxiety disorders: The therapist beliefs about exposure scale. *Journal of Anxiety Disorders, 27*(8), 772–780.

Ehlers, A., & Clark, D. (2000). A cognitive model of posttraumatic stress disorder. *Behaviour Research and Therapy, 38,* 319–345.

Foa, E., Steketee, G., & Rothbaum, B. (1989). Behavioral/cognitive conceptualizations of posttraumatic stress disorder. *Behavior Therapy, 20,* 155–176.

Forman-Hoffman, V., Middleton, J., Feltner, C., Gaynes, B., Weber, R., Bann, C., et al. (2018). *Psychological and pharmacological treatments for adults with posttraumatic stress disorder: A systematic review update.* Rockville (MD): Agency for Healthcare Research and Quality.

Hendriks, L., De Kleine, R., Broekman, T., Hendriks, G., & Van Minnen, A. (2018). Intensive prolonged exposure therapy for chronic PTSD patients following multiple trauma and multiple treatment attemps. *European Journal of Psychotraumatology, 9,* 1425574.

Hendriks, L., De Kleine, R., Van Rees, M., & Van Minnen, A. (2011). Een alternatieve kijk op de therapeutische houding bij de behandeling van PTSS. *Tijdschrift voor Directieve Therapie en Hypnose, 31,* 382–397.

International Society of Traumatic Stress Studies (2018). *Posttraumatic stress disorder, prevention and treatment guidelines, methodology and recommendations.* Beschikbaar op: ▶ www.istss.org.

Korrelboom, K., & Ten Broeke, E. (2014). *Geïntegreerde cognitieve gedragstherapie: Handboek voor theorie en praktijk.* Bussum: Coutinho.

Kozak, M.J. (1986). Emotional processing of fear: Exposure to corrective information. *Psychological Bulletin, 99*(1), 20–35.

Mavranezouli, I., Megnin-Viggars, O., & Sofia Dias, C. (2020). *Psychological treatments for post-traumatic stress disorder in adults: A network meta-analysis.* Beschikbaar op: ▶ https://doi.org/10.1017/S0033291720000070.

Pronk, L. (2019) TekenExposure, een protocol voor intensieve traumabehandeling door middel van beeldende therapie. *Tijdschrift voor Vaktherapie, 3*(15), 20–28.

Raymaekers, L., Geraerts, E., & Merckelbach, H. (2008). Hervonden herinneringen: De stand van zaken. *Tijdschrift voor Psychotherapie, 34,* 242–259.

Resick, P., Williams, L., Suvak, M., Monson, C., & Gradus, J. (2012). Long-term outcomes of cognitive-behavioral treatments for posttraumatic stress disorder among female rape survivors. *Journal of Consulting and Clinical Psychology, 80,* 201–210.

Stöfsel, M., & Mooren, T. (2017). *Trauma en persoonlijkheidsproblematiek.* Houten: Bohn Stafleu van Loghum.

Van Minnen, A. (2008). Wie durft? Tien misverstanden over exposure bij de behandeling van PTSS-patiënten. *Tijdschrift voor Gedragstherapie, 2008*(41), 313–329.

Van Minnen, A. (2016). *Exposure is de beste stabilisatie.* Presentatie op NtvP-congres 2016 in Lunteren.

Van Minnen, A., & Arntz, A. (2017). Protocollaire behandeling van patiënten met een post-traumatische stress stoornis: Imaginaire exposure en exposure in vivo. In G. P. J. Keijsers, A. van Minnen, M. Verbraak, C. A. L. Hoogduin & P. Emmelkamp (Red.), *Protocollaire behandelingen voor volwassenen met psychische klachten* (pag. 311–389). Amsterdam: Boom.

Van Minnen, A., De Kleine, R., & Hendriks, L. (2017). Richtlijnen bij moeizaam verlopende exposurebehandelingen van patiënten met een PTSS. *Tijdschrift voor Directieve Therapie, 37,* 43–62.

Van Minnen, A., Harned, M., Zoelnner, L., & Mills, K. (2013). Vermeende contra-indicaties voor (imaginaire) exposurebehandeling van PTSS onder de loep. *Tijdschrift voor Gedragstherapie, 46,* 261–286.

Van Woudenberg, C., Voorendonk, E., Bongaerts, H., Zoet, H., Verhagen, M. Lee, C., et al. (2018). Effectiveness of an intensive treatment programme combining prolonged exposure and eye movement desensitization and reprocessing for severe post-traumatic stress disorder. *European Journal of Psychotraumatology, 9,* 1487225.

Waller, G., & Turner, H. (2016) Therapist drift redux: Why well-meaning clinicians fail to deliver evidence-based therapy, and how to get back on track. *Behaviour Research and Therapy. 77,* 129–137.

Eye Movement Desensitization and Reprocessing

8.1 Inleiding – 105

8.2 Historie – 105

8.3 Indicatie en contra-indicatie – 106

8.4 Onderzoek – 106

8.5 Richtlijnen – 107

8.6 Protocol – 107

8.7 Bijzonderheden bij de toepassing van EMDR – 109
8.7.1 Oogbewegingen en klikjes – 109
8.7.2 Flash-forward – 109
8.7.3 Mental Video Check – 110
8.7.4 Future template – 110
8.7.5 Flash – 110
8.7.6 Blind to therapist – 111
8.7.7 EMD-knaller – 111
8.7.8 Butterfly hug – 111
8.7.9 Auditieve vormen van werkgeheugenbelasting – 111
8.7.10 Kinestetische vormen van werkgeheugenbelasting – 112
8.7.11 Andere werkgeheugenbelastende taken – 112
8.7.12 Niet-dalende SUD – 113
8.7.13 EMDR 2.0 – 113
8.7.14 EMDR-rechtsom bij zelfbeeldproblematiek – 113
8.7.15 Cognitive Interweave – 114
8.7.16 Aspecten van Imaginaire Rescripting gebruiken tijdens de EMDR – 114

© Bohn Stafleu van Loghum is een imprint van Springer Media B.V., onderdeel van Springer Nature 2020
M. Stöfsel, *Trauma en verwerkingstechnieken*, https://doi.org/10.1007/978-90-368-2501-6_8

8.7.17	Toepasbaarheid van EMDR bij andere stoornissen – 115	
8.7.18	EMDR als haarlemmerolie? – 115	
8.7.19	Woede- en wraakprotocol – 115	
8.7.20	Resource Development and Installation (RDI) – 115	
8.7.21	Oogbewegingen als procesbegeleiding bij lagere SUD's – 116	
8.7.22	Zintuigelijk specifiek belasten? – 116	
8.7.23	Kritiek op EMDR vanuit christelijk-evangelische hoek – 116	
8.7.24	Multi-modular Motion-assisted memory Desensitization and Reconsolidation (3MDR) – 117	
8.7.25	Online behandelen van trauma – 117	
8.8	Werkingsmechanismen – 117	
8.9	Opleiding – 118	
8.10	Tot slot – 118	
	Literatuur – 118	

8.1 Inleiding

Eye Movement Desensitization and Reprocessing (EMDR) is een in de jaren tachtig van de vorige eeuw in de Verenigde Staten door Francine Shapiro ontwikkelde methode waarbij de cliënt naar het meeste schokkende herinneringsbeeld van de traumatische ervaring kijkt terwijl tegelijkertijd zijn werkgeheugen overbelast wordt door een visuele taak (zie ◘ fig. 8.1).

In Nederland is EMDR inmiddels de meest gebruikt traumaverwerkingsmethode en wordt dankzij de inspanningen van de Vereniging EMDR Nederland op een kwalitatief goede manier toegepast.

8.2 Historie

Eind jaren tachtig van de vorige eeuw ontdekte de Amerikaanse psycholoog Francine Shapiro (1948–2019) tijdens het maken van een wandeling in een park dat de lading van een onprettige herinnering afnam nadat ze haar ogen een aantal keren snel heen en weer bewoog. Op basis van deze ervaringen ontwikkelde ze een protocol waaraan ze bewegingen met de hand toevoegde, omdat ze merkte dat veel cliënten tijdens het vertellen uit zichzelf niet goed oogbewegingen konden maken. Bij tests op cliënten met traumatische ervaringen werd duidelijk dat de naarheid van die ervaringen snel verdween. Shapiro beschreef deze methode in in eerste instantie als 'Eye Movement Desensitization' en later als 'Eye Movement Desensitization and Reprocessing' (Shapiro 1989).

EMDR is in Nederland geïntroduceerd door Ad de Jongh en Erik ten Broeke (De Jongh en Ten Broeke 1993). Aanvankelijk bestond er veel scepsis over deze methode. Inmiddels heeft EMDR zich, mede door de inspanningen van de Vereniging EMDR Nederland (VEN), ontwikkeld tot een erkende en gewaardeerde verwerkingstechniek. De VEN is in april 2003 opgericht en is voortgekomen uit het EMDR Netwerk, dat sinds 1994 bestond. De VEN telde in januari 2020 meer dan 4.800 leden en is daarmee een van de grotere psychotherapieverenigingen in Nederland.

De doelstellingen van de VEN zijn (▶ www.emdr.nl):
- het bevorderen van de toepassing en de ontwikkeling van EMDR in Nederland;
- kwaliteitsbewaking van de toepassing van EMDR;
- het stimuleren van wetenschappelijk onderzoek.

Aanvankelijk werd gedacht dat EMDR werkte dankzij de 'bilaterale' stimulatie, waarbij beide hersenhelften werden geactiveerd. Uit onderzoek bleek dat deze stelling niet houdbaar was (Van den Hout en Engelhard 2012) en dat de werking van EMDR beter te verklaren is vanuit de 'werkgeheugentheorie'.

Opmerkelijk is dat er in de Verenigde Staten nog steeds veel scepsis bestaat over EMDR, die daar bij lange na niet zo'n algemeen aanvaard is als in Nederland. Naar verluid heeft dit te maken met tegenwerking vanuit het veld van de Amerikaanse cognitieve gedragstherapie.

◘ **Figuur 8.1** EMDR

8.3 Indicatie en contra-indicatie

EMDR is geïndiceerd voor klachten waaraan duidelijke te bepalen nare gebeurtenissen ten grondslag liggen (De Jongh en Ten Broeke 2019):
- acute stressstoornis of PTSS;
- overige traumagerelateerde problematiek waaraan schokkende gebeurtenissen of beangstigende verwachtingen ten grondslag liggen;
- zelfbeeldproblematiek waarvan de oorzaak ligt in disfunctionele kernopvattingen.

Verder zijn er enkele algemene indicaties, die voor alle drie de 'grote' verwerkingstechnieken gelden. Deze zijn beschreven in ▶ par. 5.6 en 7.3.

8.4 Onderzoek

Er is een stortvloed van artikelen die de effectiviteit van EMDR aantonen. Uit een recente metaanalyse van 77 RCT's (Cuijpers et al. 2020) blijkt dat EMDR een zeer effectieve behandelvorm is voor PTSS vergeleken met een wachtlijstconditie en met andere behandelvormen. Uit de meta-analyse blijkt bovendien dat er aanwijzingen zijn dat EMDR het goed doet bij de behandeling van angststoornissen. Ook in een recente meta-analyse door de Cambridge University (Mavranezouli et al. 2020) werd een groot positief resultaat gevonden voor EMDR.

Er is nog maar weinig onderzoek gedaan naar de toepassing van EMDR bij andere stoornissen.

8.5 Richtlijnen

De International Society of Traumatic Stress Studies (ISTSS) geeft EMDR in haar *Guidelines* (2018) een 'strong recommendation'. In de Nederlandse *Richtlijn angststoornissen* van de ggz is EMDR 'behandeling van eerste keus' bij PTSS.

In de Verenigde Staten is EMDR als gezegd minder populair. In de *Clinical Practice Guidelines for PTSD* (2017) van de American Psychological Association heeft EMDR slechts een 'conditionally recommendation' (voorwaardelijke aanbeveling).

8.6 Protocol

We baseren ons in dit hoofdstuk op de versie van januari 2020 van het Nederlandse protocol (zie ◘ tab. 8.1) (De Jongh et al. 2020). Het protocol dat in de Verenigde Staten gebruikt wordt en aansluit bij het oorspronkelijke protocol van Shapiro is op een aantal vlakken anders. Het belangrijkste verschil is dat het Nederlandse protocol veel uitgebreider is en explicietere instructies geeft. Het Amerikaanse protocol bevat wat meer 'veiligheidskleppen'. Zo wordt hierin aanbevolen te vragen naar een veilige plek en een stopteken af te spreken, waarvoor in het Nederlandse protocol juist expliciet niet gekozen wordt omdat dit te veel nadruk zou leggen op de suggestie dat sprake zal zijn van een moeilijke behandeling (Hornsveld et al. 2018).

Het Nederlandse protocol wordt beheerd door de EMDR-trainers van de VEN en elk jaar enigszins aangepast. De meeste aanpassingen zijn tekstueel of gebaseerd op veranderde wetenschappelijke inzichten.

Belangrijke opmerkingen bij het protocol:
- EMDR lijkt op het eerste gezicht geen ingewikkelde techniek, maar is dat in de praktijk wel degelijk. EMDR is namelijk een gebalanceerde en complexe samenvoeging van veel verschillende procedures.
- Om het EMDR-standaardprotocol goed toe te passen, is dan ook een uitgebreide training nodig. Deze kan worden gegeven in het kader van de opleiding tot EMDR-practitioner door trainers die door de Vereniging EMDR Nederland zijn erkend. De praktijk leert dat kwalitatief onvoldoende training in EMDR vaak leidt tot slechte toepassing en daardoor teleurgestelde cliënten en behandelaren.
- EMDR wordt altijd toegepast op situaties waarin veel traumagerelateerde spanningen een rol spelen. Dat zijn potentieel 'explosieve' situaties. Een behandelaar die EMDR toepast, moet dan ook niet alleen het standaardprotocol kunnen uitvoeren, maar ook weten wat te doen als een cliënt door of tijdens de EMDR-behandeling ontregeld raakt of zelfs decompenseert.

Tabel 8.1 EMDR-protocol voor EMDR (De Jongh et al. januari 2020)

1. introductie: uitleg procedure

2. scherpstellen:
   - beschrijving van de nare herinneringen, bij voorkeur met ogen dicht
   - Wat is op dit moment, in het nu, het naarste plaatje waarop jij ook te zien bent?
   - Wat is de Negatieve Cognitie (NC) die bij het nare plaatje hoort (in de cognitieve domeinen controle, veiligheid, zelfwaardering of verantwoordelijkheid/schuld)?
   - Wat is de Positieve Cognitie (PC)?
   - Wat is de geloofwaardigheid van de PC op een 7-puntsschaal (Validity of Cognition – VoC)?
   - Welke emotie voel je bij het nare plaatje?
   - Hoe hoog is de lading van het nare plaatje op een 11-punsstchaal (Subjective Unit of Distress – SUD)?
   - Waar in je lijf voel je de spanning op dit moment het sterkst?

3. desensitisatie:
   - Neem het beeld in gedachten, noem de NC concentreer je op de spanning in je lijf
   - Volg met je ogen mijn hand
   - Na 30 seconden stop je en vraag je: wat komt er op?
   - Concentreer je daarop of ga daar mee door
   - aan einde associatieketen of na 5 à 10 minuten 'back to target'
   - 'back to target': Als je nu naar het beeld kijkt, hoeveel spanning roept dat op in SUD's en welk aspect van het beeld roept de meeste spanning op? Concentreer je daarop
   - doorgaan tot SUD 0 is
   - Vraag cliënt om met gesloten ogen nogmaals de gehele herinnering langs te gaan: zijn er nog andere plaatjes die spanning geven? In dat geval laat je de cliënt het plaatje beschrijven, vraag je welk aspect de meeste spanning geeft (analoog aan de back-to-target-procedure) en desensitiseer je dit en eventuele volgende plaatjes.

4. installatie van de PC
   - Neem oorspronkelijke beeld in je hoofd en bepaal hoe geloofwaardig de PC nu is op de VoC-schaal
   - oogbewegingen totdat de VoC 7 is

5. 'body scan'
   - Ga met je ogen dicht na of ergens in je lichaam nog lichamelijke spanning opkomt die bij het beeld hoort als je daarnaar kijkt
   - Indien er spanning opkomt, zet je de desensitisatiefase voort

6. positief afsluiten
   - aan het einde van iedere sessie
   - Wat is het meest positieve of waardevolle dat je de afgelopen sessie over jezelf hebt geleerd of ervaren? Indien zinvol: wat zegt dat over jou?
   - Concentreer je hierop

- De ideale duur van een sessie is voor velen 90 minuten. Ervaren EMDR-therapeuten hebben doorgaans minder tijd nodig.
- Het is goed om na afloop van de sessie duidelijk te maken dat, zeker als de SUD nog geen 0 was, het effect van de sessie nog wel even zal doorgaan en dat daardoor sprake kan zijn van allerlei na-effecten. Meestal verdwijnen deze effecten binnen 48 uur.

8.7 Bijzonderheden bij de toepassing van EMDR

Oorspronkelijk werd gedacht dat EMDR werkt doordat de verschillende hersenhelften geactiveerd werden, wat tot een integratie van de gefragmenteerde traumatische herinnering zou leiden. Dit werd ook wel de interhemisferische-interactiehypothese genoemd (Christman et al. 2006). Momenteel wordt als belangrijkste werkingsmechanisme voor EMDR de werkgeheugentheorie genoemd (Van den Hout et al. 2010). Bij EMDR wordt gebruikgemaakt van het feit dat het werkgeheugen maar een beperkte capaciteit heeft, waardoor bij overbelasting verschillende taken niet even goed kunnen worden uitgevoerd. Door een veel aandacht vragende activiteit als oogbewegingen maken tegelijkertijd uit te voeren met het ophalen van nare herinneringen wordt afstand tot het beeld gecreëerd, waardoor de emotionele levendigheid van de herinneringen afneemt.

8.7.1 Oogbewegingen en klikjes

EMDR ontstond als een techniek waarbij door middel van horizontale bewegingen met de hand oogbewegingen werden geluxeerd. Vanuit de aanname dat EMDR werkte door middel van het activeren van de twee hersenhelften ontstond de gedachte dat het laten horen van klikjes die alternerend beide hersenhelften zouden activeren hetzelfde effect zou moeten hebben. Aangezien het laten horen van klikjes minder fysiek belastend is voor de behandelaar stapte het merendeel van de EMDR-behandelaren hierop over. De werkgeheugentheorie toonde echter aan dat oogbewegingen het werkgeheugen veel meer belasten dan auditieve stimuli (Van den Hout et al. 2012). De oogbewegingen zijn dan ook weer opgenomen in de protocollen en is er apparatuur ontwikkeld die de bewegende hand van de therapeut vervangt (hoewel het bewegen van de hand vanwege de natuurlijke variatie daarin vermoedelijk meer werkgeheugenbelasting oplevert en dus als wenselijker wordt gezien).

8.7.2 Flash-forward

Van oorsprong richt EMDR zich op flashbacks, op herbelevingen. Bij veel psychische problematiek speelt echter mee dat cliënten angst hebben voor iets wat zou kunnen gebeuren en daarover nare fantasieën en dus (schrik)beelden hebben. Binnen de EMDR is hiervoor de 'flash-forward'-procedure ontwikkeld (De Jongh en Ten Broeke 2019). Hierbij wordt een concreet beeld gemaakt van de rampfantasie van de cliënt over wat hem in de toekomst zou kunnen overkomen. Op die rampfantasie wordt vervolgens het standaard-EMDR-protocol toegepast.

8.7.3 Mental Video Check

De procedure 'Mental Video Check' is bedoeld om na te gaan of een toekomstige situatie zoveel belemmeringen kan omvatten dat de cliënt de situatie niet zou aangaan. Hierbij wordt de cliënt gevraagd met de ogen dicht een toekomstige situatie door te lopen en na te gaan of ergens in die situatie spanning gevoeld wordt. Indien dat het geval is, wordt de cliënt gevraagd om de ogen te openen en circa een halve minuut naar de afleidende stimulus te kijken, zonder naar associaties te vragen. Vervolgens doorloopt de cliënt met gesloten ogen de wenselijke situatie verder. Deze 'film' wordt zo lang herhaald tot er geen spanning meer ervaren wordt. Vervolgens wordt gecheckt of de cliënt een toekomstige situatie nu echt aan durft te gaan door hem te laten focussen op een toekomstig beeld en te kijken of de hij het aankan om dit ook echt te gaan doen. Indien dat niet goed lukt, kan een 'future-template'-procedure worden uitgevoerd.

8.7.4 Future template

Bij de future-template -procedure wordt de cliënt gevraagd naar een vervelend of lastig toekomstig beeld te kijken en tegen zichzelf te zeggen: 'Ik kan dit aan', terwijl oogbewegingen als afleidende stimulus worden aangeboden. Dit wordt net zo lang herhaald tot de geloofwaardigheid van die gedachte (de VoC) 7 is.

8.7.5 Flash

De Flash is een vorm van microtraumaverwerking (zie ook ▶ H. 7) die is ontwikkeld door Manfield et al. (2017). Eerst wordt dan de metafoor van 'de hand door de kaarsvlam' uitgelegd. De betekenis daarvan is dat kort iets ondergaan (hand snel door een kaarsvlam bewegen) wel te verdragen is, terwijl lang datzelfde ondergaan (hand stilhouden vlak boven de kaarsvlam) niet te verdragen is. De cliënt wordt gevraagd om de nare herinnering ergens verderop te leggen, terwijl langzame oogbewegingen worden gemaakt. Dan wordt de cliënt gevraagd heel snel (en vooral kort) aan de gebeurtenis te denken en direct daarna de herinnering weer terug te leggen. Dit wordt een aantal keren herhaald, waarbij de tijd dat de cliënt naar het nare beeld kan kijken langzaam toeneemt. Er is door Manfield in 2019 een nieuwe experimentele variant van de Flash-techniek ontwikkelt. Door Karsten (2020) wordt dit beschreven als Flash 2.0. Hierbij wordt de cliënt gevraagd om nadat de nare herinnering is bepaald zich uitdrukkelijk te richten op een heel positieve herinnering, terwijl de bilaterale stimulatie wordt opgestart door middel van langzaam tappen op de bovenbenen of oogbewegingen. Dit wordt een keer of vijf a zes onderbroken door 'Flash' te zeggen, waarna de cliënt drie keer snel met zijn ogen moet knipperen. Daarna wordt gevraagd of het nare plaatje veranderd is. indien dat niet zo is of weinig wordt de procedure herhaalt. De hypothese is dat het werkzame element hierbij een combinatie van subliminale blootstelling en desensitisatie door middel van knipperen met de ogen is.

(Karsten C. (2020). Hoe swipe je een trauma weg. Amsterdam: SWP.)

8.7.6 Blind to therapist

Indien er te veel schaamte is (wat soms het geval is bij seksueel misbruik), kan de procedure 'blind to therapist' worden toegepast. Hierbij hoeft de cliënt tijdens het vertellen niet te praten over het nare plaatje dat hij in zijn hoofd heeft. De behandelaar moet wel goed navragen of de cliënt wel echt naar het naarste deel van het verhaal kijkt. Indien dat het geval is, zal de SUD in het begin heel hoog zijn en geleidelijk dalen. Bij een lagere SUD zal er een moment moeten komen waarop de cliënt wel kan vertellen wat hij 'ziet'. Indien hij dat dan nog niet kan, kan er sprake zijn van disfunctionele vermijding. Ook als de SUD niet daalt, heeft de cliënt wellicht vermeden om naar het naarste deel te kijken.

Overigens zou hierbij ook sprake kunnen zijn van 'gezonde' vermijding: 'Waarom zou ik over het naarste plaatje moeten vertellen aan die relatief onbekende behandelaar?' Het is dan goed om helder te krijgen of het gaat om disfunctionele of gezonde, functionele vermijding.

8.7.7 EMD-knaller

De zogenoemde EMD-knaller is een door Leenders en De Jongh (2017) ontwikkelde procedure voor het geval de SUD niet naar beneden gaat, bijvoorbeeld doordat het beeld te aversief is, bij dissociatie of bij te veel cognitieve vermijding. Bij de EMD-knaller wordt de werkgeheugenbelasting enorm opgehoogd door verschillende modaliteiten te belasten, door oogbewegingen te variëren op allerlei manieren, door de cliënt rekensommetjes te geven, geluid te maken of door stapbewegingen (V-stapjes) te maken. Door deze maximale werkgeheugenbelasting krijgt de cliënt uiteindelijk de succeservaring dat hij aan de nare situatie kan denken zonder spanning. Deze procedure leidt vooral tot desensitisatie en níet tot 'reprocessing' (cognitief verwerken en inbedden van de nare gebeurtenis), vandaar dat de R van reprocessing is weggelaten in de naam.

8.7.8 Butterfly hug

De techniek 'butterfly hug' is ontwikkeld door Artigas en Jarero (2020) tijdens hun werk met de slachtoffers van de orkaan Pauline in Mexico in 1998. Deze techniek is een vorm van zelf toe te passen EMDR voor zowel kinderen als volwassenen. De bilaterale stimulatie (nu wordt dat werkgeheugenbelasting genoemd) bestaat uit het zelf met gekruiste handen op de schouders tappen.

8.7.9 Auditieve vormen van werkgeheugenbelasting

Er zijn diverse vormen van werkgeheugenbelasting mogelijk (▶ www.emdrtherapieonline.nl). De volgende vormen van auditieve werkgeheugenbelasting zijn niet wetenschappelijk onderzocht:
- de bekende regelmatige of onregelmatige klikjes maken: uit onderzoek naar de werkgeheugentheorie (Van den Hout et al. 2012) weten we dat klikjes alleen minder werkgeheugenbelasting opleveren dan visuele werkgeheugenbelasting;

- traumagerelateerde geluidsfragmenten afspelen:
    - sirenes;
    - huilen van bijvoorbeeld een kind;
    - geluiden van dieren;
    - seksueel gerelateerde geluiden;
    - geluiden van huiselijk geweld;
    - geluiden van een overval;
    - geluiden van een auto-ongeluk;
- muziekfragmenten van YouTube mee laten klappen en stampen;
- fragmenten snel laten afwisselen of tegelijk afspelen en dan het ritme van één fragment laten tappen.

8.7.10 Kinestetische vormen van werkgeheugenbelasting

Er zijn diverse vormen van werkgeheugenbelasting mogelijk (▶ www.emdrtherapieonline.nl). De volgende vormen van kinestetische werkgeheugenbelasting zijn niet wetenschappelijk onderzocht:
- tappen:
    - onregelmatig ritme stampen met de voeten op de grond;
    - met de voeten patronen laten tekenen, bijvoorbeeld letters of traumagerelateerde figuren;
    - ritme van muziekfragmenten laten mee tappen;
    - liedjes laten tappen per woord op de schouders;
- bewegen:
    - de cliënt staat en maakt V-steps: voet links naar voren en terug en dan voet recht naar voren en weer terug;
    - de cliënt beweegt op muziek die de behandelaar laat horen;
- coördinatietaken:
    - de cliënt gooit een balletje of een ander voorwerp omhoog en vangt het weer of gooit het van links naar rechts en volgt het met de ogen;
    - de cliënt doet één oog dicht en pakt een voorwerp op.

8.7.11 Andere werkgeheugenbelastende taken

Er zijn diverse vormen van werkgeheugenbelasting mogelijk (▶ www.emdrtherapieonline.nl). De volgende vormen van werkgeheugenbelasting zijn niet wetenschappelijk onderzocht:
- taken met woorden:
    - woorden en zinnen laten spellen: gewoon, achterstevoren, alleen de klinkers, elke tweede letter overslaan et cetera;
    - traumagerelateerde woorden laten spellen (zie hiervoor);
    - grappige zinnetjes laten spellen;
    - tekst achterstevoren laten lezen;
    - dieren of andere voorwerpen laten noemen die beginnen met letters uit het alfabet;

- door cliënt heen praten terwijl hij met een taak bezig is;
- woordjes als tik-tak en tikje-takje in allerlei variaties laten zeggen;
- schrikeffecten (zeg van tevoren dat je die wellicht gaat toepassen);
  - klap in je handen of zet ineens een geluid hard aan;
  - roep ineens keihard 'stop!', 'Sinterklaas!', 'auto!' of een ander grappig of juist traumagerelateerd woord;
  - onverwachte en rare vragen stellen;
- rekentaken:
  - rekensommetjes laten maken van simpel tot moeilijker;
  - terug laten tellen vanaf een bepaald getal met bijvoorbeeld steeds zeven aftrekken;
- strooptest: de kleuren benoemen van de letters waarin het woord geschreven is terwijl die letters een andere kleur beteken (het woord rood is bijvoorbeeld geschreven in blauwe letters);
- traumagerelateerde beelden laten zien om de herinnering te activeren:
  - YouTube en Google zijn natuurlijk een goede bron voor plaatjes en filmpjes;
  - foto's die de cliënt heeft uit de periode van bijvoorbeeld het ongeval of zijn jeugd, afhankelijk van het trauma;
  - plaatjes van de locatie van het trauma (laten) opzoeken en laten zien.

8.7.12 Niet-dalende SUD

Als de SUD niet daalt, kunnen grofweg drie zaken aan de hand zijn:
- De cliënt vermijdt het naarste deel van de ervaring; het gekozen target is dus niet het meest spanning opwekkende beeld.
- De werkgeheugenbelasting is niet hoog genoeg en moet worden verhoogd door meer afleiding toe te voegen.
- Het proces wordt geblokkeerd door te heftige emoties (vaak angst) of hardnekkige disfunctionele overtuigingen ('blocking beliefs').

8.7.13 EMDR 2.0

EMDR 2.0 is een door De Jongh en Mathijssen gepropageerde nog experimentele combinatie van EMDR-technieken voor cliënten bij wie de SUD niet genoeg daalt. Benadrukt wordt dat bij een niet dalende SUD onderzocht moet worden of de cliënt de schokkende herinnering wel voldoende in zijn werkgeheugen heeft geladen of dat de werkgeheugenbelasting niet voldoende is. EMDR 2.0 bestaat uit een grote variëteit aan werkgeheugen belastende technieken aangereikt, waaronder de EMD-knaller. Ook de Flash-techniek wordt hiertoe gerekend.

8.7.14 EMDR-rechtsom bij zelfbeeldproblematiek

Het rechtstreeks bewerken van de traumatische gebeurtenis wordt EMDR-linksom genoemd. Er kan ook gekozen worden voor een ingang waarbij de verwerking gericht is op de ervaringen die de oorzaak zijn van zelfbeeldproblematiek. Dit werd vroeger EMDR-rechtsom genoemd en wordt tegenwoordig aangeduid als de 'opvattingenroute'.

Hierbij wordt begonnen met een negatieve zelfbeelduitspraak, bijvoorbeeld: 'Ik ben een loser', die is te zien als een soort grove Negatieve Cognitie, die voor veel plaatjes geldt. Vervolgens wordt gevraagd welke situaties in het hier-en-nu bewijzen dat deze uitspraak gevoelsmatig klopt. Op die situaties wordt vervolgens het standaardprotocol toegepast, waardoor de geloofwaardigheid van het negatieve zelfbeeld vermindert of verdwijnt (Ten Broeke et al. 2012). In een vergelijkend onderzoek bleek EMDR-rechtsom bij een relatief klein aantal sessies minder effectief dan COMET (Staring 2016). In een vergelijkend onderzoek met de eveneens evidence-based witboekmethode (De Neef 2010), waarbij een groter aantal sessies werd toegepast, bleken beide behandelingen even effectief (Griffioen et al. 2017).

8.7.15 Cognitive Interweave

Indien het EMDR-proces vastloopt ('looping') kan gebruik worden gemaakt van een zogeheten 'Cognitive Interweave'. Dit is een korte interventie tijdens het desensitisatieproces in de vorm van een vraag die noodzakelijke informatie ontsluit die wel in het brein aanwezig, maar nog niet beschikbaar is. Dit draagt bij aan het op gang brengen van de gestagneerde informatieverwerking.

> **Casus**
>
> Tijdens een EMDR-sessie op een verkeersongeluk komt herhaaldelijk de associatie 'Ik ga dood' bij de cliënt naar boven. Om deze looping te doorbreken, vraagt de behandelaar: 'Heb je het overleefd?' De cliënt zegt: 'Ja, verrek' en de behandelaar reageert: 'Hou dat vast en volg mijn vingers.' Hierna komt de verwerking weer op gang en daalt de SUD snel.

8.7.16 Aspecten van Imaginaire Rescripting gebruiken tijdens de EMDR

Tijdens het verwerken van situaties waarin te weinig 'Gezonde-Volwassene-informatie' is om correctieve associaties te laten plaatsvinden, kan de EMDR vastlopen. Dit kan bijvoorbeeld het geval zijn bij vroegkinderlijke affectieve verwaarlozing. De cliënt heeft dan als kind geen of weinig ervaring opgedaan met een gezonde manier van affectie tonen door de ouders. Bij het verwerken kunnen daardoor geen correctieve associaties worden gebruikt, omdat die er simpelweg niet zijn. Deze informatie moet dan van buitenaf, vanuit het nu worden toegevoegd. Binnen de EMDR is hiervoor een werkwijze ontstaan waarbij een Imaginaire Rescriptings-interventie wordt toegepast (Driesen en Ten Broeke 2014). Deze ingreep wordt ook wel rescriptings interweave genoemd (Driessen en Hornsveld 2019). In dit soort situaties kan natuurlijk ook overgestapt worden op de techniek van Imaginaire Rescripting. Hummel en Driessen (2018) beschreven hoe je EMDR kunt gebruiken in een schematherapiebehandeling.

8.7.17 Toepasbaarheid van EMDR bij andere stoornissen

EMDR is een techniek voor het behandelen van nare plaatjes of beelden uit het verleden of in de toekomst (flash-forward). Bij veel stoornissen spelen nare plaatjes een rol en EMDR kan hierbij dan ook ingezet worden naast andere technieken. Dit is het geval bij bijvoorbeeld paniekstoornis, traumagerelateerde specifieke fobieën, reactieve stemmingsstoornissen, rouw, obsessief-compulsieve stoornis, gegeneraliseerde angststoornis, aanpassingsstoornissen, eetstoornis, psychose, complexe PTSS en persoonlijkheidsstoornissen.

8.7.18 EMDR als haarlemmerolie?

'Haarlemmerolie' is een middeltje dat tegen heel veel kwalen zou werken. EMDR wordt door cliënten en verwijzers soms onterecht ook zo gezien. EMDR is erg populair en komt veel in het nieuws, waardoor men kan gaan denken dat deze techniek tegen alle kwalen werkzaam is. EMDR kan echter alleen een zinvolle behandeltechniek zijn indien nare beelden een rol spelen in de stoornis.

8.7.19 Woede- en wraakprotocol

Het door de forensisch psycholoog Veerbeek (Veerbeek en Ten Broeke 2016) ontwikkelde protocol om woede en wraak te behandelen, is gebaseerd op de EMDR, met ook enige EMDR-procedurele toevoegingen. De essentie van deze methode is echter het rescripten van de hardnekkige woede- en wraakgevoelens in imaginair handelen, waarbij een werkgeheugen belastende taak wordt toegevoegd. Daarmee is dit eigenlijk meer een Imaginaire Rescripting-techniek dan een EMDR-techniek.

8.7.20 Resource Development and Installation (RDI)

Resource Development and Installation (RDI) is binnen de EMDR ontwikkeld om de cliënt te steunen in het omgaan met moeilijke momenten (Leeds en Shapiro 2000). Hierbij wordt gebruikgemaakt wordt van eigenschappen die de cliënt op dat moment niet, maar op andere momenten wel tot zijn beschikking heeft. Deze eigenschappen worden versterkt door de cliënt zich bewust te maken van de situatie waarin hij die eigenschappen tot zijn beschikking had op verschillende sensorische niveaus: houding, uitspraak over zichzelf en gevoel in lijf.

Dit alles wordt vervolgens 'geankerd' in een gebaar. Vaak wordt het gebaar gebruikt waarbij de duim en de wijsvinger naar elkaar toe worden bewogen. De cliënt kan de eigenschap hiermee in een moeilijke situatie oproepen. Het gebaar kan onopvallend worden gemaakt, waardoor het in allerlei situaties toegepast kan worden. Oorspronkelijk werden aan deze procedure ook oogbewegingen toegevoegd, maar die bleken weinig toe te voegen. Daarmee is dit feitelijk geen EMDR-procedure meer, maar een toepassing van contraconditionering (Korrelboom en Ten Broeke 2014), zoals ook bij COMET (Korrelboom 2011) plaatsvindt. Deze methode staat wel bekend als 'anker'-oefening (Stöfsel en Mooren 2017).

8.7.21 Oogbewegingen als procesbegeleiding bij lagere SUD's

Overduidelijk is inmiddels aangetoond dat de werkgeheugentheorie het belangrijkste werkingsmechanisme is bij EMDR. Een hoge werkgeheugenbelasting lijkt echter alleen nodig als sprake is van een hoge spanning of overspoelende emoties. Indien de SUD flink is gedaald, gaat het werkingsmechanisme van de werkgeheugentheorie niet meer op. Immers, er is dan nog maar sprake van weinig spanning en dus weinig vermijding en dus geen extra werkgeheugenbelasting meer nodig. In deze fase gaat het meer om de cognitieve reprocessing (Lee en Cuijpers 2013) en niet om desensitisatie. Er ontstaan dan positieve inzichten, die niet verklaard lijken te kunnen worden door de werkgeheugentheorie (Landin-Romero et al. 2018).

Toch blijft iedere EMDR-behandelaar dan doorgaan met het opwekken van de oogbewegingen, wat een zinvolle bijdrage lijkt te leveren aan het proces van reprocessing. Het vermoeden is dat de oogbewegingen hierbij een andere werking krijgen. In het begin van de desensitisatiefase hebben ze mogelijk, door middel van klassieke conditionering, de betekenis gekregen van een veilig kader. Daarmee hebben ze in deze fase meer de functie van *procesbegeleiding* gekregen.

Het onderzoek van Matthijssen (2018) geeft indirect hier ook een onderbouwing voor. Zij onderzocht het effect van oogbewegingen bij het positief afsluiten en vond dat oogbewegingen daarbij weinig toegevoegde waarde hadden: noch positief, noch negatief.

8.7.22 Zintuigelijk specifiek belasten?

Matthijssen (2018) onderzocht of het zinvol is om de werkgeheugenbelasting modaliteitsspecifiek, oftewel zintuigelijk specifiek toe te passen. Dat wil zeggen: bij bijvoorbeeld schokkende gebeurtenissen die vooral een auditieve lading hebben de werkgeheugenbelasting in dezelfde modaliteit te laten plaatsvinden, dus bijvoorbeeld vooral auditief. Dit werd onderzocht bij PTSS-patiënten, maar ook bij psychotische patiënten, bij wie een nare auditieve hallucinatieherinnering werd opgehaald en bewerkt. Een modaliteitsspecifiek effect, dat wil zeggen een groter effect op de daling in emotionaliteit van de herinnering door een auditieve herinnering auditief te belasten en een visuele herinnering visueel, werd niet gevonden.

8.7.23 Kritiek op EMDR vanuit christelijk-evangelische hoek

Vanuit christelijk-evangelische hoek is een aantal felle artikelen op internet verschenen (zie onder andere Feller 2011) waarin EMDR sterk wordt afgekeurd. In de goed gedocumenteerde artikelen wordt op een gegeven moment een vreemde draai gemaakt en gesteld dat EMDR een hypnotische procedure is en dat cliënten bij hypnose niet meer de controle over zijn gedachten hebben, wat op Bijbelse gronden niet zou mogen. Walraven (2012) heeft dit overigens uitstekend weerlegd: EMDR is geen hypnose. De stelling dat mensen bij hypnose geen controle hebben over hun gedachten is overigens uiterst discutabel.

8.7.24 Multi-modular Motion-assisted memory Desensitization and Reconsolidation (3MDR)

3MDR is een combinatie van EMDR met visuele en auditieve elementen en een fysiek element: er wordt tijdens de behandeling op een loopband gelopen. Het is een interventie waarbij veel techniek en een dure installatie nodig zijn. Er is vooral ervaring opgedaan met het behandelen van militair personeel met deze methode (Gelderen et al. 2018). Vanwege enerzijds de hoge kosten en anderzijds het feit dat binnen de bestaande verwerkingstechnieken voldoende mogelijkheden zijn om ernstige traumaklachten te behandelen, zal dit waarschijnlijk een marginale behandelvorm blijven.

8.7.25 Online behandelen van trauma

Tijdens de Coronacrisis in het voorjaar van 2020 is noodgedwongen veel ervaring opgedaan met online behandelen met EMDR. Voor velen was het een verrassende ervaring dat dit niet heel anders verliep dan face-to-face behandelen. Van belang is wel dat gebruikgemaakt wordt van goede apparatuur door zowel de behandelaar als de cliënt en dat de behandelaar een AVG-proof-programma voor beeldbellen gebruikt. Er is voor zover bekend geen RCT-onderzoek gedaan naar de online-behandeling van trauma. Wel is er een ongecontroleerde studie gepubliceerd (Spence et al. 2013) waarbij een beperkt aantal cliënten met zes weken EMDR en zes weken CGT werd behandeld. De resultaten hiervan waren zeer positief.

Er is een aantal computerprogramma's ontwikkeld om EMDR online te gebruiken. Op een speciale website zijn deze programma's, evenals tips voor online EMDR behandelen, verzameld: ▶ www.emdrtherapieonline.nl.

8.8 Werkingsmechanismen

EMDR is een complexe techniek waarbij gebruik wordt gemaakt van meerdere werkingsmechanismen. Het meest bekende werkingsmechanisme is natuurlijk de werkgeheugentheorie. Echter, de methode van de 'vrije associatie' is ook een belangrijk werkingsmechanisme bij EMDR, net als het 'cognitieve verwerkingsmodel: inpassen van nieuwe informatie in de al bestaande structuren' (door Shapiro 'Adaptive Information Processing' genoemd). Daarnaast speelt 'reconsolidatie' een rol. Door middel van interweaves kan ook gebruikgemaakt worden van het werkingsmechanisme van het toevoegen van corrigerende 'Gezonde-Volwassene-informatie'.

Interessant is dat de hypothese van de werkgeheugenbelasting vooral opgaat als sprake is van hoge angst of spanning, want dan ontstaat de behoefte die te vermijden en kan belasting van het werkgeheugen door middel van bijvoorbeeld de oogbewegingen zinvol zijn. Bij een relatief lage spanning en dus weinig werkgeheugenbelasting zal de behoefte om te vermijden er niet of veel minder zijn. Dan heeft werkgeheugenbelasting eigenlijk weinig effect. De oogbewegingen hebben dan blijkbaar een andere functie (mogelijk procesbegeleiding, zie hiervoor), die nog niet geheel duidelijk is.

8.9 Opleiding

Een goede opleiding in EMDR bestaat uit een combinatie van theorie, veel oefenen en bijgestuurd worden. Idealiter wordt daarbij gebruikgemaakt van vijf stappen: eerst een voorbeeld van behandeling zien op video, daarna een demonstratie door de docent, dan oefenen op een medecursist, vervolgens oefenen in de eigen praktijk onder supervisie en ten slotte beoordeling van een video-opname van de toepassing van de aangeleerde techniek. Door de Vereniging EMDR Nederland worden dergelijke trainingen aangeboden op twee niveaus (een basis- en een vervolgtraining). De VEN is aangesloten bij de internationale EMDR-organisatie (EMDR Europe) die waakt over de kwaliteit van EMDR-opleidingen. Voor de door de VEN geaccrediteerde training worden alleen sociaal wetenschappers en artsen toegelaten, die minstens in opleiding zijn voor GZ-psycholoog of (aspirant-)lid zijn van de VGCt (▶ www.ven.nl). Door de strenge toelatingseisen van de VEN en de uitgebreide opleiding wordt EMDR in Nederland op een hoogstaand niveau beoefend.

EMDR is populair, waardoor de vraag naar opleidingen toeneemt. Op diverse andere plekken worden ook EMDR-opleidingen aangeboden, waarvan de kwaliteit niet geheel duidelijk is.

8.10 Tot slot

In dit hoofdstuk is de verwerkingstechniek Eye Movement Desensitization and Reprocessing Exposure beschreven. Het protocol en allerlei andere aspecten van EMDR worden beschreven, zoals wat te doen bij te veel of te weinig spanning, de Flash, de EMD-knaller, flash-forward, future-template, RDI, woede- en wraak-protocol, Cognitive Interweave, rescripting binnen EMDR, EMDR-rechtsom, butterfly hug, auditieve en kinesthetische belasting, EMDR 2.0, blind-tot-the-therapist en Mental Video Check. Daarnaast komen de historie, wetenschappelijke publicaties en de werkingsmechanismen aan de orde.

Literatuur

American Psychological Association (2017). *Clinical practice guideline for the treatment of Posttraumatic Stress Disorder (PTSD)*. Beschikbaar op: ▶ www.apa.org/ptsd-guideline.

Christman, S., Brown, T., & Propper, R. (2006). Increased interhemispheric interaction is associated with earlier offset of childhood amnesia. *Neuropsychology, 20*, 336–345.

Cuijpers, P., Van Veen, S., Sijbrandij, M., Yoder, W., & Cristea, I. (2020). Eye movement desensitization and reprocessing for mental health problems: A systematic review and meta-analysis. *Cognitive Behaviour Therapy, 49*(3), 165–180.

De Jongh, A., & Ten Broeke, E. (1993). Een nieuwe behandelingsmethode voor angst en trauma's: 'Eye movement desensitization and reprocessing'. *Tijdschrift voor Directieve Therapie, 13*(2), 161–168.

De Jongh, A., & Ten Broeke, E. (2019). *Handboek EMDR, een geprotocolleerde behandelmethode voor de gevolgen van psychotrauma (zevende editie)*. Amsterdam: Pearson.

De Jongh, A., Ten Broeke, E., & Hornsveld, H. (2020). *EMDR protocol*. Beschikbaar op: ▶ www.emdr.nl/protocollen.

De Neef, M. (2010). *Negatief zelfbeeld*. Amsterdam: Boom.

Driessen, A., & Hornsveld, H. (2019). Traumabehandeling met een combinatie van EMDR en imaginaire rescripting. *PsyExpert, 5*(1), 31–38.

Literatuur

Driessen, A., & Ten Broeke, E. (2014). Schematherapie en EMDR gecombineerd bij complexe, traumagerelateerde problematiek. *Tijdschrift voor Gedragstherapie, 3,* 232–249.

Feller, G. (2011). *EMDR.* Beschikbaar op: ▶ https://stichting-promise.nl/bewustzijnsveranderende-technieken-en-methodes/emdr.htm.

Griffioen, B., Van der Vegt, A., De Groot, I., & De Jongh, A. (2017). The effect of EMDR and CBT on low self-esteem in a general psychiatric population: A randomized controlled trial. *Frontiers in Psychology, 8.* Beschikbaar op: ▶ https://doi.org/10.3389/fpsyg.2017.01910.

Hornsveld, H., De Jongh, A., & Ten Broeke, E. (2018). Verschillen tussen het Nederlandse EMDR-standaardprotocol en het originele protocol van Shapiro. Deel IV: Scherpstellen, desensitisatie en 'Back to target'. *EMDR Magazine, 6*(16), 33–36.

Hummel, L., & Driessen, A. (2018). Traumabehandeling met het schemamodusmodel en EMDR, Handvatten voor casusconceptualisatie en interventies. *Tijdschrift voor Gedragstherapie, 51*(3), 186–206.

International Society of Traumatic Stress Studies (2018). *Posttraumatic stress disorder, prevention and treatment guidelines, methodology and recommendations.* Beschikbaar op: ▶ www.istss.org.

Jarero, I., & Artigas, L. (2020). *The EMDR therapy butterfly hug method for self-administer bilateral stimulation.* Beschikbaar op: ▶ www.researchgate.net/publication/340280320.

Korrelboom, K. (2011). *Comet voor negatief zelfbeeld: Competitive memory training bij lage zelfwaardering en negatief zelfbeeld.* Houten: Bohn Stafleu van Loghum.

Korrelboom, K., & Ten Broeke, E. (2014). *Geïntegreerde cognitieve gedragstherapie, handboek voor theorie en praktijk.* Bussum: Coutinho.

Landin-Romero, R., Moreno-Alcazar, A., Pagani, M., & Amann B. (2018). How does eye movement desensitization and reprocessing therapy work? A systematic review on suggested mechanisms of action. *Frontiers in Psychology, 9.* Beschikbaar op: ▶ https://doi.org/10.3389/fpsyg.2018.01395.

Lee, C., & Cuijpers, P. (2013). A meta-analysis of the contribution of eye movements in processing emotional memories. *Journal of Behavior Therapy and Experimental Psychiatry, 44,* 231–239.

Leeds, A., & Shapiro, F. (2000). EMDR and resource installation: Principles and procedures for enhancing current functioning and resolving traumatic experiences. In J. Carlson, & L. (Eds.), *Brief therapy strategies with individuals and couples* (pp. 469–534). Phoenix, AZ: Zeig, Tucker & Theisen.

Leenders, M., & De Jongh, A. (2017). De EMD-Knaller! *EMDR Magazine, 5*(15), 40–42.

Manfield, P., Lovett, J., Engel, L., & Manfield, D. (2017). Use of the flash technique in EMDR Therapy. *Journal of EMDR Practice and Research, 11*(4), 195–205.

Matthijssen, S. (2018). *Enhancing trauma treatment, exploring working mechanisms and testing a novel route* (proefschrift). Utrecht: Universiteit van Utrecht.

Mavranezouli, I., Megnin-Viggars, O., & Sofia Dias, C. (2020). Psychological treatments for post-traumatic stress disorder in adults: A network meta-analysis. Beschikbaar op: ▶ https://doi.org/10.1017/S0033291720000070.

Shapiro, F. (1989). Efficacy of the eye movement desensitization procedure in the treatment of traumatic memories. *Journal of Traumatic Stress, 2,* 199–223.

Spence, J., Titov, N., Johnston, L., Blake, F., Wootton, B., Terides, M., et al. (2013). Internet-delivered eye movement desensitization and reprocessing (iEMDR): An open trial. *F1000 Research, 2,* 79.

Staring, A., Van den Berg, D., Cath, D., Schoorl, M., Engelhard, I., & Korrelboom, C. (2016). Self-esteem treatment in anxiety: a randomized controlled crossover trial of eye movement desensitization and reproces-sing (EMDR) versus competitive memory training (COMET) in patients with anxiety disorders. *Behaviour Research and Therapy, 82,* 11–20.

Stöfsel, M., & Mooren, T. (2017). *Trauma en persoonlijkheidsproblematiek.* Houten: Bohn Stafleu van Loghum.

Ten Broeke, E., De Jongh, A., & Hornsveld, H. (2012). Rechtsom met EMDR. In E. Ten Broeke, A. De Jongh & H. J. Oppenheim (Red.), *Praktijkboek EMDR. Casusconceptualisatie en specifieke patiëntengroepen* (pag. 79–100). Amsterdam: Pearson.

Van den Hout, M., & Engelhard, I. (2012). How does EMDR work. *Journal of Experimental Psychopathology, 3*(5), 724–738.

Van den Hout, M., Engelhard, I., Smeets, M., Hornsveld, H., Hoogeveen, E., De Heer, E., et al. (2010). Counting during recall: Taxing of working memory and reduced vividness and emotionality of negative memories. *Applied Cognitive Psychology, 24,* 1–9.

Van den Hout, M., Rijkeboer, M., Engelhard, I., Klugkist, I., Hornsveld, H., Toffolo, M., et al. (2012). Tones inferior to eye movements in the EMDR treatment of PTSD. *Behaviour Research and Therapy, 50,* 275–279.

Van Gelderen, M., Nijdam, M., & Vermetten, E. (2018). An innovative framework for delivering psychotherapy to patients with treatment-resistant posttraumatic stress disorder: Rationale for interactive motion-assisted therapy. *Frontiers in Psychiatry*, 04 May 2018.

Veerbeek, H., & Ten Broeke, E. (2016). EMDR bij boosheid. In H. Oppenheim, H. Hornsveld, E. Ten Broeke & A. De Jongh (Red.), *Praktijkboek EMDR Deel II. Toepassingen voor nieuwe patiëntengroepen en stoornissen*. Amsterdam: Pearson.

Walraven, L. (2012). Mag het (ietsje meer zijn) …? Over de aanvaardbaarheid van EMDR voor christenen. *Psyche & Geloof, 23*(1), 8–21.

Imaginaire Rescripting

9.1 Inleiding – 122

9.2 Historie – 122

9.3 Indicatie en contra-indicatie – 123

9.4 Wetenschappelijke publicaties en onderzoek – 123

9.5 Richtlijnen – 124

9.6 Protocol – 124

9.7 Bijzonderheden bij de toepassing van Imaginaire Rescripting – 126
9.7.1 Schematherapie – 126
9.7.2 Ingrijpen van behandelaar in fase 2 – 126
9.7.3 Loyaliteit naar de ouders – 126
9.7.4 Ingrijpen bij incestsituatie – 126
9.7.5 Woede uitageren vaak niet voldoende – 127
9.7.6 In-vitrorescripting omzetten in een in-vivoboodschap naar ouders? – 127
9.7.7 Dissociatie – 127
9.7.8 Cliënt voelt zich schuldig dat hij de rescripting niet al als kind heeft uitgevoerd – 128
9.7.9 De (trieste) waarheid geen geweld aandoen – 128

9.8 Werkingsmechanismen – 129

9.9 Opleiding – 129

9.10 Tot slot – 129

Literatuur – 129

© Bohn Stafleu van Loghum is een imprint van Springer Media B.V., onderdeel van Springer Nature 2020
M. Stöfsel, *Trauma en verwerkingstechnieken*, https://doi.org/10.1007/978-90-368-2501-6_9

9.1 Inleiding

Imaginaire Rescripting (ImRs) (zie ◘ fig. 9.1) wordt ook wel Imaginatie en Rescripting genoemd. ImRs als stand-alone techniek, zoals beschreven door Raabe et al. (2015), omvat drie fasen. In de eerste fase vertelt de cliënt met zijn ogen dicht over de traumatische gebeurtenis, tot vlak voor het naarste moment. Daarna begint de tweede fase, waarbij de cliënt als volwassene in het beeld komt en de situatie zo verandert dat de dader wordt gestopt en de cliënt in veiligheid wordt gebracht. In de derde fase vertelt de cliënt vanuit de positie van 'slachtoffer' hoe wordt ingegrepen door de volwassenen. Een variant is dat de behandelaar ingrijpt in de tweede fase. In Nederland wordt Imaginaire Rescripting (in een vaak wat vereenvoudigde versie) zeer veel toegepast in het kader van schematherapie (Arntz en Jacob 2011), maar ook steeds vaker (in meer uitgebreidere vorm) als stand-alone techniek gebruikt.

Imaginaire Rescripting wordt op verschillende manieren afgekort: IR of ImRs. In dit boek wordt de afkorting ImRs gebruikt, omdat die qua letterbeeld het meest differentieert van IE en EMDR.

9.2 Historie

ImRs is aan het begin van de vorige eeuw door Janet (1919) ontwikkeld en later door Smucker et al. (1995) aangepast voor chronische PTSS bij slachtoffers van seksueel misbruik in hun jeugd en door Arntz (1994) voor borderline persoonlijkheidsstoornissen.

◘ Figuur 9.1 Imaginaire rescripting

In 1999 is door Arntz en Weertman een protocol ontwikkeld dat de basis van het huidige protocol voor ImRs is geworden. ImRs wordt in Nederland veel wordt toegepast binnen schematherapie (Vreeswijk et al. 2009).

9.3 Indicatie en contra-indicatie

ImRs is vooral goed toepasbaar bij het verwerken van vroegkinderlijke traumatisering bij volwassen cliënten. De methode is ook voor alle andere schokkende gebeurtenissen geïndiceerd, mits er een gevoelsmatig verschil gemaakt kan worden tussen de cliënt als volwassene in het nu en het moment waarop de cliënt de schokkende gebeurtenis onderging.

Verder zijn er enkele algemene indicaties, die voor alle drie de 'grote' verwerkingstechnieken gelden. Deze zijn beschreven in ▶ par. 5.6 en 7.3.

9.4 Wetenschappelijke publicaties en onderzoek

Het wetenschappelijk onderzoek naar ImRs is nog volop gaande. Momenteel lopen er twee grote RCT-onderzoeken, waarvan naar verluidt de resultaten zeer gunstig zijn voor ImRs. Uit een eerdere RCT door Arntz et al. in 2007 bleek dat de conditie IE met ImRs veel effectiever was dan IE alleen. Uit een casestudie door Arntz et al. (2013) bleek dat ImRs een groot effect had op de PTSS-klachten bij vluchtelingen met oorlogsgerelateerd trauma. In een casestudie door Raabe et al. (2015) bleek een ImRs-serie van zestien sessies ook een groot effect te hebben bij cliënten met chronisch seksueel of fysiek misbruik voor hun zestiende levensjaar.

In een recent groot vergelijkend onderzoek met 158 patiënten (het IREM-onderzoek; Boterhoven de Haan et al. 2017) werd het effect van ImRs en EMDR vergeleken. De nog niet gepubliceerde, maar op het najaarscongres van de VGCt in 2019 wel door Arntz besproken resultaten zijn dat EMDR en ImRs vergelijkbaar effectief zijn in de behandeling van vroegkinderlijke trauma's. EMDR werkt mogelijk sneller, maar is minder effectief dan ImRs op de langere termijn. EMDR is mogelijk meer aangewezen bij minder ernstige klachten en ImRS bij ernstiger klachten.

In een recente RCT door Raabe werd (persoonlijke mededeling op ESTSS-congres op 14 juni 2019 en presentatie van Arntz op Schematherapie-congres op 20 september 2019) ImRs vergeleken werd met Skills Training in Effective and Interpersonal Regulation (STAIR) van Cloitre et al (2002) en met een wachtlijstconditie met 61 patiënten met complexe PTSD ten gevolge van vroegkinderlijke misbruikervaringen. Hieruit bleek dat op de korte termijn ImRs een veel groter effect heeft dan STAIR, maar op de langere termijn was het verschil tussen de conditie STAIR en ImRs versus alleen STAIR veel kleiner. De publicatie over deze RCT wordt in 2020 verwacht.

Samenvattend kan geconcludeerd worden dat er veel recente wetenschappelijke evidentie is en gaat komen dat ImRs een effectieve behandelmethode is voor de behandeling van PTSS vooral ten gevolge van vroegkinderlijke traumatisering.

9.5 Richtlijnen

ImRs staat nog niet in Nederlandse richtlijnen of de *Guidelines* van de ISTSS, maar de verwachting is dat dit snel zal veranderen.

9.6 Protocol

Hier wordt het protocol gevolgd dat ontwikkeld is door Arntz en Weertman (1999) en is aangevuld door Raabe et al. (2015) en Morina et al. (2017). Het specifieke van dit protocol is dat het in drie fasen is verdeeld en dat telkens gebruikgemaakt wordt van dezelfde set met vragen (zie ◘ tab. 9.1). Dat maakt dit protocol overzichtelijk.

Er zijn ook andere manieren om het protocol voor Imaginaire Rescripting te beschrijven, zoals Van den Wijngaart (2020) doet, die een heel andere indeling gebruikt.

Belangrijke opmerkingen bij het protocol:

- Tijdens de gehele procedure houdt de cliënt de ogen gesloten en spreekt in de tegenwoordige tijd en in de ik-vorm.
- Fase 1 is eigenlijk hetzelfde als de IE-procedure.
- Maak van tevoren een traumalijst.
- Het protocol bestaat uit drie fasen (niet te verwarren met het driefasenmodel uit ▸ H. 4). In deze fasen worden steeds dezelfde vragen gesteld, wat de cliënt een zekere vertrouwdheid biedt. Doordat de setting per fase verschilt (in fase 1 vanuit het perspectief van toen, in fase 2 vanuit het perspectief van de volwassene van nu en in fase 3 weer vanuit het perspectief van toen), krijgen die vragen echter steeds een andere betekenis.
- ImRs is het best toepasbaar bij vroegkinderlijke trauma's van allerlei soort. Het protocol gaat dan ook uit van een vroegkinderlijk trauma bij een inmiddels volwassen cliënt.
- ImRs kan ook worden toegepast bij recentere trauma's, maar dan moet er een gevoelsmatig verschil zijn tussen de persoon van de cliënt zoals die het trauma onderging en de persoon van de cliënt in het nu. Indien dat niet zo is, is ImRs niet geïndiceerd, want dan zou fase 2 een herhaling van fase 1 zijn. Het verschil kan overigens simpelweg zijn dat de cliënt in fase 1 (het moment van de schokkende gebeurtenis) in paniek is en in fase 2 als de 'Gezonde Volwassene' rustig is, overzicht houdt en troost biedt.
- Aan het begin en het einde van de sessie kan de SUD nagevraagd worden. Die kan zowel de cliënt als de behandelaar een objectieve indruk geven van het effect van de interventie.
- De perspectiefwisselingen kunnen voor de cliënt lastig zijn. Het kan dan behulpzaam zijn om telkens de voornaam van de cliënt en de leeftijd te noemen.
- Bij ImRs gaat het om de experentiële ervaring, vandaar dat eerst naar het gevoel gevraagd wordt en pas daarna naar de gedachten.
- In fase 2 heeft het de voorkeur dat de cliënt als volwassenen ingrijpt. Indien dat niet goed lukt, kan de behandelaar suggesties doen voor mogelijke ingrepen. Indien ook dat niet lukt, kan de behandelaar zelf ingrijpen.

9.6 · Protocol

Tabel 9.1 Protocol voor Imaginaire Rescripting (Raabe et al. 2015)

Fase 1: het nare beeld oproepend vanuit het perspectief van het kind

Laat de cliënt zich, met de ogen dicht, de nare situatie voorstellen:

1. Wat zie je? Wat hoor je? Wat ruik je? Wat gebeurt er? Wat voel je in je lichaam?

2. Wat voel je?

3. Wat denk je?

4. Wat heb je nodig?

Het antwoord op vraag 4 geeft een indicatie van wat de cliënt in fase 2 zou kunnen gaan doen. Indien in fase 2 een heel andere interventie naar boven komt, is dat overigens prima.

Als er voldoende angst of spanning is, kan fase 1 worden afgesloten. De heel nare gebeurtenis hoeft niet te worden doorlopen. De verwachting en daarbij behorende emoties dat het nare gaat gebeuren zijn voldoende.

Fase 2: vanuit het perspectief van de volwassene ziet de cliënt het kind in de schokkende gebeurtenis van fase 1 en intervenieert met een andere uitkomst

1. Wat zie je? Wat hoor je? Wat ruik je? Wat gebeurt er? Wat voel je in je lichaam?

2. Wat voel je?

3. Wat denk je?

4. Wat zou je willen doen?

5. Is het genoeg zou of zou je nog iets willen doen?

Herhaal de vragen van fase 2 tot de cliënt tevreden is. Daarbij moet in ieder geval:

a. de dader gestopt en/of geconfronteerd worden

b. het kind getroost en in veiligheid gebracht worden. De volwassene legt het kind daarbij uit wat er is gebeurd en waarom dat niet goed was.

Eventueel kan de behandelaar in fase 2 ingrijpen als de cliënt vanuit zijn volwassenrol niet voldoende zelf kan ingrijpen. De behandelaar grijpt dan in op basis van inschatting wat gewenst zou zijn

Fase 3: vanuit het perspectief van het kind ondergaat de cliënt de interventies van de volwassene in fase 2 en kan eventueel om extra interventies vragen.

1. Wat zie je? Wat hoor je? Wat ruik je? Wat gebeurt er? Wat voel je in je lichaam?

2. Wat voel je?

3. Wat denk je?

4. Is het genoeg zou of zou je nog iets willen doen?

Vraag het dan maar aan (naam) van (leeftijd als volwassene) jaar.

In dat geval ga je eigenlijk even terug naar fase 2.

9.7 Bijzonderheden bij de toepassing van Imaginaire Rescripting

9.7.1 Schematherapie

In de schematherapie wordt vaak een variant van ImRs toegepast waarin alleen fase 2 wordt uitgevoerd en de behandelaar ingrijpt (Arntz en Jacob 2011).

9.7.2 Ingrijpen van behandelaar in fase 2

Dit kan in gradaties:
- De behandelaar kan ondersteuning bieden aan de aan de cliënt die ingrijpt vanuit de volwassen rol door bijvoorbeeld suggesties te doen.
- De behandelaar kan het helemaal overnemen.
- De cliënt kan als volwassene na het stoppen van de dader door de behandelaar wel het kind in veiligheid brengen en uitleg geven.

9.7.3 Loyaliteit naar de ouders

Kinderen hebben een ongelooflijke loyaliteit naar hun ouders, die nodig is om te kunnen overleven, ook en juist in disfunctionerende gezinnen. Het is van belang om die soms onbegrijpelijke loyaliteit naar de ouders te erkennen en uit te leggen aan de cliënt. Dat kan voor, tijdens of na de rescripting. Belangrijk daarbij is om te benoemen dat ouders bijna altijd hun best doen voor hun kinderen, maar door hun eigen (vroegkinderlijke) traumatisering niet de juiste zorg kunnen geven. Daarmee wordt de ouder enigszins ontschuldigd wat betreft de oorzaak van zijn gedrag, terwijl hij wel verantwoordelijk wordt gehouden voor die soms 'schuldeloze schuld'. Indien loyaliteit naar de ouders een grote rol speelt, is het meestal nodig dat de behandelaar intervenieert in fase 2 omdat de cliënt vanuit zijn loyaliteit niet krachtig genoeg kan ingrijpen.

9.7.4 Ingrijpen bij incestsituatie

In incestsituaties is sprake van een dader (wat ook een ouder kan zijn) en één ouder of twee ouders die niet of niet goed hebben ingegrepen, soms doordat ze niet van het seksueel misbruik wisten. Het is dan goed tijdens de rescripting in fase 2 niet alleen de dader te stoppen en eventuele boosheid naar de dader te laten uitageren, maar ook de (andere) ouder(s) erbij te halen en aan te spreken. Deze is/zijn immers tekortgeschoten in het bieden van bescherming aan het kind.

Het aanspreken van de ouders is voor cliënten soms lastig, omdat daarmee hun loyaliteitsgevoelens onder druk komen te staan. Toch is het belangrijk dit wel te doen, omdat juist door die loyaliteit kinderen (vooral bij seksueel misbruik) de neiging hebben de schuld naar zichzelf toe te trekken. Daarmee ontschuldigen ze de ouders en kunnen zo de gewenste (en soms geïdealiseerde) loyaliteit in stand houden. Dat bemoeilijkt de verwerking. Het is daarom goed om de ouders erbij te betrekken en hen erop te wijzen dat zij gefaald hebben in het bieden van bescherming en dat dit niet van het kind zelf verwacht kon worden.

> **Casus**
>
> Een vrouw van 43 is als meisje van 15 seksueel misbruikt door haar zes jaar oudere broer op haar zolderkamer. Haar ouders wisten daar niets van, mede doordat de broer geheimhouding afdwong. Tijdens de rescripting in fase 2 grijpt de behandelaar in. Hij stopt het begin van het seksueel misbruik, spreekt de jongen streng aan op zijn gedrag en haalt vervolgens de ouders erbij, die beneden waren. Hij confronteert hen met wat er gebeurd is en sommeert ze om de jongen passend te straffen en hun dochter de komende tijd op te vangen. Vervolgens laat hij de volwassen cliënte haar jongere versie in veiligheid brengen en uitleggen wat er gebeurd is.

9.7.5 Woede uitageren vaak niet voldoende

Indien er bij de cliënt in fase 2 heel veel woede is naar de dader is het prima om die woede imaginair uit te laten ageren. Het is wel van belang om daarna ook aandacht te besteden aan het gemis aan zorg, aandacht, bescherming of affectie. Uit een experimenteel onderzoek van Seebauer et al. (2014) bleek dat de experimentele groep die tijdens een ImRs-procedure geen wraak op de daders nam het beter deed dan de groep die dat wel deed.

9.7.6 In-vitrorescripting omzetten in een in-vivoboodschap naar ouders?

Soms is er behoefte om de interventie uit fase 2, waarbij bijvoorbeeld de ouders streng zijn toegesproken, ook in werkelijkheid toe te passen. Het advies is om hier zeer voorzichtig mee te zijn, omdat een wellicht later ontstane positieve relatie met de ouders hierdoor verstoord kan raken en omdat als de verwerking nog niet is afgerond sprake kan zijn van onrealistische verwachtingen. Daarom is het van belang om eerst de verwerking van de vroegkinderlijke traumatisering af te ronden en pas dan te bekijken wat iemand eventueel in het hier-en-nu met betrekking tot de ouder(s) of dader zou willen doen. Dan nog kan het verstandig zijn om de boodschap van de cliënt niet in werkelijkheid maar alleen op een symbolische manier kenbaar te maken, zodat een mogelijk broze relatie in het nu niet te veel ontregeld raakt (zie daarvoor ▶ par. 5.14). De keuzes op dit vlak moeten natuurlijk altijd in goed overleg met de cliënt gemaakt worden.

9.7.7 Dissociatie

Indien de cliënt tijdens de ImRs dissocieert, dan zal de spanning te hoog zijn opgelopen. Het is dan goed om die te verlagen door bijvoorbeeld fase 1 op een vroeger moment af te sluiten en eerder met fase 2 te beginnen of een meer algemene ingreep te doen.

9.7.8 Cliënt voelt zich schuldig dat hij de rescripting niet al als kind heeft uitgevoerd

Indien de cliënt tijdens de schokkende gebeurtenis in een emotionele verlamming of dissociatie terecht is gekomen (wat nogal eens het geval is bij seksueel misbruik of heftig geweld), is die gebeurtenis passief ondergaan. Het actief optreden tijdens de rescripting kan dan tot schuldgevoel, zelfverwijt of de gedachte tekort te zijn geschoten leiden ('Waarom heb ik dat niet toen gedaan?'). Het is dan van belang om het specifieke reageren van zoogdieren op een schokkende gebeurtenis zoals besproken in ▶ par. 3.6 goed uit te leggen.

9.7.9 De (trieste) waarheid geen geweld aandoen

De essentie van ImRs is dat in fase 2 alsnog gedaan wordt wat eigenlijk destijds gedaan had moeten worden, zodat de behoeften van het kind gerespecteerd en gevalideerd worden. Daarmee is de ingreep in fase 2 een 'verdraaiing' van de werkelijkheid.

Een 'kunstfout' bij ImRs die in het verlengde hiervan ligt, zou kunnen zijn om in de rescriptingsfase zo in te grijpen dat het trauma niet meer gebeurd is. Dat is een 'kunstfout', omdat het te behandelen probleem wel gebeurd is, maar niet had behoren te gebeuren. En dat is een groot verschil met het in het geheel níet laten gebeuren. We geven twee voorbeelden om dit toe te lichten.

> **Casus**
>
> Bij een jongen die misbruikt is door zijn grootvader zou het een kunstfout zijn om tijdens de rescripting in fase 2 opa vijf minuten voor dat het gebeurde te laten overlijden aan een hartaanval. Een correcte rescripting zou zijn om fase 1 net zo ver te laten doorlopen dat duidelijk is dat opa de jongen seksueel wil gaan misbruiken en dan in te grijpen, opa te stoppen, hulptroepen in te schakelen (zoals de ouders), opa toe te spreken en het kind in veiligheid te brengen, te informeren en te troosten.

> **Casus**
>
> Een vrouw is als kind regelmatig mishandeld door vader, terwijl moeder niets deed. Een kunstfout zou zijn om tijdens de rescripting moeder vader te laten stoppen. Immers, deel van de schokkende gebeurtenis is juist dat moeder niet ingrijpt als vader mishandelt. Beter zou zijn om tijdens de rescripting de mishandeling te stoppen en vader toe te spreken maar ook moeder toe te spreken omdat ze vader niet corrigeert, en dan het kind in veiligheid te brengen, te informeren en te troosten.

9.8 Werkingsmechanismen

Het belangrijkste werkingsmechanisme van ImRs is het toevoegen van corrigerende 'Gezonde-Volwassene'-informatie. Daarnaast speelt het werkingsmechanisme 'reconsolidatie' een grote rol. Immers, door het toevoegen van de ingrepen in fase 2, op het moment dat de herinnering instabiel is, zal de oorspronkelijke gebeurtenis in het geheugen op de nieuwe manier geconsolideerd worden. Dit leidt natuurlijk ook tot het cognitieve werkingsmechanisme: het inpassen van nieuwe informatie in al bestaande structuren. Daarbij speelt het inhibitoir leermodel eveneens een rol (Arntz 2012). Door tijdens IR *imaginair* controle te nemen over de situatie of wraak te nemen op een dader, kan de cliënt emotionele reacties verwerken die tijdens het trauma geïnhibeerd waren.

9.9 Opleiding

Een goede opleiding in ImRs bestaat uit een combinatie van theorie, veel oefenen en bijgestuurd worden. Idealiter wordt daarbij gebruikgemaakt van vijf stappen: eerst een voorbeeld van behandeling zien op video, daarna een demonstratie door de docent, dan oefenen op een medecursist, vervolgens oefenen in de eigen praktijk onder supervisie en ten slotte beoordeling van een video-opname van de toepassing van de aangeleerde techniek.

In de basiscursus schematherapie wordt een vereenvoudigde versie van ImRs aangeleerd. Verder wordt op diverse plaatsen in Nederland ImRs als stand-alone behandeling voor PTSS aangeboden.

9.10 Tot slot

In dit hoofdstuk is de verwerkingstechniek Imaginaire Rescripting beschreven. Het protocol en allerlei andere aspecten van ImRs worden beschreven, zoals wat te doen bij te veel of te weinig spanning en belemmerende loyaliteiten naar de ouders, incestsituaties, woede uitageren en in-vivo-contact met ouders en schuldgevoel. Daarnaast komen de historie, wetenschappelijke publicaties en werkingsmechanismen aan de orde.

Literatuur

Arntz, A. (1994). Treatment of borderline personality disorder: A challenge for cognitive-behavioural therapy. *Behaviour Research and Therapy, 32*(4), 419–430.

Arntz, A. (2012). Imagery rescripting as a therapeutic technique: Review of clinical trials, basic studies and research agenda. *Journal of Experimental Psychopathology, 3*(2), 189–208.

Arntz, A., & Jacob, G. (2011). *Schematherapie, een praktische handleiding*. Amsterdam: Nieuwewezijds.

Arntz, A., Sofi, D., & Van Breukelen, G. (2013). Imagery rescripting as treatment for complicated PTSS in refugees: A multiple baseline case series study. *Behaviour Research and Therapy, 51*(6), 274–283.

Arntz, A., Tiesema, M., & Kindt, M. (2007). Treatment of PTSS: A comparison of imaginal exposure with and withoutl imagery rescripting. *Journal of Behavior Therapy and Experimental Psychiatry, 38*, 345–370.

Arntz, A., & Weertman, A. (1999). Treatment of childhood memories: theory and practice. *Behaviour Research and Therapy, 37*, 715–740.

Boterhoven de Haan, K., Lee, C., Fassbinder, E., Voncken, M., Meewisse, M., Van Es, S. et al. (2017). Imagery rescripting and eye movement desensitisation and reprocessing for treatment of adults with childhood trauma-related post-traumatic stress disorder: IREM study design. *BMC Psychiatry, 17*, 165. Beschikbaar op: ▶ https://doi.org/10.1186/s12888-017-1330-2.

Cloitre, M., Koenen, K.C., Cohen, L., & Han, H. (2002). Skills training in affective and interpersonal regulation followed by exposure: A phase-based treatment for PTSD related to childhood abuse. *Journal of Consulting and Clinical Psychology, 70,* 1067–1074.

Janet, P. (1919). *Les medications psychologiques* (Vol. 3). Parijs: Félix Alcan.

Morina, N., Lancee, J., & Arntz, A. (2017). Imagery rescripting as a clinical intervention for aversive memories: A meta-analysis. *Journal of Behavior Therapy and Experimental Psychiatry, 55*(2017), 6–15.

Raabe, S., Ehring, T., Marquenie, L., Olff, M., & Kindt, M. (2015). Imagery rescripting as a stand-alone treatment for posttraumatic stress disorder related to childhood abuse. *Journal of Behavior Therapy and Experimental Psychiatry, 48,* 170–176.

Seebauer, L., Froß, S., Dubaschny, L., Schönberger, M., & Jacob, G. (2014). Is it dangerous to fantasize revenge in imagery exercises? An experimental study. In: *Journal of Behavior Therapy and Experimental Psychiatry, 45,* 20–25.

Smucker, M., Dancu, C., Foa, E., & Niederee, J. (1995). Imagery rescripting: A new treatment for survivors of childhood sexual abuse suffering from posttraumatic stress. *Journal of Cognitive Psychotherapy, 9,* 3–17.

Vreeswijk, M., Broersen, J., & Nadort, M. (Red.). (2009) *Handboek schematherapie: Theorie, praktijk en onderzoek*. Houten: Bohn Stafleu van Loghum.

Van den Wijngaart, R. (2020). *Imaginaire rescripting, theorie en praktijk*. Houten: Bohn Stafleu van Loghum.

Andere verwerkingstechnieken bij trauma

10.1 Inleiding – 133

10.2 Globale verwerkingstechnieken – 133
10.2.1 Getuigenistherapie – 133
10.2.2 Narrative Exposure Therapy – 134
10.2.3 Levensverhalen – 136

10.3 Cognitieve gedragstherapie – 136
10.3.1 Prolonged Exposure – 137
10.3.2 Cognitive processing therapy – 138
10.3.3 Reconsolidation of Traumatic Memories – 139
10.3.4 Virtual Reality Therapy – 139

10.4 Werkgeheugen belastende technieken – 140
10.4.1 Eye movement desentization and reprocessing – 140
10.4.2 Counting Method en Progressive Counting – 141
10.4.3 Brainspotting – 142

10.5 Rescriptingsachtige technieken – 143
10.5.1 Imaginaire Rescripting – 143

10.6 Schrijfverwerkingstechnieken – 144
10.6.1 Written Exposure Therapy – 144
10.6.2 Schrijftherapie – 145
10.6.3 WRITEjunior, schrijftherapie voor getraumatiseerde kinderen – 146

10.7 Combinatietechnieken – 147
10.7.1 Beknopte eclectische psychotherapie voor psychotrauma – 147

© Bohn Stafleu van Loghum is een imprint van Springer Media B.V., onderdeel van Springer Nature 2020
M. Stöfsel, *Trauma en verwerkingstechnieken*, https://doi.org/10.1007/978-90-368-2501-6_10

10.8 Lichamelijk gerichte verwerkingstechnieken – 148
10.8.1　Somatic experiencing – 148
10.8.2　Sensomotorische psychotherapie – 149

10.9 Restcategorie – 150
10.9.1　Visual Schema Displacement Therapy – 150
10.9.2　Emotional freedom techniques – 151
10.9.3　Dialogical Exposure Therapy – 151
10.9.4　Heart assisted therapy – 152
10.9.5　Experimentele methode: TraumaTurn – 153

10.10 Tot slot – 154

Literatuur – 155

10.1 Inleiding

Er zijn tientallen verschillende traumaverwerkingstechnieken. In dit boek ligt de nadruk op de drie grote verwerkingstechnieken: EMDR, IE en ImRs. Deze zijn in de vorige hoofdstukken besproken.

In dit hoofdstuk geven we een globaal overzicht van de overige verwerkingstechnieken. We beperken ons daarbij tot de belangrijkste in Nederland bekende verwerkingstechnieken, de technieken, die door de International Society of Traumatic Stress Studies (ISTSS) genoemd worden in de *Posttraumatic Stress Disorder Prevention and Treatment Guidelines* (2018) en een aantal mogelijk veelbelovende minder bekende verwerkingstechnieken.

Binnen deze groep hebben we de volgende selectie gemaakt:
- alleen trauma focused technieken;
- gericht op individuele cliënten (dus niet op paren of groepen).
- geen zogenoemde 'early interventions'.

De hier besproken verwerkingstechnieken zijn geordend op soort verwerkingstechniek en daarbinnen op de 'recommendation' in de *Guidelines* (2018) van de ISTSS: eerst de technieken die het meest aanbevolen zijn en als laatst de technieken die nog niet aanbevolen worden.

Elke techniek wordt kort besproken: een beschrijving van de techniek, enige opmerkingen over het gebruik ervan in Nederland, een korte beschrijving van de methode, recente wetenschappelijke publicaties en onderzoek, voorkomen in de Nederlandse richtlijnen of de *Guidelines* van de ISTSS en de voornaamste werkingsmechanismen. Bij de werkingsmechanismen wordt gerefereerd aan de in ▶ H. 4 genoemde werkingsmechanismen. De werkingsmechanismen die voor bijna elke methode gelden (positieve therapeutische verwachting, zelfverzekerde behandelaar en duidelijke procedure), worden hier buiten beschouwing gelaten.

10.2 Globale verwerkingstechnieken

Globale verwerkingstechnieken zijn verwerkingstechnieken die zich richten op het construeren van het narratief, het levensverhaal, van de cliënt. Het achterliggende idee is dat daardoor specifieke onverwerkte schokkende gebeurtenissen het narratief 'ingetrokken' worden en van daaruit een andere minder beladen betekenis krijgen.

10.2.1 Getuigenistherapie

- **Beschrijving**

Getuigenistherapie is ontwikkeld in de jaren negentig van de vorige eeuw in de nadagen van de onderdrukking door de dictatoriale regimes in Zuid-Amerika. Psychologen ontdekten bij de behandeling van getraumatiseerde cliënten dat de het opstellen van een getuigenis voor hun advocaten een positief effect op hun psychische gezondheid had (Cienfuegos en Monelli 1983; Mooren en Van Dijk 2004).

Getuigenistherapie is ontwikkeld voor cliënten die lijden onder schokkende ervaringen die ze als volwassene hebben meegemaakt en die daarvoor een relatief goede periode hebben meegemaakt zonder schokkende gebeurtenissen in hun jeugd.

- **Nederland**

In Nederland zijn in de periode 2002–008 meerdere publicaties verschenen over getuigenistherapie (Van Dijk en Schoutrop 2002; Mooren en Van Dijk 2004; Huijbregts et al. 2008). Daarna is over dit onderwerp in het Nederlandstalig taalgebied niet meer gepubliceerd. Getuigenistherapie heeft op dit moment dan ook weinig bekendheid in Nederland en wordt waarschijnlijk nauwelijks toegepast. Dat is jammer, want met name voor cliënten die overspoeld worden door veel schokkende gebeurtenissen kan dit een zeer zinvolle eerste stap zijn naar traumabehandeling.

- **Methode**

Getuigenistherapie is in Nederland onderzocht in een geprotocolleerde vorm van twaalf sessies waarbij de cliënt zijn levensverhaal globaal en gestructureerd in chronologische volgorde vertelt. Getuigenistherapie kan ook goed met minder sessies toegepast worden.

Het doel van de getuigenistherapie is het op papier zetten van het levensverhaal van de cliënt, inclusief de traumatische gebeurtenissen.

Er wordt gestart met het geven van uitleg over de methode. Dan wordt globaal een indeling in periodes van het leven van de cliënt gemaakt en wordt – indien mogelijk – gesproken over een mogelijke 'bestemming' van het document. Dat kan gebruikt worden in een juridische procedure, maar kan ook alleen een therapeutisch verwerkingsdoel dienen. De techniek wordt afgesloten met een ritueel, veelal rondom de bestemming van het document.

- **Onderzoek**

De publicaties (Cienfuegos en Monelli 1983; Van Dijk en Schoutrop 2002; Mooren en Van Dijk 2004; Huijbregts et al. 2008) over getuigenistherapie zijn globaal van aard. Er is geen randomized controlled wetenschappelijk onderzoek naar de werkzaamheid van getuigenistherapie gedaan (Dossa en Hattem 2012).

- **Richtlijnen**

Getuigenistherapie is niet voldoende onderzocht om als evidence-based te worden toegepast, constateren Dossa en Hattem (2012). Deze therapievorm wordt dan ook in geen enkele richtlijn genoemd.

- **Werkingsmechanismen**

Bij getuigenistherapie gaat het vanzelfsprekend om het werkingsmechanisme integreren in het narratieve levensverhaal. Daarnaast speelt mee dat hierdoor de traumatische ervaring een andere betekenis zal krijgen, op z'n minst de betekenis 'het is niet nu, maar toen in mijn levensgeschiedenis' oftewel het werkingsmechanisme van het cognitieve verwerkingsmodel: inpassen van nieuwe informatie in de al bestaande structureren.

10.2.2 Narrative Exposure Therapy

- **Beschrijving**

Narrative Exposure Therapy (NET) is ontwikkeld tijdens traumaveldwerk in Soedan en wordt inmiddels wereldwijd toegepast (Schaal et al. 2009). NET is een combinatietherapie die bestaat uit een combinatie van narratieve therapie, getuigenistherapie en exposure. De werking van NET is uitgebreid beschreven door Jongedijk (2014).

- **Nederland**

NET heeft veel aandacht gekregen na de publicatie van Jongedijk (2014), een door ARQ opgezet trainingsprogramma en wetenschappelijk onderzoek vanuit ARQ. Hierdoor heeft NET een grote bekendheid gekregen en wordt waarschijnlijk vaak toegepast.

- **Methode**

NET bestaat uit twee fasen. In fase 1 wordt het leven van de cliënt uitgebreid geïnventariseerd aan de hand van een touw op de grond dat de levenslijn symboliseert. Stenen en bloemen worden langs die lijn gelegd. De stenen staan voor onverwerkte ervaringen: grote stenen voor zeer ingrijpende gebeurtenissen en kleine stenen voor kleinere ingrijpende gebeurtenissen. (Kunst)bloemen symboliseren de prettige ervaringen uit het leven.

Het touw (de levenslijn) begint met een bloem. Immers, iedereen heeft bij zijn geboorte het recht op een goed en rechtvaardig leven, ook al kunnen de omstandigheden tijdens of na de geboorte dat perspectief drastisch veranderen. Het touw eindigt met een klusje opgerold touw, wat aangeeft dat er nog een toekomst is. Nadat zo de levenslijn is gelegd, plakken sommige behandelaren post-it's op de stenen die aangeven welke gebeurtenissen bij welke steen horen. Vervolgens wordt een foto van de levenslijn gemaakt, die wordt gebruikt in de tweede fase.

In de tweede fase worden systematisch alle nare gebeurtenissen (de stenen) uit het leven doorgesproken, waarbij er veel aandacht is voor de omstandigheden waarin de onverwerkte gebeurtenissen plaatsvonden. Daarbij wordt gebruikgemaakt van Imaginaire Exposure-technieken. In elke sessie van negentig minuten wordt een 'steen' doorgesproken en afgerond. Van elke sessie wordt een verslag gemaakt, zodat op het einde een soort levensdocument is ontstaan. De behandeling duurt vier tot twaalf sessies.

- **Onderzoek**

Er is een aantal RCT's (Mauritz et al. 2016) uitgevoerd naar NET met een zeer goed resultaat. Het onderzoek met NET heeft zich overigens tot nu toe beperkt tot vluchtelingen.

- **Richtlijnen**

De *Guidelines* van de ISTSS (2018) geven NET een 'standard recommendation'.

- **Werkingsmechanismen**

Bij NET gaat het vanzelfsprekend om het werkingsmechanisme integreren in het narratieve levensverhaal. Daarnaast speelt ook hier mee dat daardoor de traumatische ervaring een andere betekenis zal krijgen, op z'n minst de betekenis 'het is niet nu maar toen in mijn levensgeschiedenis', oftewel het werkingsmechanisme van het cognitieve verwerkingsmodel: inpassen van nieuwe informatie in de al bestaande structureren. Tijdens de exposurefase zal dit cognitieve verwerkingsmodel ook een rol spelen. Vanuit de NET is verder een speciaal werkingsmechanisme beschreven: het integreren van 'hot' (emotioneel beladen) herinneringen en 'cold' (feitelijkheden) herinneringen.

10.2.3 Levensverhalen

- **Beschrijving**

Er zijn verschillende manieren waarop levensverhalen bij de behandeling van psychotrauma kunnen worden ingezet om ordening in de levensgebeurtenissen aan te brengen: 'life review', 'autobiografie' en 'life history'.

- **Nederland**

In de 'gewone' ggz wordt deze methode niet of nauwelijks gebruikt, maar in de ouderenzorg, de chronische psychiatrie en de verstandelijk gehandicaptenzorg wordt wel gewerkt met het opstellen van levensverhalen (Ouwehand 2013).

- **Methode**

Life review is een methode waarbij positieve en negatieve ervaringen geïntegreerd worden in het schrijven van een levensverhaal (Bohlmeijer et al. 2008). Dit kan plaatsvinden in de vorm van een individueel vraaggesprek, een groepsgesprek of thuiswerkopdrachten. Cliënten worden bevraagd over de fasen in hun leven, waarbij men systematisch terugkijkt op de hele levensloop, met aandacht voor positieve en negatieve herinneringen en betekenisgeving.

Bij de methode autobiografie legt de schrijver zijn eigen levensverhaal vast (Bohlmeijer en Westerhof 2010).

Life history betreft het vastleggen van de levenshistorie met de belangrijkste betekenisgevende levensfeiten. Kielhofner (2004) heeft daarvoor een methode ontwikkeld: 'occupational performance history interview'.

- **Onderzoek**

In een uitgebreid verkennend onderzoek (Ganzevoort et al. 2009) werd geconstateerd dat dergelijke methoden in de ouderenzorg de 'kwaliteit van leven' verbeteren. Er is geen wetenschappelijk RCT-onderzoek naar de werkzaamheden van deze methoden gedaan.

- **Richtlijnen**

Deze methoden zijn niet opgenomen in de Nederlandse *Richtlijn angststoornissen* of de *Guidelines* van de ISTSS.

- **Werkingsmechanismen**

Bij de levensverhalen gaat het vanzelfsprekend ook om het werkingsmechanisme integreren in het narratieve levensverhaal. Daarnaast speelt mee dat de traumatische ervaring een andere betekenis zal krijgen, op z'n minst de betekenis 'het is niet nu maar toen in mijn levensgeschiedenis', oftewel het werkingsmechanisme van het cognitieve verwerkingsmodel: inpassen van nieuwe informatie in de al bestaande structureren.

10.3 Cognitieve gedragstherapie

Veel trauma focused verwerkingstechnieken behoren tot de categorie cognitieve gedragstherapie en zijn nauwelijks bekend in Nederland.

10.3 · Cognitieve gedragstherapie

Onder de noemer traumagerichte cognitieve gedragstherapie ('trauma focused cognitive behavioral therapy' – TF-CBT) kan een veelheid van technieken worden geschaard. Oude Lohuis en Hornsveld (2020) onderscheiden:

- Imaginaire Exposure ('Prolonged Exposure');
- Cognitive Processing Therapy;
- schrijftherapie;
- cognitieve therapie voor PTSS;
- narratieve exposuretherapie.

Het is verwarrend dat er ook een specifieke op kinderen, adolescenten en familie gerichte behandelvorm is die 'trauma focused cognitive behavorial therapy' heet en is ontwikkeld door Cohen, Mannarino en Deblinger (2006).

De *Guidelines* van de ISTSS (2018) geven de vrij algemeen omschreven 'cognitieve gedragstherapie met een traumafocus (CBT-T)' een 'strong recommendation'. Binnen die groep wordt een aantal specifieke methoden onderscheiden die een aparte aanbeveling krijgen. In deze paragraaf bespreken we de voor Nederland belangrijkste cognitieve gedragstherapeutische technieken waarvoor de ISTSS een aanbeveling heeft gedaan.

10.3.1 Prolonged Exposure

- **Beschrijving**

De essentie van Prolonged Exposure is confrontatie met de traumatische herinneringen door de traumatische gebeurtenis herhaaldelijk zeer gedetailleerd na te vertellen.

- **Nederland**

In Nederland staat deze techniek bekend als Imaginaire Exposure. Zie voor een uitgebreide beschrijving ▶ H. 7 in dit boek.

- **Methode**

Prolonged Exposure is een methode waarbij de cliënt geconfronteerd wordt met zijn traumatische herinneringen door middel van een verbale narratieve techniek waarbij de cliënt gedetailleerd over de traumatische ervaring vertelt. Dit wordt opgenomen en de cliënt wordt gevraagd om de opname tussen de sessies door meerdere malen af te luisteren. Aanvullend wordt in-vivo-exposure aan traumagerelateerde prikkels in het echte leven toegevoegd.

- **Onderzoek**

Er is zeer veel wetenschappelijk onderzoek gedaan naar Prolonged Exposure, waarbij de eerste RCT is uitgevoerd door Foa et al. in 1991. Resick et al. (2012) hebben ook veel onderzoek gedaan naar Prolonged Exposure. In een recente meta-analyse (Forman et al. 2018) werden de eerder gevonden positieve resultaten bevestigd. Ook in een recente meta-analyse door de Cambridge University (Mavranezouli et al. 2020) werd een groot positief resultaat gevonden voor trauma focused cognitive behavior therapy.

- **Richtlijnen**

De *Guidelines* van de ISTSS (2018) geven Prolonged Exposure een 'strong recommendation'. In de Nederlandse richtlijnen vinden we deze verwerkingstechniek terug als Imaginaire Exposure. Deze wordt krachtig aanbevolen in de *Richtlijn angststoornissen* (2013).

- **Werkingsmechanismen**

Bij Prolonged Exposure spelen verschillende werkingsmechanismen een rol. In de eerste plaats is dat het cognitieve verwerkingsmodel: inpassen van nieuwe informatie in de al bestaande structureren. Daardoor vindt een proces plaats van habituatie, wat tot extinctie leidt. Dit kun je ook zien als een toepassen van de associatiecirkel. Verder speelt reconsolidatie een rol.

10.3.2 Cognitive processing therapy

- **Beschrijving**

De focus van Cognitive Processing Therapy (CPT) is de evaluatie en modificatie van disfunctionele gedachten die het gevolg zijn van de traumatische herinnering. CPT is vooral gepropageerd door Resick et al. (2016).

- **Nederland**

In Nederland wordt CPT als 'stand-alone' techniek niet of nauwelijks gebruikt en onderwezen.

- **Methode**

Cliënten wordt bij CPT gevraagd om te schrijven over hun traumatische herinnering en de impact die deze op hen heeft. Zij lezen hun verslag voor tijdens de behandelsessie. Het oorspronkelijke protocol gaat uit van twee sessies per week gedurende zes weken, maar CPT wordt ook toegepast met één sessie per week. Evaluatie en modificatie van de disfunctionele traumagerelateerde cognities vinden plaats met bijvoorbeeld cognitieve uitdaagtechnieken. Optioneel is het toevoegen van een geschreven gedetailleerd verslag van de traumatische gebeurtenis.

- **Onderzoek**

Naar de toepassing van CPT is wetenschappelijk onderzoek uitgevoerd bij verschillende doelgrepen, met name bij slachtoffers van seksueel geweld (Resick et al. 2012) en veteranen (Resick et al. 2008; Monson et al. 2006).

- **Richtlijnen**

De *Guidelines* van de ISTSS (2018) geven CPT een 'strong recommendation'.

- **Werkingsmechanisme**

Bij CPT spelen verschillende werkingsmechanismen een rol. In de eerste plaats is dat het cognitieve verwerkingsmodel: inpassen van nieuwe informatie in de al bestaande structureren. Daardoor vindt een proces plaats van habituatie, wat tot extinctie leidt. Dit kun je ook zien als een toepassen van de associatiecirkel. Verder spelen reconsolidatie en sharing door middel van schrijven hierbij een rol.

10.3.3 Reconsolidation of Traumatic Memories

- Beschrijving

Reconsolidation of Traumatic Memories (RTM) is een relatief nieuwe techniek waarbij van een traumatische herinnering een imaginaire zwart-witfilm wordt gemaakt, die vervolgens versneld in het hoofd van de cliënt wordt afgespoeld en die gemanipuleerd kan worden, zodat de lading ervan afneemt. Het is een kortdurende behandelmethode.

- Nederland

Voor zover bekend wordt deze techniek in Nederland niet gebruikt.

- Methode

Bij RTM worden de traumatische herinneringen geactiveerd doordat de cliënt gevraagd wordt daarvan een imaginaire zwart-witfilm te maken. Door de beelden vervolgens te manipuleren qua kleur, helderheid, snelheid en perspectief wordt de traumatische ervaring minder aversief. Vervolgens wordt de cliënt gevraagd om deze film heel snel, in twee seconden, in zijn hoofd af te spelen.

- Onderzoek

Gray et al. (2019) deden een veelbelovend RCT-onderzoek, waarbij RTM met een wachtlijstconditie werd vergeleken. De behandeling bestond uit drie sessies RTM van twee uur, waarna 71 % van de proefpersonen (mannelijke veteranen) niet meer voldeed aan de diagnose PTSS.

- Richtlijnen

Reconsolidation of Traumatic Memories wordt in de *Guidelines* van de ISTSS beschreven als een veelbelovende interventie ('Intervention with Emerging Evidence').

- Werkingsmechanismen

Bij RTM speelt een aantal werkingsmechanismen een rol, waaronder een licht narratief werkingsmechanisme, maar vooral reconsolidatie. Het expliciete doel van de methode is immers om de herinnering te veranderen. Daarnaast speelt het cognitieve verwerkingsmodel: inpassen van nieuwe informatie in de al bestaande structureren een rol.

10.3.4 Virtual Reality Therapy

- Beschrijving

Bij deze verwerkingstechniek wordt met een computerprogramma een virtueel beeld geconstrueerd dat reprenstatief is voor de traumatische ervaring, waaraan de cliënt vervolgens wordt blootgesteld.

- Nederland

Virtual Reality Therapy (VRT) is vooral een in de Verenigde Staten toegepaste methode, die in Nederland sporadisch wordt gebruikt bij PTSS, bijvoorbeeld door Defensie (Rozenberg-van Lisdonk 2019).

- **Methode**

Bij VRT wordt de cliënt blootgesteld aan een met een computerprogramma gemaakt virtueel beeld van de traumatische ervaring. De behandelaar reguleert de mate van exposure aan de hand van de beleving van de cliënt. Het doel is door middel van habituatie de traumatische ervaring van zijn lading te ontdoen.

- **Onderzoek**

Kothgassner et al. (2019) voerden een metanalyse uit naar de effectiviteit van VRT bij PTSS en concluderen dat VRT een gematigd positief effect heeft op PTSS-symptomen. Wat zij als beperking zien, is dat veel van de onderzoeken naar VRT alleen bij militair personeel zijn gedaan.

- **Richtlijnen**

Virtual Reality Therapy wordt in de *Guidelines* ISTSS beschreven als een veelbelovende interventie ('Intervention with Emerging Evidence').

- **Werkingsmechanismen**

Bij VRT spelen verschillende werkingsmechanismen een rol. In de eerste plaats is dat een proces van habituatie, wat tot extinctie leidt. Daarbij wordt gebruikgemaakt van het cognitieve verwerkingsmodel: inpassen van nieuwe informatie in de al bestaande structureren. Dit kun je ook zien als een toepassen van de associatiecirkel.

10.4 Werkgeheugen belastende technieken

10.4.1 Eye movement desentization and reprocessing

- **Beschrijving**

Eye Movement Desensitization and Reprocessing (EMDR) is een in de jaren tachtig van de vorige eeuw in de Verenigde Staten door Shapiro ontwikkelde methode waarbij de cliënt naar het meeste schokkende beeld van zijn traumatische ervaring moet kijken, terwijl tegelijkertijd zijn werkgeheugen overbelast wordt door bijvoorbeeld een visuele taak.

- **Nederland**

In Nederland is EMDR de meest gebruikt traumaverwerkingsmethode en wordt deze op een kwalitatief goede manier toegepast, mede dankzij de inspanningen van de Vereniging EMDR Nederland.

- **Methode**

Zie voor een uitgebreide beschrijving van de methode het ► H. 8 in dit boek.

- **Onderzoek**

Er is een ware stortvloed van artikelen die de effectiviteit van EMDR aantonen. Uit een recente metanalyse (Cuijpers et al. 2020) naar 77 RCT's blijkt dat, vergeleken met een wachtlijstconditie, EMDR een zeer effectieve behandelvorm is voor PTSS. Ook vergeleken met andere behandelvormen voor PTSS is EMDR zeer effectief. Ook in een recente meta-analyse door de Cambridge University (Mavranezouli et al. 2020) werd een groot positief resultaat gevonden voor EMDR. Er is nog slecht een beperkt aantal RCT's gedaan naar de werkzaamheid van EMDR bij andere psychische problemen. Uit deze meta-analyse blijkt dat er aanwijzingen zijn dat EMDR het goed doet bij de behandeling van angststoornissen.

- **Richtlijnen**

De *Guidelines* van de ISTSS (2018) geven EMDR een 'strong recommendation'. In de Nederlandse *Richtlijn angststoornissen* (2013) is EMDR 'behandeling van eerste keus' bij PTSS.

In de Verenigde Staten is EMDR minder populair. De American Psychological Association geeft deze methode in de *Clinical Practice Guidelines for PTSD* (2017) 'slechts' een 'conditionally' (voorwaardelijke) aanbeveling. Het Britse National Institute for Health and Care Excellence (NICE 2018) geeft EMDR ook een lagere beoordeling en geeft aan dat er nog onvoldoende bewijs is dat EMDR geschikt is voor de behandeling van 'combat related PTSD'.

- **Werkingsmechanismen**

EMDR is een complexe techniek waarbij gebruik wordt gemaakt van meerdere werkingsmechanismen. Het meest bekende werkingsmechanisme is natuurlijk de werkgeheugentheorie. Ook de methode van de vrije associatie is een belangrijk werkingsmechanisme, net als het cognitieve verwerkingsmodel: inpassen van nieuwe informatie in de al bestaande structureren, dat door Shapiro 'Adaptive Information Processing' is genoemd. Daarnaast speelt reconsolidatie een rol. Door middel van interweaves kan ook gebruikgemaakt worden van het werkingsmechanisme van toevoegen van 'Gezonde-Volwassene'-informatie.

10.4.2 Counting Method en Progressive Counting

- **Beschrijving**

Ochberg heeft in de jaren negentig van de vorige eeuw de Counting Method (CM) ontwikkeld (Ochberg 1996). Door Greenwald (2015) en collega's van het Trauma & Child Trauma Institute in Massachusetts is deze methode verbeterd tot Progressive Counting (PC). Beide methoden gebruiken tellen als een vorm van werkgeheugenbelasting terwijl de cliënt naar een imaginaire 'film' van zijn traumatische ervaringen kijkt.

- **Nederland**

Voor zover bekend wordt CM of PC niet of nauwelijks gebruikt in Nederland.

- **Methode**

De Counting Method (CM) is een traumabehandelingsmethode waarbij de behandelaar hardop van 1 tot 100 telt terwijl de cliënt een imaginaire 'film' over zijn traumatische herinnering in zijn hoofd afspeelt. Progressive Counting (PC) (in het Nederland de Progressieve telmethode genoemd) is verbeterde versie van de CM en kan ook 'blind' worden toegepast: de cliënt hoeft de inhoud van de imaginaire 'films' waar hij naar kijkt dan niet te bespreken. Bij PC wordt in eerste instantie door de behandelaar tot 10 geteld, vervolgens tot 20 enzovoorts terwijl de cliënt naar de 'films' kijkt. Als de traumatische herinneringen afgezwakt zijn, wordt de tijd van het tellen bij de imaginaire films geleidelijk verlaagd. Volgens de ontwikkelaars is Progressive Counting makkelijker uit te voeren en te leren dan EMDR.

- **Onderzoek**

In vergelijkend onderzoek van Greenwald et al. (2013) bleek PC effectiever dan EMDR. Aan dit onderzoek kleven echter allerlei bezwaren, vooral het feit dat de ontwikkelaars hun eigen methode onderzochten. Er is verder nauwelijks onderzoek gedaan naar CM en PC.

- **Richtlijnen**

De Counting Method en de Progressive Counting worden niet genoemd in richtlijnen.

- **Werkingsmechanismen**

Bij CM en PC wordt gebruikgemaakt van meerdere werkingsmechanismen, met name de werkgeheugenhypothese. Daarnaast lijkt extinctie door middel van habituatie een rol te spelen.

10.4.3 Brainspotting

- **Beschrijving**

Brainspotting werd in 2003 ontdekt door EMDR-therapeut David Grand (Grand 2013). Veel internationale Brainspotting-therapeuten hebben een achtergrond in EMDR-therapie. De methode heeft ook invloeden vanuit Somatic Experiencing. Brainspotting heeft een open karakter: er is geen strak protocol en de therapeut volgt het proces van de cliënt zoals zich dat ter plekke ontvouwt. Deze spontaniteit laat alle ruimte voor een natuurlijk verwerkingsproces (Hildebrand et al. 2017).

- **Nederland**

In Nederland telt zo'n honderd in brainspotting opgeleide practitioners. Zij werken overwegend in het alternatieve circuit. Er is een trainingsprogramma opgezet. Zie verder ▶ www.brainspotting.nl.

- **Methode**

Op ▶ www.brainspotting.nl wordt de methode beschreven: een 'brainspot' is de stand of positie van de ogen die gerelateerd is aan de energetische, emotionele activering van een traumatische of emotioneel geladen ervaring in het brein. De behandelaar zoekt met een 'pointer' (een klein lichtpuntje op bijvoorbeeld een muur) de brainspot op en vraagt de cliënt zich daarop te concentreren. Het vasthouden van de ingenomen oogpositie terwijl de aandacht van de cliënt gericht blijft op het lichamelijk waargenomen gevoel dat gerelateerd is aan het betreffende therapeutische onderwerp of trauma zou een diepgaand integrerend en helend proces in de hersenen in werking zetten.

- **Onderzoek**

Hildebrand et al. (2017) constateren in een vergelijkend onderzoek met EMDR dat Brainspotting een veelbelovende methode is voor de behandeling van PTSS, maar dat verder onderzoek nodig is.

- **Richtlijnen**

Brainspotting wordt niet genoemd in richtlijnen.

- **Werkingsmechanismen**

Brainspotting maakt met name gebruik van het werkingsmechanisme van vrije associatie in combinatie met een habituatieprocedure en dus het werkingsmechanisme van extinctie. Dat leidt tot het cognitieve werkingsmechanisme: inpassen van nieuwe informatie in al bestaande structuren.

10.5 Rescriptingsachtige technieken

10.5.1 Imaginaire Rescripting

- **Beschrijving**

Imaginaire Rescripting (ImRs) is een oude techniek die door de opkomst van de schematherapie een revival heeft doorgemaakt. Inmiddels is ook een stand-alone variant van ImRs ontwikkeld, waarnaar uitgebreid wetenschappelijke onderzoek is gedaan (zie verder ▶ H. 9). ImRs is vooral goed toepasbaar bij vroegkinderlijke traumatisering.

- **Nederland**

In Nederland wordt ImRs zeer veel toegepast in het kader van schematherapiebehandelingen, maar ook als stand-alone techniek.

- **Methode**

Imaginaire Rescripting als stand-alone techniek omvat drie fasen. In de eerste fase vertelt de cliënt met zijn ogen dicht over de traumatische gebeurtenis, tot vlak voor het naarste moment. Daarna begint de tweede fase, de rescriptingsfase, waarbij de cliënt als volwassene de situatie zo verandert dat de dader wordt gestopt en de cliënt in veiligheid wordt gebracht. In de derde fase vertelt de cliënt vanuit de positie van het slachtoffer hoe er wordt ingegrepen door de volwassene. Een variant is dat de behandelaar ingrijpt in de tweede fase.

- **Onderzoek**

Naar de werkzaamheid van Imaginaire Rescripting is een grote RCT gedaan door Raabe, waarover in 2020 gepubliceerd zal worden. De voorlopige resultaten laten zien dat ImRs een goedwerkende methode voor de behandeling van PTSS is. Ook loopt er een groot onderzoek naar de vergelijking tussen EMDR en ImRs, het zogenoemde IREM-onderzoek, waaruit ImRs net zo effectief naar voren komt als EMDR. Verder zijn er talloze onderzoeken waaruit blijkt dat ImRs een waardevolle en effectieve techniek is (onder andere Arntz et al. 2013; Raabe et al. 2015).

- **Richtlijnen**

ImRs is nog niet opgenomen in Nederlandse richtlijnen of de *Guidelines* van de ISTSS, maar de verwachting is dat dit zal veranderen nadat de succesvolle resultaten van recente onderzoeken zijn gepubliceerd.

- **Werkingsmechanismen**

Het belangrijkste werkingsmechanisme van ImRs is het toevoegen van corrigerende 'Gezonde-Volwassene'-informatie. Daarnaast speelt het werkingsmechanisme reconsolidatie een grote rol. Immers, door het toevoegen van de ingrepen in fase 2, op het moment dat de herinnering instabiel is, zal de oorspronkelijke gebeurtenis in het geheugen op de nieuwe manier geconsolideerd worden. Dit leidt ook tot het cognitieve werkingsmechanisme: inpassen van nieuwe informatie in al bestaande structuren.

10.6 Schrijfverwerkingstechnieken

10.6.1 Written Exposure Therapy

- **Beschrijving**

Written Exposure Therapy (WET) is een in de Verenigde Staten ontwikkelde behandeling van vijf sessies, bedoeld als een kortdurende PTSS-behandeling. De behandeling is kosteneffectief en er is vergeleken met andere interventies weinig training voor nodig (Sloan en Marx 2019).

- **Nederland**

In Nederland wordt een versie van deze methode toegepast als 'schrijftherapie' (zie de volgende paragraaf).

- **Methode**

WET is een behandelmethode die bestaat uit vijf sessies. Na een diagnostische sessie leest de behandelaar de schrijfinstructies voor en verlaat de ruimte. Daarna schrijft de cliënt zelfstandig over de traumatische gebeurtenis. Na dertig minuten is er een kort gesprek met de behandelaar. De volgende sessie geeft de behandelaar commentaar op het door de cliënt geschreven verhaal.

- **Onderzoek**

Er zijn diverse onderzoeken, waaronder RCT's, verricht naar Written Exposure Therapy waaruit blijkt dat het een effectieve behandelmethode is vergeleken met methoden als Prolonged Exposure en Cognitive Processing Therapy (Sloan et al. 2018).

- **Richtlijnen**

De *Guidelines* van de ISTSS (2018) geven Written Exposure Therapy een 'standard recommendation'.

- **Werkingsmechanismen**

Bij alle vormen van schrijftherapie speelt het cognitieve werkingsmechanisme: inpassen van nieuwe informatie in al bestaande structuren een rol. Daarnaast vindt extinctie plaats door middel van habituatie. Ook sharing door middel van schrijven als werkingsmechanisme is van belang. Immers, door iets op schrift te stellen, neem je er enige afstand van.

10.6.2 Schrijftherapie

- **Beschrijving**

Schrijftherapie is een effectieve psychologische behandeling van posttraumatische stress. Schrijftherapie was oorspronkelijk een online behandeling voor volwassenen met posttraumatische stress, maar inmiddels zijn ook effectieve face-to-facevarianten ontwikkeld voor volwassenen en voor kinderen en adolescenten. Schrijftherapie zou je kunnen zien als de Nederlandse toepassing van Written Exposure Therapy.

- **Nederland**

In Nederland werd schrijftherapie veel toegepast als online behandeling onder de naam interapy.nl. Niet bekend is hoe vaak schrijftherapie als stand-alone techniek wordt ingezet.

- **Methode**

Het therapeutisch model van schrijftherapie omvat meestal drie fasen, waarin de nadruk achtereenvolgens ligt op:
1. Imaginaire Exposure aan de traumatische herinneringen: in deze fase beschrijft de cliënt zo gedetailleerd mogelijk, in de ik-vorm en de tegenwoordig tijd over de gebeurtenis;
2. cognitief herstructureren: bijvoorbeeld door over de schokkende gebeurtenis te schrijven vanuit het perspectief van een ander, zoals een vriend of vriendin, indien die hetzelfde zou hebben meegemaakt;
3. de toekomst en het delen van de traumatische ervaring met anderen: de cliënt richt zich op de toekomst door te beschrijven wat voor invloed de gebeurtenis op hem heeft gehad en hoe hij daar verder mee zou willen omgaan. Daarna deelt de cliënt zijn verhaal delen met iemand uit zijn omgeving. Dat kan de behandelaar zijn, maar ook de echtgenoot, een ouder of een vriend of vriendin.

De behandeling eindigt met een met de cliënt af te spreken, symbolische afsluiting van de traumatische ervaring. Van tevoren wordt afgesproken hoe vaak per week en hoe lang per keer de cliënt met deze opdracht bezig is, bijvoorbeeld twee keer per week een kwartier.

Er zijn ook varianten waarbij alleen de Imaginaire Exposure-fase en het delen met anderen worden toegepast. Er is ook een 'microverwerkings'-variant waarbij de cliënt bijvoorbeeld eerst in vijf minuten de hele gebeurtenis beschrijft en dat vervolgens in tien minuten doet.

- **Onderzoek**

Schrijftherapie is effectief gebleken in een aantal gecontroleerde studies (Van Emmerik en Kamphuis 2016). Weliswaar concluderen Van Emmerik en Kamphuis (2016) dat cognitieve gedragstherapie en EMDR de voorkeursbehandelingen bij PTSS zijn gezien de omvangrijkere evidentie uit effectonderzoek, maar zij stellen dat schrijftherapie een goed alternatief is voor cliënten bij wie deze behandelingen niet of onvoldoende aanslaan. Opgemerkt moet wel worden dat hun onderzoek zich richtte op aan psychotrauma gerelateerde klachten en niet op PTSS alleen.

- Richtlijnen

De *Guidelines* van de ISTSS (2018) geven Written Exposure Therapy een 'standard recommendation'.

- Werkingsmechanismen

Bij alle vormen van schrijftherapie speelt het cognitieve werkingsmechanisme: inpassen van nieuwe informatie in al bestaande structuren een rol. Daarnaast vindt extinctie plaats door middel van habituatie. Ook sharing door middel van op schrift stellen als werkingsmechanisme is van belang.

10.6.3 WRITEjunior, schrijftherapie voor getraumatiseerde kinderen

- Beschrijving

WRITEjunior is een specifieke verwerkingstechniek voor kinderen van 4 tot 18 jaar waarbij het kind samen met de behandelaar zijn verhaal opschrijft. Bij jonge kinderen (4 tot 8 jaar) wordt veel met tekeningen gewerkt. Oudere kinderen kunnen hun verhaal zelf op de computer typen.

- Nederland

Deze in Nederland ontwikkelde methode wordt veel gebruikt in de behandeling van kinderen en adolescenten in de ggz. Op de website ▶ www.writejunior.nl is meer informatie te vinden, onder meer over de opleiding in deze methode.

- Methode

Het kind schrijft samen met de behandelaar zijn verhaal over de traumatische gebeurtenis. De gebeurtenis zelf wordt daarbij beschreven, maar ook de context daaromheen en alle gedachten die er een rol bij spelen. Die gedachten worden daarbij wel functioneel gemaakt. Zo ontstaat een document om te bewaren en na te lezen. Het verhaal wordt vervolgens gedeeld met belangrijke mensen in het leven van het kind, zodat die er positieve feedback op kunnen geven. Daarbij wordt gebruikgemaakt van cognitieve gedragstherapeutische technieken als exposure, cognitieve herstructurering, coping en social sharing (▶ www.writejunior.nl).

- Onderzoek

In een groot RCT-onderzoek is aangetoond dat WRITEjunior tot zeer goede en bestendige resultaten leidt bij eenmalig getraumatiseerde kinderen en adolescenten met PTSS. Het effect van WRITEjunior is vergelijkbaar met dat van EMDR, alhoewel EMDR iets sneller werkt (De Roos et al. 2017).

- Richtlijnen

WRITEjunior wordt in de richtlijnen niet als methode genoemd.

- Werkingsmechanismen

Bij alle vormen van schrijftherapie speelt het cognitieve werkingsmechanisme: inpassen van nieuwe informatie in al bestaande structuren een rol. Daarnaast vindt extinctie plaats door middel van habituatie. Ook sharing door middel van schrijven als werkingsmechanisme is van belang. Immers, door iets op schrift te stellen, neem je er enige afstand van. Hierdoor ontstaat ook de gelegenheid om het met anderen te delen.

10.7 Combinatietechnieken

10.7.1 Beknopte eclectische psychotherapie voor psychotrauma

- Beschrijving

Beknopte Eclectische Psychotherapie voor Psychotrauma (BEPP) (in het Engels: Brief Eclectic Psychotherapy for Psychotrauma) is een behandelingsconcept dat eerst bekend stond onder de naam Korte Eclectische Psychotherapie voor Psychotrauma en is vooral effectief gebleken bij enkelvoudig psychotrauma (Gersons et al. 2011). Het is een combinatie van verschillende elementen, waarbij gebruik wordt gemaakt van cognitieve gedragstherapeutische en psychodynamische technieken. De behandeling is ontwikkeld in het Academisch Medisch Centrum te Amsterdam door Gersons en collega's.

- Nederland

Deze methode wordt op een aantal plekken in Nederland gebruikt. Via ARQ kan een vierdaagse training worden gevolgd in het toepassen van BEPP.

- Methode

BEPP bestaat uit een kort en strak geprotocolleerde behandelmethode van zestien sessies van 45 minuten:
- sessie 1: informatie over PTSS en uitleg over de behandeling;
- sessie 2 t/m 6: Imaginaire Exposure aan de herinneringen van de traumatische gebeurtenis(sen), schrijfopdracht;
- sessie 7: evaluatie van bereikte resultaat;
- sessie 8 t/m 15: betekenisgeving (hoe heeft de ervaring van de traumatische gebeurtenis het zelfbeeld en de kijk op de wereld veranderd?);
- sessie 16: afscheid.

- Onderzoek

Het meest recente onderzoek naar BEPP is van Nijdam et al. (2012), die in een RCT waarbij BEPP met EMDR werd vergeleken constateren dat ze vergelijkbaar effectief zijn, maar dat EMDR sneller werkt.

- **Richtlijnen**

De *Guidelines* van de ISTSS stellen met betrekking tot BEPP: 'Insufficient Evidence to Recommend'.

- **Werkingsmechanisme**

Doordat BEPP gebruikmaakt van verschillende technieken, spelen er verschillende werkingsmechanismen een rol: extinctie, cognitieve werkingsmechanisme: inpassen van nieuwe informatie in al bestaande structuren en sharing door op schrift stellen.

10.8 Lichamelijk gerichte verwerkingstechnieken

10.8.1 Somatic experiencing

- **Beschrijving**

Peter A. Levine (2018) constateerde dat dieren de lichamelijke gevolgen van trauma beter kunnen reguleren, door de opgeladen trauma-energie te ontladen door trillen, schudden of bewegen. Mensen kunnen door trauma opgeslagen lichamelijke energie niet goed reguleren, waardoor er een verhoogde staat van alertheid ontstaat. Dit komt tot uiting in lichamelijke onrust, emoties, gedachten en gedrag. Peter A. Levine heeft een specifiek op het lichaam gerichte behandelmethode ontwikkeld – Somatic Experiencing (SE) – waardoor de cliënt de overlevingsenergie kan ontladen en de trauma-ervaring kan integreren.

- **Nederland**

In Nederland wordt SE vooral toegepast door niet academisch opgeleide behandelaren. Er is een uitgebreid trainingsprogramma, zie: ▶ www.bodymindopleidingen.nl.

- **Methode**

SE-behandelaren concentreren zich op het lichaam, op de lichaamssensaties en op de instinctieve reacties. De behandelaar helpt de cliënt om zich op een veilige manier bewust te worden van lichamelijke sensaties, ervaringen en emoties. Opgeslagen 'overlevingsenergie' worden vervolgens in kleine doses losgemaakt en afgevoerd. De cliënt leert zichzelf te reguleren en krijgt weer keuzemogelijkheden (▶ www.bodymindopleidingen.nl).

- **Onderzoek**

Brom et al. (2017) constateren in het eerste en tot nu toe enige RCT-onderzoek dat SE het beter doet dan een wachtlijstgroep.

- **Richtlijnen**

SE wordt niet genoemd in de Nederlandse richtlijnen of de *Guidelines* van de ISTSS voor trauma focused behandelingen. Wel noemt de ISTSS deze methode in een subcategorie van 'non-psychological treatment' als 'Intervention with Emerging Evidence'.

- **Werkingsmechanismen**

SE heeft zo'n andere werkwijze dan de overige hier beschreven behandelmethoden dat de werking ervan niet omschreven kan worden aan hand van de in ▶ H. 4 genoemde werkingsmechanismen.

10.8.2 Sensomotorische psychotherapie

- **Beschrijving**

Sensomotorische Psychotherapie (SP) is in de jaren tachtig van de vorige eeuw in de Verenigde Staten ontwikkeld door Pat Ogden. Het theoretisch fundament is gebaseerd op wetenschappelijke studies op het gebied van neuropsychologie, neurobiologie, gehechtheid- en ontwikkelingspsychologie. In de klinische praktijk integreert SP technieken en inzichten uit diverse psychotherapeutische stromingen.

SP is een behandelvorm waarbij aandacht voor het lichaam en de relatie met de cliënt belangrijk zijn. Het lichaam en de lichaamssensaties vormen het belangrijkste aanknopingspunt voor behandeling.

- **Nederland**

SP wordt op beperkte schaal toegepast in Nederland en staat toenemend in de belangstelling. De website van de Vereniging Sensorimotor Psychotherapy Nederland (SPIPA-NL) biedt meer informatie (▶ www.sensorimotorpsychotherapy.nl). In Nederland kan een Engelstalige opleiding in SP worden gevolgd.

- **Methode**

Bij SP is er aandacht voor het volgen wat zich in het moment aandient bij de cliënt op sensomotorisch, emotioneel en cognitief niveau. Kleine ervaringsgerichte experimenten helpen om meer en beter zicht te krijgen op problemen en werken ondersteunend om deze problemen op te lossen of te veranderen.

Bij de behandeling van psychotrauma in SP staat niet de cognitieve of emotionele herinnering zelf centraal, maar de traumatische activatie op lichamelijk niveau. Er wordt gewerkt met de tijdens het trauma niet afgemaakte fysieke (verdedigings)reactie. Deze reactie wordt opnieuw geactiveerd, doorgewerkt en zodoende alsnog geïntegreerd in het levensverhaal van de cliënt.

Ook wordt veel uitleg gegeven over de effecten van trauma op het lichaam en worden lichaamsgeoriënteerde vaardigheden aangeleerd om de ontregelende emoties in balans te brengen.

- **Onderzoek**

Er is geen wetenschappelijk RCT-onderzoek gedaan naar de werkzaamheid van SP. De belangrijkste publicatie is geschreven door Ogden en Fisher (2015).

- **Richtlijnen**

SP is niet opgenomen in de richtlijnen, aangezien er nog geen gerandomiseerd onderzoek naar de werking van deze methode gepubliceerd is.

- **Werkingsmechanismen**

SP heeft zo'n andere werkwijze dan de overige hier beschreven behandelmethoden dat de werking ervan niet omschreven kan worden aan de hand van de in ▶ H. 4 genoemde werkingsmechanismen.

10.9 Restcategorie

10.9.1 Visual Schema Displacement Therapy

- **Beschrijving**

Visual Schema (of Coding) Displacement Therapy (VSDT) is een behandeling die is ontwikkeld door het Engelse echtpaar Speakman. Het is een wonderlijke en zeer kortdurende behandelmethode voor traumatische ervaringen.

- **Nederland**

In Nederland doen Mathijssen en De Jongh onderzoek naar VSDT. Er is nog geen protocol beschikbaar voor behandelaren.

- **Methode**

De cliënt wordt gevraagd een imaginair plaatje te maken van de naarste herinnering aan de traumatische gebeurtenis. Vervolgens wordt hij gevraagd om dat plaatje een plek te geven in een verticale cirkel van ongeveer een meter, die door de behandelaar met een horloge wordt aangegeven; dat is het 'trauma-point'. Daarna maakt de cliënt een beeld van een herinnering waar hij om moet lachen en geeft dat ook een plek in de cirkel; dit is het 'laughter-point'.

Vervolgens beweegt de behandelaar heel snel met het horloge van het 'traumapoint' naar het 'laughter-point', terwijl hij luid 'whoosh' zegt. Vervolgens moet de cliënt met zijn ogen knipperen, zijn ogen dichtknijpen en dan twee keer diep zuchten. Deze procedure wordt dan een aantal malen herhaald (Matthijssen et al. 2018).

- **Onderzoek**

Matthijssen en De Jongh doen momenteel onderzoek naar VSDT. Volgens het artikel van Matthijssen et al. (2018) heeft VSDT een positiever effect op de naarheid van herinneringen dan EMDR. Wat betreft de levendigheid van herinneringen had VSDT hetzelfde effect als EMDR, maar een beter effect dan de controleconditie. Er wordt momenteel verder onderzoek gedaan.

- **Richtlijnen**

VSDT wordt niet genoemd in de richtlijnen, omdat er nog te weinig wetenschappelijk onderzoek naar gedaan is.

- **Werkingsmechanisme**

VSDT is een wonderlijke techniek, waarbij een aantal werkingsmechanismen een rol speelt: contraconditionering, verrassingseffect, reconsolidatie en focusverandering.

10.9 · Restcategorie

10.9.2 Emotional freedom techniques

- **Beschrijving**

Emotional Freedom Techniques (EFT) is een door Graig (2009) ontwikkelde methode waarbij getapt wordt op acupressuurpunten die zich langs meridiaanbanen in het lichaam bevinden.

De afkorting van deze behandelvorm kan verwarring opleveren met de in Nederland veel bekendere Emotional Focused Therapy, die ook wordt afgekort tot EFT. Dat is echter een heel andere behandelvorm, gericht op behandeling van relatieproblemen.

- **Nederland**

In Nederland wordt EFT vooral toegepast door niet-academisch opgeleide behandelaren in de alternatieve hoek. De Stichting EFT Nederland verzorgt opleidingen.

- **Methode**

Bij EFT wordt de cliënt gevraagd zichzelf op acupressuurpunten, die zich langs meridiaan banen in het lichaam bevinden, te bekloppen, terwijl hij een aan het trauma gerelateerde en bemoedigende zin tegen zichzelf uitspreekt.

- **Onderzoek**

Er is veel controverse rondom EFT en veel publicaties bestempelen deze behandelvorm als pseudowetenschappelijk. Van der Kolk (2014) spreekt van een stabilisatietechniek 'om binnen het Window of Tolerance' te blijven.

Er zijn enige wetenschappelijk artikelen, waarvan de kwaliteit niet duidelijk is: Church en Feinstein (2017) en Church et al. (2017) rapporteren positieve resultaten met EFT bij PTSS.

- **Richtlijnen**

De *Guidelines* van de ISTSS stellen met betrekking tot EFT: 'Insufficient Evidence to Recommend'.

- **Werkingsmechanismen**

'Acupressuurpuntenstimulatie' is een omstreden werkingsmechanisme, waarvoor geen bewezen evidentie is.

10.9.3 Dialogical Exposure Therapy

- **Beschrijving**

Dialogical Exposure Therapy (DET) is een trauma focused therapie gebaseerd op de Gestalt-therapie die bestaat uit vier fasen, waarbij de kern is dat de cliënt met behulp van een legestoeltechniek de dialoog aangaat met de traumatische gebeurtenis of de dader in de traumatische gebeurtenis.

- **Nederland**

Voor zover bekend wordt DET niet toegepast in Nederland.

- **Methode**

DET bestaat uit vier fasen: veiligheid, stabiliteit, confrontatie en integratie. In de confrontatiefase vindt de confrontatie aan het trauma plaats, waarbij de cliënt in dialoog met de ramp, het trauma of de dader weer bij zijn eigen verantwoordelijkheid en waardigheid terugkomt.

- **Onderzoek**

Er is maar beperkt onderzoek gedaan naar DET. In een vergelijking met Cognitieve Processing Therapy (Butolla et al. 2016) bleek dat DET tot een vermindering van PTSS-symptomen leidde, maar CPT scoorde op de meeste uitkomstmaten net iets beter.

- **Richtlijnen**

De *Guidelines* van de ISTSS stellen met betrekking tot DET: 'Insufficient Evidence to Recommend'.

- **Werkingsmechanisme**

De mogelijke werkingsmechanisme van DET zouden het cognitieve werkingsmechanisme: inpassen van nieuwe informatie in al bestaande structuren kunnen zijn, dat door de dialoog loskomt. Ook extinctie is een mogelijk werkingsmechanisme, doordat enige mate van exposure en reconsolidatie plaatsvinden.

10.9.4 Heart assisted therapy

- **Beschrijving**

Heart Assisted Therapy (HAT) is ontwikkeld door de Amerikaanse gedragstherapeut John Diepold (2018). Deze behandelvorm maakt gebruikt van inzichten van EMDR, energiepsychologie, mindfulness, cognitieve gedragstherapie en Client Centered Therapie. HAT-therapie richt zich op het emotionele brein en neemt de negatieve lading van een emotionele ervaring weg.

- **Nederland**

In Nederland wordt HAT mondjesmaat toegepast.

- **Methode**

Het Heart Assisted Therapy-protocol neemt een negatieve ervaring als uitgangspunt. Vervolgens moet de cliënt zich concentreren op de ademhaling die naar het hart gaat, waarbij de handen gekruist voor het hart worden gehouden. Dit wordt drie keer herhaald, waarbij de handen telkens omgewisseld worden.

Vervolgens wordt de cliënt gevraagd stil te staan bij wat er is opgekomen. Bij een negatieve gedachte of een negatief gevoel moet de cliënt drie keer hardop tegen zichzelf zeggen: 'Ik houd van mezelf en accepteer mezelf, ook al voel ik me boos (of: verdrietig, angstig, onzeker, jaloers, uitgeput, schuldig, een gevoel van schaamte of pijn).' Indien er een neutrale gedachte of neutraal gevoel opkomt of een positief gevoel, wordt die gedachte waargenomen terwijl er rustig geademd wordt met gekruiste handen. Ook bij iedere uitspraak worden de handen voor het hart gewisseld.

10.9 · Restcategorie

Dan wordt een keer in- en uitgeademd. Indien dan weer een negatieve gedachte of gevoel opkomt, wordt de vorige stap herhaald.

Vervolgens wordt weer teruggegaan naar de oorspronkelijke situatie, waarbij voorgaande stappen herhaald worden tot er niets meer opkomt.

- **Onderzoek**

HAT claimt wat betreft effectiviteit vergelijkbaar te zijn met EMDR, mindfulness en cognitieve gedragstherapie, maar met uitzondering van enkele casestudies in naar deze behandelvorm nog geen wetenschappelijk onderzoek gedaan.

- **Richtlijnen**

HAT staat in het geheel niet in richtlijnen.

10.9.5 Experimentele methode: TraumaTurn

- **Beschrijving**

TraumaTurn (zie ◘ fig. 10.1) is een speciaal voor dit boek bedachte hypothetische methode waarin alle belangrijke werkingsmechanisme zijn samengevoegd. Hiermee wordt aangegeven dat het voorstelbaar is dat er in de toekomst nog nieuwe

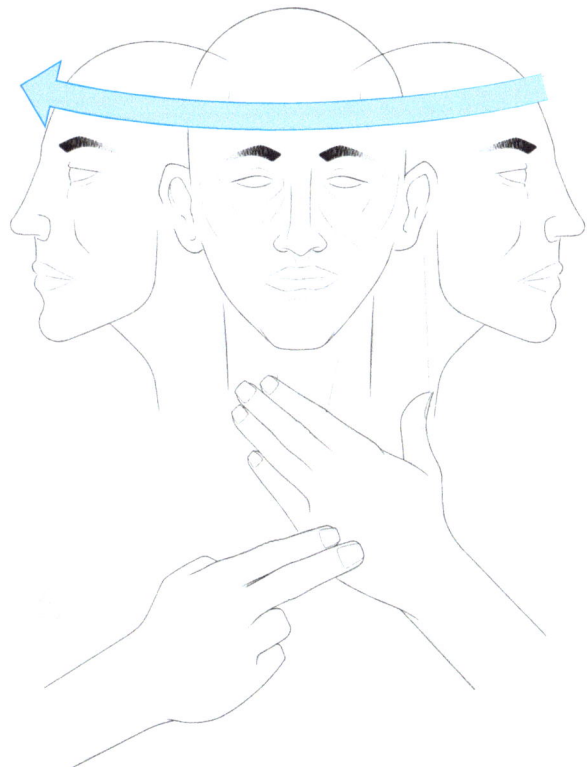

◘ **Figuur 10.1** Experimentele methode TraumaTurn

traumaverwerkingstechnieken kunnen ontstaan. Ook wordt hiermee aangegeven dat het construeren van nieuwe methoden door te redeneren vanuit effectieve werkingsmechanismen een potentieel zinvolle route kan zijn.

- **Nederland**

TraumaTurn is een hypothetische methode die nog nergens wordt toegepast.

- **Methode**

Eerst wordt een imaginair beeld gemaakt van het naarste aspect van de traumatische gebeurtenis, waarvan de SUD wordt gemeten. Dit beeld krijgt een (symbolische) plek links van de cliënt. Vervolgens wordt een imaginair beeld gemaakt van een heel plezierige ervaring. Dit beeld krijgt een (symbolische) plek rechts van de cliënt. Dan wordt de Negatieve Cognitie bepaald die bij het nare beeld hoort en daarna de Positieve Cognitie. De cliënt tapt vervolgens in een stevig tempo met twee vingers tegen de onderkant van de hand ('karate chop-point') (Stöfsel en Mooren 2017), terwijl hij de Positieve Cognitie voortdurend zachtjes voor zichzelf herhaald. Vervolgens kijkt de cliënt naar het nare beeld en terwijl hij tapt en de PC herhaalt, beweegt hij snel, met een begeleidend geluid als 'doei' (of iets dergelijks), zijn hoofd naar het beeld rechts. Dit wordt een aantal malen herhaald.

- **Onderzoek**

In het geheel niet.

- **Richtlijnen**

In het geheel niet.

- **Werkingsmechanisme**

Het doel van het construeren van deze techniek was aangeven dat het redeneren vanuit werkingsmechanismen tot potentieel zinvolle traumaverwerkingstechnieken kan leiden. Bij TraumaTurn is door een exposure-procedure sprake van extinctie door middel van habituatie. Verder is sprake van een cognitief werkingsmechanisme: inpassen van nieuwe informatie in al bestaande structuren. Er wordt gebruikgemaakt van focusverandering, reconsolidatie en contraconditionering. Daarnaast wordt gebruikgemaakt van werkgeheugenbelasting door middel van het tappen de snelle beweging van links naar rechts.

10.10 Tot slot

In de vorige drie hoofdstukken zijn de drie grote verwerkingstechnieken beschreven: EMDR, IE en ImRs. In dit hoofdstuk werden tientallen andere verwerkingstechnieken besproken die genoemd worden in de *Guidelines* (2018) van de ISTSS. We bespraken alleen trauma focused technieken, gericht op individuele, voornamelijk volwassen cliënten (dus niet op paren of groepen) en geen zogenoemde 'early interventions'. Bij elke verwerkingstechniek kwamen een korte beschrijving van de methode, het gebruik ervan in Nederland, recente wetenschappelijke publicaties en onderzoek aan de orde. Ook werd besproken of de techniek is aanbevolen in de Nederlandse richtlijnen of de *Guidelines* van de ISTSS en werden de voornaamste werkingsmechanismen behandeld. De verwerkingstechnieken zijn geordend in een aantal categorieën: globale verwerkingstechnieken, cognitieve gedragstherapie, werkgeheugen belastende technieken, rescriptingachtige technieken, schrijfverwerkingstechnieken, combinatietechnieken, lichamelijk gerichte verwerkingstechnieken en een restcategorie.

Literatuur

American Psychological Association (2017). *Clinical practice guideline for the treatment of Posttraumatic Stress Disorder (PTSD)*. Beschikbaar op: ▶ www.apa.org/ptsd-guideline.

Arntz, A., Sofi, D., & Van Breukelen, G. (2013). Imagery rescripting as treatment for complicated PTSS in refugees: A multiple baseline case series study. *Behaviour Research and Therapy, 51*(6), 274–283.

Bohlmeijer, E., Hulzinga, J., & Linssen, E. (2008). *De verhalen die we leven. Draaiboek*. Enschede: Universiteit van Twente.

Bohlmeijer, E., & Westerhof, G. (2010). *Op verhaal komen. Je autobiografie als bron van wijsheid*. Amsterdam: Boom.

Brom, D., Stokar, Y., Lawi, C., Nuriel-Porat, V., Ziv, Y., Lerner, K., et al. (2017). Somatic experiencing for posttraumatic stress disorder: A randomized controlled outcome study. *Journal of Traumatic Stress, 30,* 304–312.

Butollo, W., Karl, R., König, J., & Rosner, R. (2016). A randomized controlled clinical trial of dialogical exposure therapy versus cognitive processing therapy for adult outpatients suffering from PTSD after type I trauma in adulthood. *Psychotherapy and Psychosomatics, 85,* 16–26.

Church, D., & Feinstein, D. (2017). The manual stimulation of acupuncture points in the treatment of post-traumatic stress disorder: A review of clinical emotional freedom techniques. *Medical Acupuncture, 29*(4), 194–205.

Church, D., Stern, S., Boath, E., Stewart, A., Feinstein, D., & Clond, M. (2017). Emotional freedom techniques to treat posttraumatic stress disorder in veterans: Review of the evidence, survey of practitioners, and proposed clinical guidelines. *The Permanente Journal, 2017*(21), 16–100.

Cienfuegos, A., & Monelli, C. (1983). The testimony of political repression as a therapeutic instrument. *American Journal of Orthopsychiatry, 53*(1), 43–51.

Cohen, J., Mannarino, A., & Deblinger, E. (Eds.). (2006). *Trauma-focused CBT for children and adolescents: Treatment applications*. New York: Guilford Press.

Cuijpers, P., Van Veen, S., Sijbrandij, M., Yoder, W., & Cristea, I. (2020). Eye movement desensitization and reprocessing for mental health problems: A systematic review and meta-analysis. *Cognitive Behaviour Therapy, 49*(3), 165–180.

De Roos, C., Van der Oord, S., Zijlstra, B., Lucassen, S., Perrin, S., Emmelkamp, P., et al. (2017). Comparison of EMDR therapy, cognitive behavioral writing therapy and wait-list in pediatric PTSD following single-incident trauma: A multi-center randomized clinical trial. *Journal of Child Psychology and Psychiatry, 58*(11), 1219–1228.

Diepold, J. (2018). *Integrating heart energy into psychotherapy: Heart assisted therapy* (APA Poster Session, San Francisco, August 9).

Dossa, N., & Hatem, M. (2012). Cognitive-behavorial therapy versus other PTSD psychotherapies as treatment for woman victims of war related violence. A systematic review. *The Scientific World Journal, 2012,* 181847. Beschikbaar op: ▶ https://doi.org/10.1100/2012/181847.

Foa, E., Rothbaum, B., Riggs, D., & Murdock, T. (1991). Treatment of posttraumatic stress disorder in rape victims: A comparison between cognitive-behavioral procedures and counseling. *Journal of Consulting and Clinical Psychology, 59,* 715–723.

Forman-Hoffman, V., Middleton, J., Feltner, C., Gaynes B., Weber, R, Bann, C., et al. (2018). Psychological and pharmacological treatments for adults with posttraumatic stress disorder: A systematic review update. *Comparative Effectiveness Review, 207*. Beschikbaar op: ▶ https://doi.org/10.23970/AHRQEP-CCER207.

Ganzevoort, R., Bernts, T., Bouwer, J., Huizing, W., & Tromp, T. (2009). *Levensboeken in de ouderenzorg. Eindrapport van het project 'Het effect van het werken met levensboeken op het welbevinden van oudere *zorgvragers, zorgverleners en mantelzorgers en op de organisatie van zorg; effectmeting, effectverklaring en implementatie van methode*. Kampen: Protestantse Theologische Universiteit.

Gersons, B., Meewisse, M., Nijdam, M., & Olff, M. (2011). *Protocol brief eclectic psychotherapy for posttraumatic stress disorder (BEPP)*. Amsterdam: Academisch Medisch Centrum, Universiteit van Amsterdam.

Graig, G. (2009). *EFT for PTSD, post-traumatic stress disorder*. Fulton, CA: Energy Psychology Press.

Grand, D. (2013). *Brainspotting: The revolutionary new therapy for rapid and effective change*. Boulder: Sounds True.

Gray, R., Budden-Potts, D., & Bourke, F. (2019). Reconsolidation of traumatic memories for PTSD: A randomized controlled trial of 74 male veterans. *Psychothery Research, 29*(5), 621–639.

Greenwald, R. (2015). Progressive counting: The next trauma treatment of choice? *International Journal of Trauma Research and Practice, 2*(1), 31–33.

Greenwald, R., McClintock, S., & Bailey, T. (2013). A controlled comparison of eye movement desensitization & reprocessing and progressive counting. *Journal of Aggression, Maltreatment & Trauma, 22*(9), 981–996.

Hildebrand, A., Grand, D., & Stemmler, M. (2017). Brainspotting – The efficacy of a new therapy approach for the treatment of Posttraumatic Stress Disorder in comparison to Eye Movement Desensitization and Reprocessing. *Mediterranean Journal of Clinical Psychology, 5*, 1.

Huijbregts, K., Veeninga, A., & Hafkenscheid, A. (2008). Getuigenisbehandeling bij childsurvivors en nakomelingen van oorlogsslachtoffers: Een pilot-studie. *Tijdschrift voor Psychotherapie, 34*, 322–340.

International Society of Traumatic Stress Studies (2018). *Posttraumatic stress disorder, prevention and treatment guidelines, methodology and recommendations*. Beschikbaar op: ▶ www.istss.org.

Jongedijk, R. (2014). *Levensverhalen en psychotrauma, Narratieve Exposure Therapie in theorie en praktijk*. Amsterdam: Boom.

Kielhofner, G. (2004). *Occupational performance history interview II. version 2.1*. Chicago: MOHO Clearinghouse, University of Illinois.

Kothgassner, O., Goreis, A., Kafka, J., Van Eickels, R., Plener, P., & Felnhofer, A. (2019). Virtual reality exposure therapy for posttraumatic stress disorder (PTSD): A meta-analysis. *European Journal of Psychotraumatology, 10*(1).

Landelijke Stuurgroep Multidisciplinaire Richtlijnontwikkeling in de ggz (2013). *Multidisciplinaire richtlijn angststoornissen*. Utrecht: Kwaliteitsinstituut voor de Gezondheidzorg CBO/Trimbos-instituut. Beschikbaar op: ▶ www.ggzrichtlijnen.nl.

Levine, P. (2018). *Trauma en geheugen: Hoe brein en lichaam traumatische ervaringen levend houden*. Eeserveen: Mens.

Matthijssen, S., Van Beerschoten, L., De Jongh, A., & Van den Hout, M. (2018). Effects of 'Visual Schema Displacement Therapy' (VSDT), an abbreviated EMDR protocol and a control condition on emotionality and vividness of aversive memories: Two critical analogue studies. *Journal of Behavior Therapy and Experimental Psychiatry, 63*, 48–56.

Mauritz, M., Van Gaal, B., Jongedijk R., Nijhuis-van der Sanden, M., Schoonhoven, L., & Goossens, P. (2016). Narrative Exposure therapy for posttraumatic stress disorder associated with repeated interpersonal trauma in patients with severe mental illness: A mixed methods convergent design study. *European Journal of Psychotraumatology, 7*, 32473. Beschikbaar op: ▶ https://doi.org/10.3402/ejpt.v7.32473.

Mavranezouli, I., Megnin-Viggars, O., & Sofia Dias, C. (2020). *Psychological treatments for post-traumatic stress disorder in adults: A network meta-analysis*. Beschikbaar op: ▶ https://doi.org/10.1017/S0033291720000070.

Monson, C., Schnurr, P., Resick, P., Friedman, M., Young-Xu, Y., & Stevens, S. (2006). Cognitive processing therapy for veterans with military related post traumatic stress disorder. *Journal of Consulting and Clinical Psychology, 74*, 898–907.

Mooren, T., & Van Dijk, J. (2004). Getuigenistherapie bij vluchtelingen, een integratief protocol. *Tijdschrift voor Psychotherapie, 30*, 359–367.

NICE (2018). *Post-traumatic stress disorder, NICE guideline [NG116]*. Beschikbaar via ▶ https://www.nice.org.uk/guidance/ng116.

Nijdam, M., Gersons, B., Reitsma, J., De Jongh, A., & Olff, M. (2012). Brief eclectic psychotherapy versus eye movement desensitisation and reprocessing therapy for post-traumatic stress disorder: Randomised controlled trial. *British Journal of Psychiatry, 200*(3), 224–231.

Ochberg, F. (1996), The counting method for ameliorating traumatic memories. *Journal of Traumatic Stress, 9*(4), 669–680.

Ogden, P., & Fisher, J. (2015). *Sensomotorische psychotherapie: Interventies in trauma en attachment*. New York: WW Norton.

Oude Lohuis, M., & Hornsveld, H. (2020). Leidt succesvolle EMDR tot specifieke veranderingen in de hersenen. *EMDR-magazine, 22,* 8.
Ouwehand, E. (2013). Levensboeken in de ggz. *Tijdschrift Geestelijke Verzorging, 16*(72), 38–43.
Raabe, S., Ehring, T., Marquenie, L., Olff, M., & Kindt, M. (2015). Imagery rescripting as a stand-alone treatment for posttraumatic stress disorder related to childhood abuse. *Journal of Behavior Therapy and Experimental Psychiatry, 48,* 170–176.
Resick, P., Monson, C., & Chard, K. (2008). *Cognitive processing therapy: Veteran/military version.* Washington, DC: Department of Veterans' Affairs.
Resick, P., Monson, C., & Chard, K. (2016). *Cognitive processing therapy for PTSD: A comprehensive manual.* New York: Guilford Press.
Resick, P., Williams, L., Suvak, M., Monson, C., & Gradus, J. (2012). Long-term outcomes of cognitive-behavioral treatments for posttraumatic stress disorder among female rape survivors. *Journal of Consulting and Clinical Psychology, 80,* 201–210.
Rozenberg-van Lisdonk, J. (2019). VR-bril helpt PTSS bestrijden. *Landmacht, 4,* 7 mei.
Schaal, S., Elbert, T., & Neuner, F. (2009). Narrative exposure therapy versus interpersonal psychotherapy: A pilot randomized controlled trial with Rwandan genocide orphans. *Psychotherapy and Psychosomatics, 78,* 298–306.
Sloan, D., & Marx, B. (2019). *Written exposure therapy for PTSD: A brief treatment approach for mental health professionals.* Washington: American Psychological Association.
Sloan, D., Marx, B., Lee, D., & Resick, P. (2018). A brief exposure-based treatment vs cognitive processing therapy for posttraumatic stress disorder: A randomized noninferiority clinical trial. *Journal of the American Medical Association Psychiatry, 75*(3): 233–239.
Stöfsel, M., & Mooren, T. (2017). *Trauma en persoonlijkheidsproblematiek.* Houten: Bohn Stafleu van Loghum.
Van der Kolk, B. (2014). *The body keeps the score, Brain, mind and body in the healing.* Londen: Penguin.
Van Dijk. J., & Schoutrop, M. (2002). Getuigenistherapie. *Tijdschrift voor Directieve Therapie, 22*(4), 399–409.
Van Emmerik, A., & Kamphuis H. (2016). Schrijftherapie bij posttraumatische stress. Een overzicht van therapeutische procedures, theoretische achtergrond en effectonderzoek. *Tijdschrift voor Directieve Therapie, 36*(4), 264–277.

Indicatiestelling bij traumaverwerkingstechnieken

11.1 Inleiding – 161

11.2 Opleiding en kunde – 161

11.3 'Informed' keuze van de cliënt – 162

11.4 Zeer hoge spanning – 162

11.5 De spanning neemt niet af – 163

11.6 Sterke vermijding – 164

11.7 Machteloosheid – 166

11.8 (Vermeend) intentioneel onheil door bekenden – 166

11.9 Leeftijd op het moment van traumatisering – 168
11.9.1 Preverbale fase – 169
11.9.2 Basale persoonlijkheidsontwikkeling – 169
11.9.3 De puberteit en adolescentie – 170
11.9.4 Vroege volwassenheid – 170
11.9.5 Voltooide identiteitsontwikkeling – 170

11.10 Verwaarlozing, misbruik of mishandeling in de jeugd – 170

11.11 Veel ontregeling tijdens de verwerking – 171

11.12 Veel ongeordend traumatisch materiaal – 172

11.13 Laag zelfbeeld – 172

11.14 Overheersende belemmerende gevoelens – 173

© Bohn Stafleu van Loghum is een imprint van Springer Media B.V., onderdeel van Springer Nature 2020
M. Stöfsel, *Trauma en verwerkingstechnieken*, https://doi.org/10.1007/978-90-368-2501-6_11

11.15 Overheersende boosheid en woede – 173

11.16 Overmatige schuldgevoelens – 175

11.17 Reële schuldgevoelens – 175

11.18 Lage SUD – 176

11.19 Dissociatie – 176

11.20 Sterke persoons- en niet-gebeurtenisgerichte gevoelens – 177

11.21 Geen duidelijk beeld – 177

11.22 Samenvattende tabel – 177

11.23 Tot slot – 179

Literatuur – 180

11.1 Inleiding

De essentie van een goede traumabehandeling ligt in een goede indicatiestelling. In dit hoofdstuk bespreken we de indicatieverschillen tussen de eerder besproken verwerkingstechnieken. Het hoofdstuk is gebaseerd op kennis vanuit de eerder beschreven werkingsmechanismen bij traumaverwerking, de interviews met experts op het gebied van traumaverwerking, de klinische ervaring van de auteur en natuurlijk de literatuur over traumaverwerkingstechnieken. Uitgangspunt in dit hoofdstuk zijn de omstandigheden die een behandelaar in een traumagerichte behandeling kan tegenkomen en die de keuze voor een verwerkingstechniek kunnen beïnvloeden, zoals:

- emoties; angst, boosheid, verdriet of dissociatie;
- gedrag, bijvoorbeeld vermijdingsgedrag;
- cognities als schaamte, machteloosheid of minderwaardigheid;
- de aard van de traumatisering, gaat het vooral om verwaarlozing of vooral misbruik of mishandeling;
- het moment in de levensloop.

Bij de bespreking daarvan wordt ervan uitgegaan dat de drie grote technieken (EMDR, Imaginaire Exposure en Imaginaire Rescripting) in principe toepasbaar zijn bij alle soorten trauma. Zij hebben elk hun eigen sterke, maar ook zwakke punten qua indicatie. Een verwerkingstechniek die in een bepaalde situatie minder geïndiceerd is, kan natuurlijk in die situatie wel degelijk werkzaam zijn. De toepassing zal dan waarschijnlijk wel minder efficiënt zijn. Behandelaren die zeer ervaren zijn in een bepaalde techniek kunnen overigens nadelen daarvan in minder geïndiceerde omstandigheden goed opvangen.

Indien een traumabehandeling met een bepaalde verwerkingstechniek vastloopt, kan het goed zijn om op een andere traumaverwerkingstechniek over te stappen. Indien bijvoorbeeld blijkt dat sprake is van veel vermijding tijdens EMDR kan het goed zijn om over te stappen op IE. En indien er te weinig 'Gezonde-Volwassene'-informatie toegankelijk is bij een EMDR-behandeling van vroegkinderlijke traumatisering kan het goed zijn om over te stappen op ImRs.

Hierbij is wel een waarschuwing op zijn plaats: als te snel van de ene op de andere methode wordt overgestapt, wordt de kracht van een methode mogelijk niet optimaal benut. Uit onderzoek naar 'therapist drift' (Waller en Turner 2016) blijkt dat het systematisch toepassen van protocollen in het algemeen tot betere therapieresultaten leidt dan een door de behandelaar samengestelde combinatie.

Dit hoofdstuk is in ▶ par. 11.22 samengevat in een tabel die te gebruiken is om tijdens de behandeling voor een bepaalde techniek te kiezen.

11.2 Opleiding en kunde

Een zeer belangrijk en logisch aspect bij de keuze om al dan niet voor een bepaalde verwerkingstechniek te kiezen, zijn de opleiding en ervaring van de behandelaar met een bepaalde verwerkingstechniek. Indien het logischer zou zijn om EMDR toe te passen, maar de behandelaar daarin niet is opgeleid, dan zal hij moeten doorverwijzen naar een collega die wel EMDR toepast. Hij kan ook kiezen voor bijvoorbeeld Imaginaire Exposure, maar de behandeling zal dan wellicht iets minder efficiënt of fraai verlopen. Natuurlijk kan de behandelaar ook besluiten om zich in een verwerkingstechniek bij te scholen.

Het verdient aanbeveling dat behandelaren die veel met getraumatiseerde cliënten werken gekwalificeerd zijn in minstens twee van de drie belangrijke traumaverwerkingstechnieken (IE, EMDR en ImRs). De Nederlandstalige Vereniging voor Psychotrauma (NtVP) stelt als voorwaarde dat gewone leden in twee traumaverwerkingstechnieken (waaronder nog geen ImRs) gekwalificeerd zijn (▶ www.ntvp.nl). Het zou mooi zijn als in behandelteams alle drie de methoden aangeboden kunnen worden en als medewerkers daartoe door middel van opleidingsbeleid gestimuleerd worden.

11.3 'Informed' keuze van de cliënt

De keuze voor een bepaalde verwerkingstechniek behoort de goedkeuring van de cliënt te krijgen. De behandelaar kiest, op basis van zijn of kunde en de traumatische situatie, voor een verwerkingstechniek. Die keuze en de argumentatie daarvoor worden voorgelegd aan de cliënt. Vervolgens kan de cliënt, indien dat van toepassing is, nog een keuze maken of met het voorstel instemmen.

Een ander aspect van de keuzemogelijkheid die een 'informed' cliënt heeft, betreft zijn mogelijk eerdere ervaringen met verwerkingstechnieken. Zeker nu steeds meer behandelaren zijn opgeleid in verwerkingstechnieken zullen cliënten hiermee al eerder positieve of negatieve ervaringen kunnen hebben opgedaan. Ook via websites of de media kan een cliënt kennis hebben opgedaan over verwerkingstechnieken. Dit alles zal de voorkeur voor een bepaalde techniek bij de cliënt kunnen bepalen.

11.4 Zeer hoge spanning

Bij zeer hoge spanning (een hoge SUD) bij het naarste plaatje is het goed is om met EMDR te beginnen. De heftigheid van de hoge spanning zal vaak veroorzaakt worden door vooral de machteloosheidsaspecten van het beeld. Bij beelden die in het domein 'machteloosheid' vallen, is EMDR het snelst en effectiefst.

Het is ook mogelijk om bij bepaalde nare beelden te beginnen met EMDR om de heftigheid van de spanning, het machteloosheidaspect van het beeld wat te verminderen en daarna bijvoorbeeld over te schakelen op een andere techniek, zoals Imaginaire Rescripting of IE. Binnen de EMDR kan de methode 'toppensnellen' worden ingezet bij cliënten met herbelevingen van meerdere trauma's. EMDR wordt dan gebruikt om de 'hitte' van de herinneringen weg te nemen door telkens als de SUD redelijk gedaald is over te gaan naar de volgende herinnering.

Op een traumalijst staan de beelden met de hoogte SUD bovenaan. Meestal spelen machteloosheidsaspecten daarbij een grote rol. Het is dan goed om bij die beelden te beginnen met EMDR, want daarmee valt het snelst succes te behalen. Dat heeft meestal ook een spanningsverminderend effect op andere situaties op de traumalijst.

Binnen de EMDR is er de mogelijkheid om de effectiviteit van het werkingsmechanisme, de werkgeheugentheorie, te versterken door meer werkgeheugenbelasting toe te voegen. Dit kan door het aanbrengen van niet te voorspellen variatie in de handbewegingen die gevolgd moeten worden, bijvoorbeeld van boven naar onderen, diagonaal, rondjes, dichtbij, et cetera. Daarbij kan het ook zinvol zijn om andere afleidende stimuli toe te voegen, zoals klikjes via een koptelefoon, trillers in de hand, in een speciaal ritme laten tappen, cognitieve taken verrichten als terugtellen van 100 met steeds drie naar beneden, erdoorheen praten en gaan staan en heen en weer stappen. Vanuit de EMDR is hiertoe een procedure ontwikkeld, de EMD-knaller (zie ▶ H. 8).

Ook de methode van het zogenoemde microverwerken kan worden ingezet. Hierbij denkt de cliënt heel kort aan het nare beeld, kijkt ernaar of spreekt erover. Dit wordt bijvoorbeeld toegepast bij Imaginaire Exposure, waarbij de cliënt het hele traumaverhaal eerst in 30 seconden vertelt, na een succeservaring daarmee iets uitgebreider in bijvoorbeeld zestig seconden en dit verder systematisch uitbreiden. Bij EMDR is een soortgelijke methode bedacht: de hand-door-de kaarsvlammethode of Flash: de cliënt krijgt eerst oogbewegingen aangeboden, laadt vervolgens kort de herinnering in het werkgeheugen en legt dan de herinnering weer 'weg'. Dit wordt telkens herhaald, waarbij de tijd dat de cliënt de herinnering in het werkgeheugen houdt langzaam wordt opgevoerd (zie ▶ H. 8).

> **Casus**
>
> Een brandweerman raakt in korte tijd betrokken bij twee dodelijke ongelukken waarbij hij auto's moest openknippen om lichamen te bergen van twee meisjes in de leeftijd van zijn dochters. Hij ervaart een zeer hoge spanning als hij aan deze situaties denkt. We besluiten de methode van de microverwerking in te zetten bij Imaginaire Exposure. Hij vertelt de ergste van de twee situaties van begin tot einde na, eerst in 30 seconden en als dat goed verloopt in 45 seconden en 60 seconden. Thuis luistert de brandweerman deze opnames van zijn verhaal elke dag af. De week daarna kunnen we standaardprocedure IE succesvol toepassen.

11.5 De spanning neemt niet af

Indien de spanning niet daalt tijdens een verwerkingsprocedure betekent dit in de eerste plaats dat het betreffende beeld door de cliënt als heel naar wordt ervaren en in de tweede plaats dat de cliënt waarschijnlijk vermijdt naar het naarste deel van het beeld te kijken. De cliënt activeert niet alle aspecten van een herinnering en vermijdt de confrontatie met de meest nare aspecten.

Indien je je er als behandelaar van overtuigd hebt dat de cliënt wel de hele herinnering in zijn werkgeheugen heeft en de spanning toch niet afneemt, dan kan tijdens een EMDR-procedure de werkgeheugenbelasting worden opgevoerd: er is dan minder werkgeheugenruimte voor de nare spanning, waardoor er minder vermeden hoeft te worden. De werkgeheugenbelasting kan worden opgevoerd door snellere oogbewegingen, variatie in oogbewegingen, toevoeging van geluid en toevoeging van trillers in de handen. Uiteindelijk kom je dan bij de eerdergenoemde EMD-knaller uit.

Indien dit niet goed werkt, verdient het aanbeveling over te stappen op een andere techniek, met name Imaginaire Exposure. Immers, bij Imaginaire Exposure is veel duidelijker wanneer er vermeden wordt door de cliënt en kan de behandelaar daarop sneller en gerichter inspringen.

In een Imaginaire Exposure-procedure kan ook vermeden worden: de cliënt kan bijvoorbeeld het lastigste deel van de gebeurtenis overslaan, er heel snel overheen praten of er alleen feitelijk over spreken. De behandelaar dient de cliënt dan meer te laten focussen op de naarste delen van zijn verhaal (de 'hotspots') of de cliënt expliciet te vragen naar niet-benoemde gevoelens of gedachten, kortom de vermijding: 'Zijn er dingen die je hebt vermeden om te noemen?'. Een andere optie is om traumarealistische elementen toe te voegen, bijvoorbeeld: traumahouding aan laten nemen, laten liggen, gordijnen dicht, bewegen tijdens de exposure, geuren, geluiden of YouTube-filmpjes. Kortom, alles wat het trauma triggert. Ook kan gedacht worden aan de inzet van zogenoemde titratietechnieken oftewel het verdunnen van de nare plaatjes door het beeld te manipuleren als zwart-wit, kleiner, grovere pixels, op een televisie, melkglas ervoor en dergelijke.

> **Casus**
>
> Een vrouw van 37 is als meisje van 16 seksueel misbruikt door een oudere zwager. Tijdens de EMDR blijft de spanning erg hoog en verandert nauwelijks. We besluiten een titratietechniek in te zetten: de vrouw zet een stuk melkglas voor het nare plaatje in haar hoofd. Ze kan nog wel alle bewegingen zien, maar ziet de details niet goed. De EMDR verloopt daarna soepeler: er komen allerlei associaties op en de cliënt kan ineens boosheid naar de dader ervaren. Uiteindelijk wordt de SUD 0.

11.6 Sterke vermijding

Indien de cliënt erg vermijdt, dat wil zeggen niet naar het naarste plaatje wil kijken, dan zal het lastiger zijn om EMDR toe te passen. Door middel van geleidelijke systematische desensitisatie kunnen dan de plaatjes rondom het naarste plaatje bewerkt worden, zodat dat laatste minder aversief wordt en daarmee minder vermeden hoeft te worden en dus verwerkt kan worden. Dit is echter een omslachtige weg. Een probleem bij EMDR is dat je als behandelaar, door de vrije associatie niet precies weet waar de cliënt naar kijkt of mee bezig is tijdens de EMDR-procedure. Door tussentijds te vragen 'Wat komt er op?' krijg je daar als behandelaar wel een indicatie van. Indien blijkt dat de cliënt niet naar het naarste plaatje kijkt of anderszins vermijdt, kan het zinvol zijn om in plaats van EMDR een meer verbale en daardoor qua proces meer transparante techniek als Imaginaire Exposure toe te passen. Bij Imaginaire Exposure vertelt de cliënt in detail over de situatie. Daarbij kan hij ook vermijden, maar zal dat veel eerder duidelijk worden doordat de cliënt bepaalde aspecten van de situatie niet benoemt of er heel snel overheen praat.

Binnen de EMDR kan de procedure 'blind to therapist' (Blore en Holmshaw 2009) worden ingezet als de cliënt het plaatje of zelfs de hele gebeurtenis niet wil of durft te benoemen. De behandelaar accepteert dit, maar vraagt de cliënt wel naar het naarste beeld te kijken. Deze procedure heeft echter het risico van vermijding in zich: de behandelaar weet uiteindelijk niet waar de cliënt naar kijkt. Het is prima om de cliënt in zijn vermijdingsbehoefte te respecteren en te beginnen met de blind-to-therapist-procedure. Indien deze procedure goed werkt, zal het nare plaatje minder aversief worden en zal de cliënt het op een gegeven moment wel kunnen beschrijven. Indien dat niet gebeurt, en de cliënt blijft rapporteren dat hij het plaatje niet kan of wil of durft te beschrijven, is waarschijnlijk sprake van een te sterke vermijding en verdient het aanbeveling om

11.6 · Sterke vermijding

over te stappen op Imaginaire Exposure, waarbij veel sneller duidelijk zal worden welke aspecten van het nare plaatje vermeden worden.

Het vermijden naar het nare plaatje te kijken doet zich zeer vaak voor bij seksueel misbruik, waarbij schaamte, angst of schuld een grote rol speelt.

Het is ook goed mogelijk om bij sterke vermijding technieken af te wisselen, bijvoorbeeld door te beginnen met EMDR en vervolgens over te stappen op IE, waarbij minder vermeden kan worden. Dit is natuurlijk alleen van toepassing indien het vermijdingsprobleem bij de cliënt ligt. Indien de cliënt kan vermijden doordat de behandelaar de techniek niet goed toepast, zal de behandelaar zijn techniek moeten verbeteren.

Casus

Een man die zijn vriend dodelijk had zien verongelukken met de motor had daardoor PTSS ontwikkeld met veel herbelevingen. Dit leek gezien het sterke machteloosheidaspect een vrij duidelijke indicatie voor een EMDR-behandeling en de cliënt had daarvan hoge verwachtingen. De ingezette EMDR-behandeling stokte echter: de cliënt kon het naarste plaatje goed benoemen, maar ervoer tijdens de desensitisatie maar weinig spanning. Daarom werd na enige tijd overgestapt op de Imaginaire Exposure-procedure. Ook hierbij was lang sprake van weinig spanning en emotie, maar langzaamaan kon cliënt die toch toelaten en vond een emotionele doorbraak plaats. In de daaropvolgende zitting kon prima met EMDR gewerkt worden en werd het nare beeld succesvol verwerkt.

Een andere mogelijkheid bij sterke vermijding is dat de behandelaar probeert helder te krijgen wat de cliënt vermijdt. Dat zal vaak de nare verwachting zijn dat hij een bepaalde emotie niet aankan. Daarvan kan dan ook een plaatje gemaakt worden dat met EMDR bewerkt kan worden. Deze techniek heet 'flash-forward' (zie ▶ H. 8).

Casus

Een cliënte vertelt aan het begin van de sessie al bang te zijn de controle over haar emoties te verliezen. De behandelaar stelt voor de aandacht eerst daarop te richten. Hij vraagt de cliënte een imaginair beeld te maken waarop zij de controle verloren is. Terwijl de cliënte naar het plaatje met de controleverlies kijkt, concentreert zij zich ook op de handbewegingen van de behandelaar. Ze merkt dat ze heftige emoties kan ervaren, maar dat dat snel overgaat en dat ze daarna vooral enorm opgelucht is. De daaropvolgende EMDR op het echte traumabeeld verloopt vervolgens probleemloos, met overigens veel minder heftige emoties dan de cliënte verwacht had.

Een mogelijkheid is ook om de situatie in de behandelkamer realistischer te maken door bijvoorbeeld de cliënt de houding tijdens de schokkende gebeurtenis te laten aannemen, door hard te praten, de cliënt een bierfles te laten meenemen en daaraan te laten ruiken tijdens de exposure omdat de dader van de verkrachting naar bier rook of anderszins traumagerelateerde triggers toe te voegen. Dit zal vooral goed kunnen bij Imaginaire Exposure (zie hiervoor ook ▶ par. 11.5).

11.7 Machteloosheid

Bij natuurrampen, auto-ongelukken en andere ongelukken waarbij er geen sprake is geweest van persoonlijk op de cliënt gericht geweld, zal de overheersende cognitie (in EMDR-termen de Negatieve Cognitie) bij de cliënt vaak machteloosheid zijn. Er is brede overeenstemming onder behandelaren dat het dan aanbeveling verdient om te beginnen met EMDR. EMDR werkt hier sneller dan alle andere technieken, omdat er meestal maar weinig mogelijk belemmerende cognities zullen zijn en EMDR een associatieve en vooral non-verbale techniek is. Indien er toch vermeden wordt, dan geldt hetgeen in de paragraaf hiervoor is gezegd.

> **Casus**
>
> Een man maakt mee hoe op zijn werk in de bouw een collega van een steiger valt en zeer ernstig gewond raakt. Na twee weken heeft hij nog een SUD van 9 als hij aan het naarste beeld denkt. Besloten wordt om EMDR toe te passen. In één sessie daalt de SUD al naar 0.

11.8 (Vermeend) intentioneel onheil door bekenden

Bij schokkende gebeurtenissen veroorzaakt door een bekende kan naast een machteloosheidsaspect ook een aan het zelfbeeld gerelateerd aspect meespelen. Immers, de dader heeft specifiek jou als persoon (al dan niet intentioneel) iets aangedaan. Hierdoor zal een aan het zelfbeeld gerelateerde cognitie kunnen ontstaan als 'Ik ben niet de moeite waard' of 'Ik ben minderwaardig'. Daardoor kunnen ook allerlei eerdere associaties of situaties opgeroepen worden. Dit beïnvloedt de verwerking, die daardoor wat lastiger zal zijn.

Het zal van een aantal hierna te bespreken aspecten afhangen welke verwerkingstechniek in deze situaties het meest geschikt is. Indien de machteloosheid op de voorgrond staat, dan verdient als gezegd EMDR de voorkeur.

Indien de intentionaliteit van de dader op de voorgrond staat, hangt de keus voor een verwerkingstechniek af van de vraag of er in potentie voldoende gezonde, vanuit het nu relativerende cognities aanwezig zijn. In schematherapie wordt in dit kader gesproken van de 'Gezonde Volwassene'. Indien dat het geval is, kan EMDR of IE worden ingezet.

> **Casus**
>
> Een vrouw wordt op de terugweg naar haar werk aangereden door een auto die haar geen voorrang gaf. De bestuurder blijkt vlak voor de aanrijding met zijn mobiel bezig geweest te zijn. De cliënte loopt een whiplash op en heeft nachtmerries en herbelevingen. Tijdens de EMDR komt al snel associatie op dat het ongeluk 'pure pech' was en dat degene die haar aanreed dit helemaal niet gewild heeft. Hierdoor daalt de SUD snel en verdwijnen de nachtmerries en herbelevingen.

11.8 · (Vermeend) intentioneel onheil door bekenden ...

Indien de beleefde intentionaliteit een probleem is en/of er naar verwachting niet voldoende 'Gezonde Volwassene'-informatie aanwezig is, zal standaard EMDR of IE kunnen vastlopen op niet-functionele cognities vanuit de beleefde intentionaliteit. Die moeten dan op de één of andere manier aangepakt worden, wat betekent dat er informatie vanuit het nu moet worden toegevoegd. Dit kan met interweaves binnen de EMDR of met Imaginaire Rescripting. Bij Imaginaire Rescripting kan de volwassen versie van de cliënt functionele nu-informatie aanleveren. Indien dat niet mogelijk is, kan de behandelaar deze rol op zich nemen door in het beeld te stappen en de informatie in te brengen.

> **Casus**
>
> Na een prettige stapavond wordt een jongen op de fiets naar huis tegengehouden door een man die hem van zijn fiets trekt, hem zonder aanleiding een gebroken kaak slaat en daarna wegrent. In de periode daarna is de jongen sterk bezig met de vragen 'Wat had die dader tegen mij?', 'Waarom ik?' en 'Zal de dader mij weer opzoeken?' Tijdens de EMDR lijken deze cognities de verwerking te belemmeren. De behandelaar vraagt als interweave: 'Kende die dader jou? Wist die dader iets van jou?' De cliënt realiseert zich dan dat dit niet het geval is en dat het feit dat hij dit meemaakte niets met hem persoonlijk te maken heeft, maar dat hij door toeval op het verkeerde moment op de verkeerde plaats was. De SUD daalt daarna snel en de behandeling kan succesvol worden afgerond. De cliënt realiseert zich wel dat de wereld minder veilig is dan hij tot dan toe dacht. Hij is iets meer op zijn hoede, maar gaat 's nachts weer alleen naar huis op de fiets.

Indien dit speelt met betrekking tot een situatie uit de jeugd waarin de dader een ouder of opvoeder was, zal er nogal eens sprake zijn van een, irrationeel schuldgevoel op basis van zelfverwijt. Het kind wil als het ware de illusie van de betrouwbaarheid van de ouder in stand houden door diens afkeurenswaardige gedrag niet te verklaren vanuit zijn 'slechtheid' (en daarmee het vertrouwen in de ouder verliezen): de ouder is goed en het kind heeft de situatie verdiend of veroorzaakt. Deze dynamiek is vaak de basis van de ontwikkeling van de modus van de straffende ouder. We zien dit vaak bij seksueel misbruik op jonge leeftijd. Het vereist vaak veel creativiteit van de behandelaar om deze disfunctionele cognities te ontmantelen.

Dit verschijnsel kan ook optreden op volwassen leeftijd, bijvoorbeeld als een man zijn vrouw mishandelt. De intentionaliteit kan bij het slachtoffer belemmerende cognities veroorzaken, zoals: 'Ik heb ook wel wat aanleiding gegeven en ik weet toch dat hij zo heetgebakerd is'.

> **Casus**
>
> Een meisje van 6 jaar oud wordt tijdens het spelen in een buurtspeeltuintje door een buurman zijn huis binnen gelokt, waar hij haar misbruikt. Ze vertelt er niets over aan haar ouders. Pas als ze 32 is, komt ze met haar verhaal naar buiten en gaat ze hiervoor in behandeling. Tijdens de EMDR-behandeling worden de zelfverwijtende cognities duidelijk: 'Het was mijn eigen schuld, had ik maar niet zo stom moeten zijn om bij die man naar binnen te gaan' en 'Ik moet dus niet mauwen'. De behandelaar schakelt over op een Imaginaire Rescriptings-procedure, waarbij hij de cliënte haar jongere alter ego

laat toespreken. Dat lukt niet goed, en de zelfverwijten worden maar licht afgezwakt. De behandelaar besluit zelf in het beeld te stappen en veegt de buurman de pan uit. Hij haalt de politie erbij en laat de buurman inrekenen. De 32-jarige versie van de cliënte brengt de 6-jarige naar een veilige plek. Tijdens deze procedure biggelen de tranen over haar wangen. Nu ze zich niet meer schuldig voelt, kan ze voor het eerst haar verdriet en vernedering toelaten. De SUD is daardoor enorm afgenomen.

ImRs werkt in dit soort situaties beter, omdat hierbij in de standaardprocedure besloten ligt dat de oorspronkelijke situatie imaginair veranderd wordt. De disfunctionele cognities en gevoelens worden bewerkt door gezondere en functionele cognities en gevoelens toe te voegen aan de situatie. Daarbij wordt gebruikgemaakt van de reconsolidatietheorie: door het ophalen van de situatie in het werkgeheugen wordt die instabiel en gevoelig voor veranderingen. Die toegevoegde functionelere gedachten en gevoelens raken daardoor onverbrekelijk verboden met de oude situatie en geven er een positievere betekenis aan.

Casus

Tijdens een nachtdienst in een forensische instelling wordt een medewerker volkomen onverwacht van achteren aangevallen met een mes. Hij raakt ernstig, maar niet levensgevaarlijk gewond, maar kan vluchten en hulp mobiliseren. De dader wordt opgepakt en blijkt tot verbijstering van de medewerker de man met wie hij aan het begin van de nacht een lang en positief en valliderend gesprek heeft gevoerd. In de verwerking blijft hij hierop vastlopen. Het gebeurde is voor hem onverklaarbaar en daardoor ondraaglijk. Uiteindelijk wordt een ImRs-procedure ingezet, waarbij de behandelaar de dader toespreekt. Daarbij laat hij in het midden wat diens motieven zijn, maar maakt wel duidelijk dat steken met een mes hoe dan ook niet geoorloofd is. Hierdoor ontstaat langzaam acceptatie van de onverklaarbaarheid bij de cliënt.

11.9 Leeftijd op het moment van traumatisering

De leeftijd op het moment van traumatisering is van invloed op de manier waarop traumaverwerking bij volwassen cliënten kan plaatsvinden. Grofweg worden in dit kader vijf leeftijdscategorieën onderscheiden (Erikson 1982):
- de preverbale fase van geboorte tot ongeveer 3 à 4 jaar;
- de fase van basale persoonlijkheidsontwikkeling, van 3 à 4 jaar tot ongeveer 12 à 13 jaar;
- de puberteit en de adolescentie van 12 à 13 tot ongeveer 18 à 20 jaar;
- de fase van de vroege volwassenheid van 18 à 20 tot ongeveer 35 jaar, waarin de definitieve persoonlijkheidsstructuur bekrachtigd en verder ontwikkeld wordt;
- de periode daarna.

11.9.1 Preverbale fase

In de preverbale fase zijn de geheugen- en de taalfunctie nog in ontwikkeling. Hierdoor kunnen schokkende ervaringen niet verbaal begrepen en dus opgeslagen worden en later ook niet verbaal opgeroepen worden. Schokkende ervaringen kunnen in deze periode wel fysiek opgeslagen worden en uiten zich dan door middel van spanningsklachten, die overigens zeer divers kunnen zijn. In dit kader is binnen de EMDR een speciale procedure opgesteld, waarbij het basisprotocol wordt gecombineerd met het vertellen van verhalen, eventueel door de ouders, over de schokkende gebeurtenis (Went 2014).

11.9.2 Basale persoonlijkheidsontwikkeling

In de fase van de basale persoonlijkheidsontwikkeling is het kind nog in hoge mate afhankelijk van zijn ouders of opvoeders, zowel voor materiële als voor emotionele zaken. De ouders verschaffen hem immers eten, kleding, onderdak, voedsel en drinken en waardering en erkenning.

Vanwege die afhankelijkheid zal een kind intuïtief zeer loyaal naar die ouders zijn. Die loyaliteit is een manier om, op zijn minst, de illusie in stand te houden dat de ouders deze noodzakelijke zaken zullen verstrekken. Hierdoor zal het kind geneigd zijn de schuld voor aangedaan onrecht door (één van de) ouders voor een deel bij zichzelf te leggen. Daarmee wordt over de ouders een illusionair beeld in stand gehouden: zij hebben het wel goed met het kind voor. Mishandeling, seksueel misbruik of affectieve verwaarlozing wordt dan in eerste instantie beleefd als normaal of verdiend. Immers, het kind heeft geen ander referentiekader dan de ouders en het gezin waarin het opgroeit. Hierdoor kunnen bij kinderen soms bijna onbegrijpelijke schuldgevoelens bij seksueel misbruik ontstaan.

Tijdens verwerking van situaties waarin het kind nog zeer loyaal was aan de ouders zal de cliënt tijdens procedures als EMDR of IE reageren vanuit het beeld van toen, met de daarbij behorende emoties en schuldbeladen disfunctionele cognitiepositie. Er is dan grote kans dat ook de daarbij behorende misplaatste loyaliteit meespeelt en een belemmering is om te verwerken. Het is dan van belang om hier-en-nu-informatie tijdens de verwerkingsprocedure toe te voegen vanuit de 'Gezonde Volwassene'. Dat kan bij EMDR door middel van interweaves door te vragen naar perspectiefwisselingen: 'Wat vind je daar nú van?' of 'Wat zou je ervan vinden als jouw kind dat was overkomen?'.

Dit zou ook een goede indicatie kunnen zijn om Imaginaire Rescripting in te zetten. In deze procedure ligt besloten dat hier-en-nu-informatie wordt toegevoegd. Dat kan door de cliënt als volwassene aan het beeld toe te voegen of als dat nog niet mogelijk is door als behandelaar zelf in het beeld te stappen. Zo wordt correctieve informatie vanuit het nu toegevoegd door bijvoorbeeld de dader aan te spreken en het kind te troosten. Belangrijk daarbij is of sprake is van mishandeling of misbruik ('abuse') of verwaarlozing ('neglect'), zie daarvoor de volgende paragraaf.

11.9.3 De puberteit en adolescentie

In de periode van circa 12–18 jaar vindt al veel identiteitsontwikkeling plaats, maar is de identiteit nog niet geheel stabiel. Voor behandeling van traumatisering die in deze levensfase is begonnen, geldt min of meer hetzelfde als voor de fase van de basale persoonlijkheidsontwikkeling. Er zal echter al meer 'Gezonde Volwassene'-informatie aanwezig zijn, waarvan tijdens de verwerking constructief gebruikgemaakt kan worden. Belangrijk is echter wel om in de gaten te houden of er wel voldoende 'Gezonde Volwassene'-informatie aanwezig is en die anders op bovengenoemde manier toe te voegen. Aandachtspunt is dat een cliënt zich in deze fase aan het losmaken is van zijn ouderlijke situatie, wat gepaard kan gaan met overmatige schuldgevoelens of boosheid. Die gevoelens kunnen interfereren met de schokkende gebeurtenissen. ImRs is het meest geëigend om hier ordening in aan te brengen, bijvoorbeeld doordat de behandelaar in het beeld stapt en uitleg geeft.

11.9.4 Vroege volwassenheid

Van circa 18–20 tot ongeveer 35 jaar wordt de ontstane identiteit bekrachtigd en gestabiliseerd. De aanwezigheid van voldoende 'Gezonde-Volwassene'-informatie zal de verwerking bespoedigen. Dan kunnen EMDR, IE en/of ImRs worden ingezet. Echter, het is ook mogelijk dat er nog te weinig 'Gezonde Volwassene'-informatie aanwezig is, bijvoorbeeld bij persoonlijkheidsproblematiek. Dan kan het goed zijn om ImRs in te zetten, zoals hiervoor is besproken.

11.9.5 Voltooide identiteitsontwikkeling

Vanaf ongeveer 35 jaar is sprake van een voltooide identiteitsontwikkeling. Er is in principe voldoende 'Gezonde-volwassene'-informatie aanwezig, wat de verwerking zal bespoedigen. Dan kunnen EMDR, IE en/of ImRs worden ingezet. Indien sprake is van stoornissen die gepaard gaan met minder 'Gezonde Volwassene'-informatie, kan het goed zijn om ImRs in te zetten, zoals hiervoor is besproken.

11.10 Verwaarlozing, misbruik of mishandeling in de jeugd

Het onderscheid tussen verwaarlozing ('neglect') en misbruik/mishandeling ('abuse') in de kindertijd is belangrijk bij het kiezen voor een verwerkingstechniek (Driessen en Ten Broeke 2014).

In het geval van *seksueel misbruik of lichamelijke mishandeling* zijn er namelijk zaken gebeurd die niet hadden mogen gebeuren. Het feit dat de cliënt hiervoor hulp zoekt, betekent dat hij dit begrijpt. Tijdens associatief gerichte verwerkingsprocedures als EMDR of IE kan deze voor de verwerking noodzakelijke informatie dan ook beschikbaar komen. Overigens kan vanwege de grote loyaliteiten als gezegd wel sprake zijn van cognities die de verwerking belemmeren, waardoor ImRs meer geïndiceerd zou kunnen zijn.

Bij *affectieve verwaarlozing* hebben allerlei normale affectieve uitingen en processen níet plaatsgevonden die tegemoetkomen aan de basisbehoeften van een kind (Young et al. 2003):
- veilige hechting;
- acceptatie;
- fysieke verzorging;
- emotionele zorg;
- bevorderen van autonomie;
- bevorderen van competentieontwikkeling;
- versterken identiteitsgevoel;
- realistische grenzen en zelfcontrole;
- vrijheid in expressie van behoeften en emoties;
- spontaniteit en spel.

Het kind van toen weet niet wat het gemist heeft. Die informatie is tijdens de verwerking dan ook niet toegankelijk. Vaak weet de cliënt ook als volwassene niet goed wat hij gemist heeft. Er is dan externe informatie nodig om dit in de verwerking te betrekken. Daarom is EMDR of IE in deze gevallen minder geïndiceerd. Het is bovendien lastiger om concrete beelden te maken van wat er niet is gebeurd: wanneer en waar ben je verwaarloosd of werd je niet gezien? Binnen de EMDR is hiertoe door Joany Spierings overigens de volgende prachtige vraag bedacht: 'Wanneer had jij je ouders heel erg nodig en waren ze er niet voor je?'

Imaginaire Rescripting is in deze gevallen geïndiceerd. Een deel van de procedure bij ImRs is immers dat 'Gezonde-Volwassene'-informatie in wordt ingebracht tijdens de rescriptingsfase via de cliënt als volwassene of de in het beeld stappende behandelaar.

11.11 Veel ontregeling tijdens de verwerking

Bij veel ontregeling tijdens de verwerking is er een aantal mogelijkheden:
1. Binnen de EMDR zou dan de werkgeheugenbelasting verder kunnen worden opgevoerd. Dit staat ook al beschreven in ▶ par. 11.5 over niet-afnemende spanning.
2. Het zou kunnen helpen om nadrukkelijker stabilisatietechnieken aan te leren en in te zetten, zodat de cliënt deze kan toepassen indien zich tijdens de verwerkingsprocedure ontregeling voordoet. Een flash-forward is een minder goede optie, want het gaat hier om een situatie waarin er niet zozeer sprake is van angst voor ontregeling, maar van daadwerkelijke ontregeling.
3. Een charmante oplossing is de inzet van een narratieve techniek, zoals de getuigenistherapie of het eerste deel van de NET. De cliënt vertelt dan kort, zonder op de details in te gaan (dus met geringe exposure) zijn levensverhaal, inclusief de schokkende gebeurtenissen. Dit heeft vaak al een verrassend spanningsverlagend effect (zie hiervoor ook ▶ H. 10).
4. Microtraumaverwerking kan worden ingezet zowel vanuit EMDR als IE. Het komt er op neer dat de cliënt heel kort aan het nare beeld denkt, ernaar kijkt of erover spreekt (zie ▶ par. 11.4).

11.12 Veel ongeordend traumatisch materiaal

Soms is sprake van een overstelpende hoeveelheid schokkende gebeurtenissen in de voorgeschiedenis waarbij niet heel duidelijk sprake is van een hiërarchie in narigheid, bijvoorbeeld bij cliënten die jarenlang in een oorlogssituatie hebben geleefd of jarenlang seksueel misbruik of ernstige mishandeling hebben meegemaakt. Belangrijk is dan om eerst wat structuur en overzicht aan te brengen in de schokkende gebeurtenissen. Hiertoe is het goed om een narratieve techniek in te zetten: simpelweg door de cliënt wat uitgebreider zijn verhaal te laten doen of meer gestructureerd, zoals bij getuigenistherapie of het eerste deel van de Narratieve Exposure Therapie.

> **Casus**
>
> Een man met een nare jeugd is op jonge leeftijd uit huis gegaan, heeft een tijd gezworven en op een gegeven moment getekend voor het Franse Vreemdelingenlegioen. Tijdens de uitzendingen heeft hij meerdere malen gezien hoe mensen op een vreselijke manier stierven door brand, marteling en geweervuur. De ervaringen uit zijn jeugd en de legioentijd tuimelen nu 's nachts door en over elkaar heen. De cliënt vermijdt slapen. Hij is chaotisch in zijn vertellen over deze situaties. We besluiten eerst om hem in acht sessies gestructureerd zijn levensverhaal te laten vertellen, conform het protocol van de getuigenistherapie. Dat geeft al een hoop rust: de nachtmerries verminderen. Daarna kan hij ordening aanbrengen in de verschillende schokkende gebeurtenissen. We stellen een traumalijst op en werken die met zowel ImRs als EMDR af. Na anderhalf jaar zijn alle situaties verwerkt.

11.13 Laag zelfbeeld

Een laag zelfbeeld is het gevolg van omstandigheden tijdens het opgroeien. Bij het aanpakken van een laag zelfbeeld is het dan ook goed om de vraag te stellen: 'Welke ervaringen hebben bewezen dat deze negatieve overtuigingen over jezelf waar zijn?'. Hieruit zullen enkele situaties komen, waarbij de ervaringen met de meeste 'bewijskracht' (vaak ervaringen op jonge leeftijd) het meest bepalend zullen zijn. Deze situaties kunnen beschouwd worden als een 'traumalijst' (zie ▶ par. 5.9). Ze kunnen worden behandeld met zowel EMDR, IE en/of ImRs. Binnen de EMDR staat dit bekend als EMDR-rechtsom of de 'opvattingen'-route.

Indien het lage zelfbeeld meer op vaardigheidsniveau wordt aangepakt, dan is een methode als COMET (Korrelboom 2011) of de Witboekmethode (De Neef 2010) aan te bevelen. Bij een behandeling van acht sessies bleek COMET effectiever dan EMDR-rechtsom (Staring et al. 2016). In een onderzoek van Griffioen et al. (2017) werden tien sessies Witboekmethode met tien sessies EMDR-rechtsom vergeleken en bleken beide behandelingen even effectief.

> **Casus**
>
> Een man van middelbare leeftijd wort aangemeld met chronische depressieve klachten. Algauw blijkt dat sprake is van een zeer negatief zelfbeeld ('Ik ben een loser'). We inventariseren welke situaties bewijzen dat deze overtuiging klopt. Dat zijn vooral situaties van uit zijn jeugd: hij kreeg nauwelijks aandacht van moeder en vooral afkeuring van vader. We maken een lijst van de meest bepalende situaties, die we gaan verwerken door middel van ImRs en EMDR. Nadat we deze lijst hebben afgewerkt, is de geloofwaardigheid van de gedachte 'Ik ben een loser' gedaald van 100 % naar 15 %. De depressieve klachten zijn fors minder geworden.

11.14 Overheersende belemmerende gevoelens

Indien cliënten, ook na uitleg over de noodzaak ervan, bang blijven voor het ervaren van bepaalde emoties, dan wordt verwerken moeilijk. Immers, verwerken is 'voelen': ervaren van emoties.

Belangrijk is dan om te onderzoeken of het in algemene zin gaat om het ervaren van een bepaalde emotie of om angst om die emotie specifiek tijdens de verwerking te ervaren. In het laatste geval is een flash-forward op zijn plaats en kan de cliënt worden gemotiveerd om de traumaverwerking aan te gaan als een gedachte-experiment en zo te merken of de angstige verwachting uitkomt, zoals in de IE-procedure is beschreven.

Indien het gaat om een meer algemene angst voor een bepaalde emotie, dan is het allereerst van belang te onderzoeken waar die angst vandaan komt. Er kan een andere schokkende gebeurtenis aan ten grondslag liggen of de angst kan ingebed zijn in persoonlijkheidsproblematiek. Onderzocht kan worden of het goed zou zijn om eerst die schokkende gebeurtenis te verwerken.

Als sprake is van aangeleerde vermijding, bijvoorbeeld via model-leren van de ouders of opvoeders, kan het goed zijn om alsnog te leren bepaalde emoties ervaren. Dit zal natuurlijk vooral gelden voor lastige emoties als verdriet en boosheid. Het kan dan helpen om de cliënt meer vaardigheden op dit vlak aan te leren.

Een andere mogelijkheid zou zijn om Imaginaire Exposure als experiment in te zetten. Het falsificeren van de verwachting van de cliënt dat hij de betreffende emotie niet aankan, werkt natuurlijk alleen als hij die tijdens de IE wel in enige mate durft te ervaren.

11.15 Overheersende boosheid en woede

Indien boosheid en woede op de voorgrond staan, is het goed om de behandeling daarop te richten. Dit zal vaak betekenen dat het goed is om die emotie uit te laten ageren in het oorspronkelijke beeld, omdat hiermee in de oorspronkelijke situatie niet of te weinig is gedaan. Dat betekent dat er iets veranderd moet worden aan het oorspronkelijke beeld. Daarom komt bij boosheid en woede vooral ImRs in aanmerking. Ook kunnen rescriptings-elementen worden toegevoegd aan EMDR (in de vorm van speciale 'cognitive interweaves') of de IE.

Hierbij wordt vooral gebruikgemaakt van de reconsolidatietheorie: aan het instabiele beeld wordt nieuwe informatie toegevoegd, waardoor het blijvend verandert.

Hierbij kan ook het *EMDR-protocol gerichte boosheid* (Veerbeek 2019) gebruikt worden. In de praktijk wordt dit het woede- en wraakprotocol genoemd. Belangrijk is om te beseffen dat dit protocol geschreven is voor cliënten met forensische problematiek en voor deze groep vermoedelijk ook het best is geïndiceerd. Vaak is dan sprake van forse ongenuanceerde en externaliserende woede, waarbij het imaginair uitageren voldoende is.

Bij niet-forensische cliënten is het dikwijls belangrijk om niet alleen aandacht te besteden aan het uitageren van de woede en boosheid, maar ook iets te doen met de tekortschietende omstandigheden waardoor de situatie is ontstaan waarop de woede of wraak betrekking heeft. Daarbij behoren heel andere emoties, zoals verdriet, teleurstelling of angst. Het risico bestaat anders dat bijvoorbeeld door het niet-geuite verdriet de verwerking niet afgerond kan worden.

Overigens is het woede- en wraakprotocol te zien als een bijzondere variant van Imaginaire Rescripting (hoewel bij het woede- en wraakprotocol het uitgangspunt natuurlijk anders is, namelijk de woede van de dader en niet de gebeurtenis) of een op zichzelf staande 'cognitive interweave', waarbij de boosheid in de imaginatie wordt uitgevoerd. De oogbewegingen lijken daarbij een minder noodzakelijk element.

Casus

Een vrouw is op 11-jarige leeftijd misbruikt door haar oudere broer, op wie ze razend is. Tijdens de ImRs schopt en slaat ze hem tot hij dood is en gooit hem dan uit het raam. Ze voelt daarna heel veel opluchting.
In de volgende sessie is toch weer sprake van spanning op het beeld en is er ineens veel verdriet. Besloten wordt om opnieuw ImRs in te zetten. Daarin spreekt de behandelaar de ouders aan over hun tekortschieten in de zorg voor hun dochter in de periode van het seksueel misbruik en daarna over wat er eigenlijk had moeten gebeuren. De cliënte huilt hartverscheurend tijdens deze sessie. Het beeld is daarna tot rust gekomen. Het is verwerkt.

Casus

Een man krijgt bezoek van zijn zus. Bij het naar huis gaan, keert zij haar bestelbus op het erf, waarbij ze haar 2-jarige zoontje neefje aanrijdt dat (voor haar onzichtbaar) achter de bus langs loopt. Het jongetje overlijdt. De man weet dat het niet klopt, maar voelt toch boosheid naar zijn zus. Ze had beter moeten opletten. Tijdens de EMDR komt dit telkens terug. De behandelaar zet een interweave in: 'Had zij iets kunnen doen om dit te voorkomen?'. De EMDR verloopt daarna veel soepeler.

11.16 Overmatige schuldgevoelens

Overmatige schuldgevoelens hebben vaak te maken met situaties waarin de cliënt de eigen handelingsruimte in de situatie overschatte. Verbazingwekkend vaak speelt dit een rol bij seksueel misbruik. Hiervan kan ook sprake zijn als iemand een ongeluk heeft veroorzaakt of een keus heeft gemaakt waarover hij zich achteraf schuldig voelt.

Het gaat dus om disfunctionele cognities die bewerkt moeten worden. Daarvoor bestaat een aantal methoden:
- volgens de cognitieve therapie cognitief uitdagen van de gedachte, waarbij onder andere aan de orde kan komen dat het niet terecht is om het eigen gedrag te beoordelen met kennis die later is opgedaan;
- een specifieke CGT-techniek als de 'taartpunt' inzetten (Korrelboom en Ten Broeke 2014);
- een techniek als de 'rechtbanktechniek' inzetten (Bögels en Van Oppen 2011);
- in een brief de disfunctionele gedachten en het daaruit volgend schuldgevoel beschrijven en dit vervolgens becommentariëren in een 'Gezonde-Volwassene'-brief.

Bij de keuze voor een verwerkingstechniek zal ImRs voor de hand liggen, omdat hiermee functionele cognities in de verwerking betrokken kunnen worden. In een EMDR of IE-behandeling kunnen rescriptingselementen worden ingeweven. Bij EMDR wordt dan, via de emotieroute, direct gekozen voor de herinnering die het schuldgevoel het sterkst oproept of zelfs direct voor het plaatje dat dit het sterkst oproept.

Casus

Een vrouw van 43 ervaart nog heel veel spanning en voelt zich ontzettend schuldig over een abortus die ze als meisje van 18 ondergaan heeft. De EMDR loopt vast rond haar zelfverwijt dat ze een kind vermoord heeft. Na een uitgebreid intermezzo waarbij zowel de 'taartpunttechniek' wordt ingezet als uitgelegd wordt dat ze zichzelf veroordeelt met kennis die ze later heeft opgedaan, kan ze met minder veroordeling naar haar toenmalige beslissing kijken en daalt de SUD snel.

11.17 Reële schuldgevoelens

Bij reële schuldgevoelens is het van belang om eerst de betreffende gebeurtenis te verwerken, waarbij er geen voorkeur is voor een bepaalde techniek. Laat de cliënt daarbij vooral de ruimte om de reële schuldgevoelens te erkennen. Bespreek daarna een vorm van reële boetedoening, bijvoorbeeld het betalen van een geldsom aan een goed doel, dat bij voorkeur gerelateerd is aan het onderwerp van de schuldgevoelens. Een andere mogelijkheid is dat de cliënt een vorm van vrijwilligerswerk gaat doen als boetedoening. Belangrijk is dan wel dat er een reële termijn wordt overeengekomen, zodat de cliënt ook van zijn schuld kan afkomen.

In het volgende 'protocol voor reële schuld' (persoonlijke mededeling van Joanny Spierings) is het voorgaande samengevat:

- Zie onder ogen wat je hebt misdaan, hoe je de ander hebt beschadigd (Wat heb ik misdaan?);
- Neem verantwoordelijkheid (Ik heb dat gedaan, het is mijn keuze geweest) (als de cliënt zijn verantwoordelijkheid ontkent: Zou iedereen in die situatie hetzelfde gedaan hebben?);
- Maak het goed: bijvoorbeeld door excuses aanbieden, brief schrijven of geld overmaken;
- Vraag vergeving: aan God, het slachtoffer, de nabestaanden en/of jezelf.

Casus

Een vrachtwagenchauffeur heeft nog steeds herbelevingen en een hoge spanning als hij terugdenkt aan het ongeluk dat hij door onachtzaamheid veroorzaakt heeft toen hij achter op een file reed. De personenauto waar hij tegenaan reed, werd geplet werd en de automobilist overleed ter plekke. De vrachtwagenchauffeur heeft een voorwaardelijke straf gekregen en een hoge boete, die hij inmiddels voldaan heeft. Tijdens de Imaginaire-Exposure voelt hij zich nog steeds erg schuldig. Samen met hem wordt besproken wat hij nog zou moeten doen om zich niet meer schuldig te voelen. De cliënt bedenkt zelf dat hij vrijwilligerswerk gaat doen in de verstandelijk gehandicaptenzorg, waarin de overleden automobilist werkzaam was. Met de behandelaar bespreekt hij hoe lang hij deze boetedoening zou moeten doen: de cliënt denkt daarbij aan een termijn van twee jaar. Daarna wordt de IE weer opgepakt en die verloopt nu voorspoedig en succesvol.

11.18 Lage SUD

Bij een lage SUD kan elke verwerkingstechniek toegepast worden. Dan zou ook schrijftherapie (zie ▶ par. 10.6) een goede mogelijkheid zijn. Immers, het probleem bij schrijftherapie is dat de cliënt bij de schrijftaak die hij alleen uitvoert niet gecorrigeerd kan worden in zijn vermijding. Bij een lage SUD zal die vermijding geringer zijn.

Overigens is het bij SUD's onder de circa 3 maar de vraag of nog een vorm van verwerking moet plaatsvinden.

11.19 Dissociatie

Het tijdens de verwerking ontstaan van dissociatie is problematisch. Immers, verwerken betekent gevoelens ervaren en een associatie maken met deze gevoelens. Het brein kan uit bescherming deze verbinding verbreken, waardoor een dissociatieve reactie kan ontstaan. Een dissociatieve reactie heeft altijd een communicatieve betekenis, namelijk: ik kan dit niet aan of ik denk dat ik dit niet aankan. Daarop zal de behandelaar moeten acteren. Hierbij zijn er verschillende mogelijkheden:

1. er dwars doorheen gaan, door bijvoorbeeld bij EMDR de werkgeheugenbelasting enorm op te hogen (denk aan de EMD-knaller): onderzoek heeft uitgewezen dat de aanwezigheid van dissociatieve fenomenen zoals realisatie en depersonalisatie geen belemmering was voor het intensief behandelen van PTSS (Zoet et al. 2018);
2. afleiden door over een andere (trauma-)situatie te beginnen;
3. afleiding door simultaan aan de traumaverwerking een fysieke taak te verrichten: binnen de EMDR wordt dit gedaan met V-steps;
4. microtraumaverwerking toepassen, zoals hierboven beschreven bij te veel ontregeling.

Indien de cliënt niet uit de dissociatie kan worden gehaald, is traumaverwerking (nog) niet mogelijk.

11.20 Sterke persoons- en niet-gebeurtenisgerichte gevoelens

Vaak zijn er aan het einde van een behandeling nog wel sterke gevoelens van boosheid of teleurstelling naar ouders of een ex-partner, terwijl de gebeurtenissen die daartoe geleid hebben inmiddels verwerkt zijn.

Het kan dan goed zijn om de cliënt de traumabehandeling te laten afsluiten met het schrijven van een brief aan de betreffende persoon of personen. Die brief wordt vervolgens *niet verstuurd:* het doel is niet de communicatie met een ander, maar een afsluiting voor de cliënt. Indien daar behoefte aan is, zou in tweede instantie ook een wel te versturen brief geschreven kunnen worden. Dan kunnen heel andere dynamieken spelen, waardoor die brief meestal een afgezwakte versie van de eerste zal zijn. Bij het geven van instructie voor het schrijven van een dergelijke brief is het goed om ook vast de mogelijkheid van een rituele bezorging te benoemen. In de praktijk ontstaan daardoor bij de cliënt vaak prachtige ideeën(zie ook ▶ par. 5.15).

11.21 Geen duidelijk beeld

Als er geen duidelijk beeld is, is EMDR niet goed mogelijk. Er kan wel begonnen worden met IE, maar er is een grote kans op vermijding (zie ▶ par. 11.6).

11.22 Samenvattende tabel

In ◘ tab. 11.1 is de inhoud van dit hoofdstuk puntsgewijs weergegeven. EMDR, IE en ImRs zijn in principe geschikt voor alle schokkende gebeurtenissen; in deze tabel worden de indicatieverschillen benoemd.

◨ **Tabel 11.1** Wanneer welke verwerkingstechniek

situaties/omstandigheden	technieken	paragraaf
zeer hoge spanning en machteloosheidsdomein	– EMDR iets meer geïndiceerd dan IE of ImRs – microtraumaverwerking met IE of Flash	▶ 11.4
spanning neemt niet af, SUD daalt niet	– EMDR: kijkt de cliënt wel echt naar het hele nare plaatje? In dat geval ophogen werkgeheugenbelasting, eventueel EMD-knaller – bij te veel vermijding overstappen op IE – traumarealistische elementen toevoegen – titratietechnieken	▶ 11.5, 5.11
sterke vermijding	– IE – EMDR: flash-forward op angstige verwachting	▶ 11.6
sterke vermijding door schaamte	– EMDR: blind-to-therapist	▶ 11.6
onheil van buiten of niet-intentioneel door bekenden: vooral domein machteloosheid	– EMDR	▶ 11.7
(vermeend) intentioneel onheil door bekenden: meer zelfbeeldgerelateerde cognities	– bij voldoende 'Gezonde Volwassene'-informatie: EMDR of IE – bij te weinig 'Gezonde Volwassene'-informatie: ImRs of EMDR met rescripting interweaves	▶ 11.8
traumatisering in preverbale fase (0 tot 4) jaar	– EMDR-procedure voor preverbaal trauma	▶ 11.9
vroegkinderlijke traumatisering (intentioneel onheil als door bekenden: zelfbeeldgerelateerde cognities) met vooral verwaarlozing ('neglect')	– EMDR met rescripting interweaves	▶ 11.10
vroegkinderlijke traumatisering (intentioneel onheil als door bekenden: zelfbeeld-gerelateerde cognities) met vooral misbruik/mishandeling ('abuse')	– IE, EMDR of ImRs	▶ 11.10
veel ontregeling tijdens de verwerking	– EMDR: opvoeren werkgeheugenbelasting – stabilisatietechnieken tijdens de verwerking inzetten – narratieve technieken inzetten – microtraumaverwerking met IE of de Flash van EMDR	▶ 11.11

Tabel 11.1 vervolg

situaties/omstandigheden	technieken	paragraaf
ongeordend traumatisch materiaal	– met narratieve technieken ordening aanbrengen, daarna specifieke traumaverwerking	▶ 11.12
laag zelfbeeld	– welke ervaringen hebben deze negatieve overtuigingen bewezen?, traumalijst: IE, EMDR of ImRs – opvattingenroute van de EMDR – COMET – witboekmethode	▶ 11.13
overheersende belemmerende gevoelens: angst voor het ervaren van emoties als verdriet of boosheid	– welke ervaringen hebben de angst veroorzaakt?; verwerken – flash-forward uit de EMDR – falsificeren van de angstige verwachting met IE	▶ 11.14
overheersende gevoelens: boosheid en woede	– ImRs – EMDR-protocol gerichte boosheid	▶ 11.15
overheersende gevoelens: overmatige schuldgevoelens	– cognitief uitdagen van die gedachten (taartpunt, rechtbanktechniek, brief) – ImRs	▶ 11.16
overheersende gevoelens: reële schuldgevoelens	– IE, EMDR of ImRs – protocol reële schuld	▶ 11.17
lage SUD	– IE, EMDR of ImRs – schrijftherapie	▶ 11.18,
dissociatie	– dwars door heen gaan: EMD-knaller – spanning verlagen door afleiden – EMDR met fysieke activiteit – microtraumaverwerking	▶ 11.19
sterke persoons- en niet-gebeurtenisgerichte gevoelens	– niet te versturen brieven schrijven	▶ 11.20
geen duidelijk beeld	– IE	▶ 11.21

11.23 Tot slot

In dit hoofdstuk zijn de indicatieverschillen tussen de eerder besproken verwerkingstechnieken beschreven op basis van kennis van de werkingsmechanismen, de interviews met experts op het gebied van traumaverwerking, de klinische ervaring van de auteur en de literatuur over traumaverwerkingstechnieken. Uitgangspunt waren de omstandigheden die een behandelaar in een traumagerichte behandeling kan tegenkomen en die de keuze voor een verwerkingstechniek kunnen beïnvloeden, zoals emoties, gedrag, cognities, aard van de traumatisering en moment in de levensloop.

Er wordt daarbij van uitgegaan dat alle drie de grote technieken (EMDR, Imaginaire Exposure en Imaginaire Rescripting) in principe toepasbaar zijn bij alle soorten trauma. Deze verwerkingstechnieken hebben elk hun sterke punten, maar ook hun zwakke punten qua indicatie.

Aan het einde van het hoofdstuk is de inhoud samengevat in een tabel, die te gebruiken is om op basis van de omstandigheden tijdens de behandeling een beslissing voor een bepaalde techniek te nemen.

Literatuur

Blore, D., & Holmshaw, M. (2009). EMDR-Blind to Therapist Protocol. In M. Luber (Ed.), *Eye movement desensitization and reprocessing: EMDR scripted protocols basic and special situations* (pp. 233–240). New York, NY: Springer.

De Neef, M. (2010). *Negatief Zelfbeeld*. Amsterdam: Boom.

Driessen, A., & Ten Broeke, E. (2014). Schematherapie en EMDR gecombineerd bij complexe, traumagerelateerde problematiek. *Tijdschrift voor Gedragstherapie, 3,* 232–249.

Engelhard, I., Arntz, A., & Kindt, M. (2011). Cognitieve therapie bij posttraumatische stressstoornis. In S. Bögels & P. van Oppen (Eds.), *Cognitieve therapie: Theorie en praktijk*. Houten: Bohn Stafleu van Loghum.

Erikson, E. (1982). *The lifecycle completed: A review*. New York: Norton.

Griffioen, B., Van der Vegt, A., De Groot, I., & De Jongh, A. (2017). The effect of EMDR and CBT on low self-esteem in a general psychiatric population: A randomized controlled trial. *Frontiers in Psychology, 8,* 1910.

Korrelboom, K. (2011). *Comet voor negatief zelfbeeld, Competitive memory training bij lage zelfwaardering en negatief zelfbeeld*. Houten: Bohn Stafleu van Loghum.

Korrelboom, K., & Ten Broeke, E. (2014). *Geïntegreerde cognitieve gedragstherapie, handboek voor theorie en praktijk*. Bussum: Coutinho.

Staring, A., Van den Berg, D., Cath, D., Schoorl, M., Engelhard, I., & Korrelboom, C. (2016). Self-esteem treatment in anxiety: A randomized controlled crossover trial of eye movement desensitization and reproces- sing (EMDR) versus competitive memory training (COMET) in patients with anxiety disorders. *Behaviour Research and Therapy, 82,* 11–20.

Veerbeek, H. (2019). *Protocol gerichte boosheid*. Beschikbaar op: ▶ www.hermanveerbeek.com.

Waller, G. & Turner, H. (2016). Therapist drift redux: Why well-meaning clinicians fail to deliver evidence-based therapy, and how to get back on track. *Behaviour Research and Therapy, 77,* 129–137.

Went, M. (2014). Ouder-Kind-Trauma-Therapie, Een geïntegreerde psychotherapeutische behandeling met EMDR voor kinderen met preverbaal trauma. *GZ-Psychologie, 2.*

Young, J., Klosko, S., & Weishaar, M. (2003). *Schema therapy: A practitioner's Guide*. New York: Guilford.

Zoet, H., Wagenmans, A., Van Minnen, A., & De Jongh, A. (2018). Presence of the dissociative subtype of PTSD does not moderate the outcome of intensive trauma-focused treatment for PTSD. *European Journal of Psychotraumatology, 9,* 1.

Tot slot

© Bohn Stafleu van Loghum is een imprint van Springer Media B.V., onderdeel van Springer Nature 2020
M. Stöfsel, *Trauma en verwerkingstechnieken*, https://doi.org/10.1007/978-90-368-2501-6_12

Er bestaat een groot aantal traumaverwerkingstechnieken, waarvan de meeste niet bekend zijn in Nederland of hier niet worden gebruikt. Drie van deze technieken springen eruit. Imaginaire Exposure (IE) en Eye Movement Desensitization and Reprocessing (EMDR) zijn veelvuldig wetenschappelijk onderzocht en komen telkens als degelijke werkzame traumaverwerkingstechnieken uit de bus. Bovendien zijn in Nederland veel behandelaren opgeleid in een of beide methoden. Imaginaire Rescripting (ImRs) is de runner-up onder de verwerkingstechnieken en wordt in Nederland, in de slipstream van de schematherapie, door veel behandelaren toegepast. ImRs is veel minder uitgebreid onderzocht, maar momenteel lopen twee grote onderzoeken naar de effectiviteit van deze techniek waarvan de voorlopige resultaten veelbelovend zijn. De verwachting van velen is dan ook dat ImRs qua effectiviteit kan wedijveren met IE en EMDR. Vandaar dat in dit boek al gesproken wordt over de 'grote drie'. Bijzonder is dat in dit boek deze drie verwerkingstechnieken, inclusief de protocollen, uitgebreid besproken worden.

In dit boek is getracht duidelijk te maken wanneer welke verwerkingstechniek meer of juist minder geïndiceerd is door enerzijds de werkingsmechanismen van traumaverwerkingstechnieken te verkennen en anderzijds de symptomatologie van de traumaproblematiek te verkennen, met de werkingsmechanismen in het achterhoofd. De resultaten hiervan zijn samengevat in een overzichtelijke tabel (▶ H. 11), waarmee het boek afsluit.

Ook is een uitgebreid overzicht opgenomen van de meeste door de International Society of Traumatic Stress (ISTSS) in 2018 beoordeelde traumaverwerkingstechnieken. De veelbelovendste technieken zijn kort beschreven.

Verder zijn allerlei aspecten en fenomenen besproken die zich kunnen voordoen bij een traumabehandeling. Daarbij kwam ook een aantal stabilisatietechnieken aan de orde. Uitgangspunt daarbij is dat cliënten die lijden onder traumagerelateerde problematiek, in de breedste zin van het woord, het meest geholpen zijn met traumaverwerking. Soms echter is sprake van dermate veel ontregeling dat eerst technieken moeten worden ingezet om die ontregeling te neutraliseren. Dat moet 'zo kort als mogelijk en zo lang als nodig' gebeuren, waarbij het hoofddoel traumaverwerking blijft!

Bijlage

Register – 184

© Bohn Stafleu van Loghum is een imprint van Springer Media B.V., onderdeel van Springer Nature 2020
M. Stöfsel, *Trauma en verwerkingstechnieken*, https://doi.org/10.1007/978-90-368-2501-6

Register

0-9

3MDR. *Zie* multi-modular motion-assisted memory desensitization and reconsolidation

A

aanpassingsstoornis 12
acute stressstoornis 12
afsluiten 67
antidepressiva 77
auditieve werkgeheugenbelasting 111

B

basale persoonlijkheidsontwikkeling 169
basisbehoeften van een kind 171
beknopte eclectische psychotherapie voor psychotrauma (BEPP) 147
BEPP. *Zie* beknopte eclectische psychotherapie voor psychotrauma
betekenisanalyse 65
betekenisgevend geheugen 22
blind to therapist 111
brainspotting 142
butterfly hug 111

C

CAPS-5. *Zie* clinician administered PTSD scale for DSM 5
clinician administered PTSD scale for DSM 5 (CAPS-5) 55
CM. *Zie* counting methode
cognitieve reprocessing 116
cognitive processing therapy (CPT) 138
complex post traumatic stress disorder (CPTSD) 13, 14
complex trauma 13
complexe PTSS. *Zie* posttraumatische stressstoornis (PTSS)
contra-indicatie 57
correctieve gezonde volwassene 47
counting methode (CM) 141
CPT. *Zie* cognitive processing therapy
CPTSD. *Zie* complex posttraumatic stress disorder

D

defense cascade 24
depressie 11
DET. *Zie* dialogical exposure therapy
dialogical exposure therapy (DET) 151
digitale applicaties 69
DIS. *Zie* dissociatieve identiteitsstoornis
dissociatie 176
dissociatieve identiteitsstoornis (DIS) 17
driefasenmodel 53
duur van een traumabehandeling 68
duur van een traumaverwerkingssessie 68

E

EDM-knaller. *Zie* eye movement desensitization and reprocessing
EMDR 2.0. *Zie* eye movement desensitization and reprocessing (EMDR)
EMDR-rechtsom. *Zie* eye movement desensitization and reprocessing (EMDR)
equilibratie 35
evidence-based practice 76
extinctie 33, 43
eye movement desensitization and reprocessing (EMDR) 105

F

fliebeltje 57

G

geografie van de schokkende gebeurtenis 92
gerichte boosheid 174
getuigenistherapie 133
globale traumaverwerkingstechniek 74
guidelines international society of traumatic stress studies (ISTSS) 78, 79

H

habituatie 32
Harvard trauma questionaire 56
HAT. *Zie* heart assisted therapy
heart assisted therapy (HAT) 152
hechtingsproblemen 15
herbeleving 10, 21, 35
herinneringsbestand 20
hippocampus 27
hyper-arousal 25
hypo-arousal 25

I

IE. *Zie* imaginaire exposure
imaginaire exposure (IE) 87
imaginaire rescripting (ImRs) 122
ImRs. *Zie* imaginaire rescripting
in-vitro-exposure 87
in-vivo-exposure 87
incest 126
inhibitoir leermodel 43
intensieve traumabehandeling 69
ISTSS. *Zie* guidelines international society of traumatic stress studies

K

kinestetische werkgeheugenbelasting 112

L

laag zelfbeeld 172
leeftijd 168
life review 136
looping 114

M

machteloosheid 166
mental video check 110
microtraumaverwerking 95, 110
multi-modular motion-assisted memory desensitization and reconsolidation (3MDR) 117

N

narratieve werkingsmechanisme 46
narrative exposure therapy (NET) 134
NET. *Zie* narrative exposure therapy

O

online behandelen 69
opvattingenroute 113

P

PC. *Zie* progressive counting (PC)
persoonlijkheidsproblematiek 11, 16
persoonlijkheidsstoornis 17
posttraumatic stress disorder (PTSD) 13
posttraumatische stressstoornis (PTSS) 8, 10
prefrontale cortex 27
preverbale fase 169
progressive counting (PC) 141
prolonged exposure 137
psycho-educatie 56
PTSD. *Zie* posttraumatic stress disorder
PTSS. *Zie* posttraumatische stress-stoornis
puberteit en adolescentie 170

R

randomised controlled trial 76
RDI. *Zie* resource development and installation
reconsolidatie 33, 45
reconsolidation of traumatic memories (RTM) 139
referentiële conditionering 65
rescriptings interweave 114
resource development and installation (RDI) 115
retraumatiseringsdriehoek 38
richtlijn angststoornissen 78
risicofactoren 36
ritueel 67
RTM. *Zie* reconsolidation of traumatic memories

S

schokkende gebeurtenis 8
schokverwerkingslijst (SVL) 55
schrijftherapie 145

schuld en schaamte 39
schuldgevoelens 175
SE. *Zie* somatic experiencing
sequentiële conditionering 65
somatic experiencing (SE) 148
specifieke verwerkingstechniek 75
stereotype manier van reageren 23
subjective unit of disturbance (SUD) 12, 163
SUD. *Zie* subjective unit of disturbance
SVL. *Zie* schokverwerkingslijst

T

tekenexposure 97
traumagerelateerde trigger 66
traumalijst 61
traumaturn 153
type 1 17
type 2 17
type 3 17

V

vermijding 40, 164
verrassingseffect 47
verwerken 31
virtual reality therapy (VRT) 139
visual schema displacement therapy (VSDT) 150
vragenlijsten 55
vrije associatie 41
vroege volwassenheid 170
vroegkinderlijke traumatisering 15
VRT. *Zie* virtual reality therapy
VSDT. *Zie* visual schema displacement therapy

W

warme en koude herinneringen 48
werkgeheugenbelasting 112
werkgeheugentheorie 45, 109
WET. *Zie* written exposure therapy
window of tolerance 26
woede- en wraakprotocol 174
writejunior 146
written exposure therapy (WET) 144

Z

zeer hoge spanning 162
zelf inventarisatie lijst posttraumatische stress (ZIL) 55
ZIL. *Zie* zelf inventarisatie lijst posttraumatische stress
zintuigelijk geheugen 22

If you have any concerns about our products,
you can contact us on
ProductSafety@springernature.com

In case Publisher is established outside the EU,
the EU authorized representative is:
**Springer Nature Customer Service Center GmbH
Europaplatz 3, 69115 Heidelberg, Germany**

Printed by Libri Plureos GmbH
in Hamburg, Germany